Rainer Lenhard

Erfolgsfaktoren von Mergers & Acquisitions in der europäischen Telekommunikationsindustrie

GABLER EDITION WISSENSCHAFT

Rainer Lenhard

Erfolgsfaktoren von Mergers & Acquisitions in der europäischen Telekommunikationsindustrie

Mit einem Geleitwort von Prof. Dr. Harald Hungenberg

GABLER EDITION WISSENSCHAFT

Bibliografische Information der Deutschen Nationalbibliothek
Die Deutsche Nationalbibliothek verzeichnet diese Publikation in der Deutschen Nationalbibliografie; detaillierte bibliografische Daten sind im Internet über <http://dnb.d-nb.de> abrufbar.

Dissertation Friedrich-Alexander-Universität Erlangen-Nürnberg, 2008

1. Auflage 2009

Lektorat: Frauke Schindler / Viktoria Steiner

Gabler ist Teil der Fachverlagsgruppe Springer Science+Business Media.
www.gabler.de

Umschlaggestaltung: Regine Zimmer, Dipl.-Designerin, Frankfurt/Main
Gedruckt auf säurefreiem und chlorfrei gebleichtem Papier

ISBN 978-3-8349-1007-3

Geleitwort

Der europäische Telekommunikationssektor befindet sich seit den 90er-Jahren in einem Umbruch, der immer noch an Dynamik gewinnt. Veränderte Rahmenbedingungen im politischen, wirtschaftlichen und technischen Umfeld und der hierdurch ausgelöste Margen- und Leistungsdruck haben die Telekommunikationsunternehmen und die Branche als Ganzes in nahezu allen europäischen Ländern deutlich verändert.

"Mergers & Acquisitions" - M&A - ist eine Maßnahme, mit deren Hilfe die Unternehmen auf das veränderte Wettbewerbsumfeld reagieren. Vom Volumen her sind die M&A Anstrengungen der europäischen Telekommunikationsunternehmen durchaus beachtlich, aber nicht alle Zusammenschlüsse im Telekommunikationssektor scheinen aus einer ökonomischen Perspektive heraus auch gelungen zu sein. Ob dies so ist und was die Unternehmen aus den M&A-Transaktionen der Vergangenheit lernen können, ist Gegenstand der vorliegenden Arbeit: „Haben die Aktionäre europäischer Telekommunikationsunternehmen durch M&A-Transaktionen einen Wertzuwachs erfahren und was sind die zentralen Erfolgsfaktoren?“ - das ist die ebenso aktuelle wie relevante Kernfrage der Arbeit.

Akquisitionen und Zusammenschlüsse von Telekommunikationsunternehmen wurden in der Forschung bisher vor allem im US-amerikanischen Raum betrachtet. Die M&A-Aktivität europäischer Telekommunikationsunternehmen wurde dagegen kaum betrachtet. Das primäre Ziel der vorliegenden Arbeit war es deshalb, anhand von Marktdaten den Kenntnisstand zum Erfolg von M&A-Transaktionen europäischer Telekommunikationsunternehmen nachhaltig zu verbessern und wesentliche Determinanten des Transaktionserfolgs zu bestimmen. Zu diesem Zweck wurde eine empirische Analyse von 219 M&A-Transaktionen in der europäischen Telekommunikationsindustrie im Zeitraum von Januar 1998 bis Juni 2003 durchgeführt, auf deren Basis sich fundierte Handlungsempfehlungen für M&A in der Praxis ableiten lassen, die zu einer nachhaltigen Verbesserung der Erfolgsquoten von M&A-Transaktionen

im Telekommunikationssektor führen sollen. Die Arbeit enthält viele hoch interessanter Resultate, die aus wissenschaftlicher, aber auch aus praktischer Sicht von Bedeutung sind. Ich wünsche der Arbeit deshalb eine weite Verbreitung.

Prof. Dr. Harald Hungenberg

Vorwort

Die vorliegende Arbeit wurde im Winter 2007 im Fachbereich Wirtschaftswissenschaften der Universität Erlangen-Nürnberg als Dissertation angenommen. An dieser Stelle möchte ich mich bei all denen bedanken, die mich während der Erstellung dieser Arbeit unterstützt haben.

An erster Stelle möchte ich mich bei meinem Doktorvater, Prof. Dr. Harald Hungenberg, für die hervorragende Zusammenarbeit bei der Betreuung dieser Arbeit bedanken. Seine kritischen Anmerkungen und konstruktiven Hinweise haben mir sehr geholfen, diese Arbeit zu erstellen. Auch gilt mein Dank Prof. Dr. Richard Reichel für die Übernahme des Korreferats meiner Arbeit.

Ganz besonders bedanke ich mich bei meiner Frau, bei meinen Eltern und bei meinen Schwiegereltern für die umfassende und verständnisvolle Unterstützung und Ablenkung während der Erstellung dieser Arbeit.

Rainer Lenhard

Inhaltsübersicht

Inhaltsverzeichnis

Abbildungsverzeichnis

Tabellenverzeichnis

Abkürzungsverzeichnis

AG	Aktiengesellschaft
API	Abnormaler Performance Index
APT	Arbitrage Pricing Theory
AT&T	American Telephone & Telegraph
CAPM	Capital Asset Pricing Model
CAR	Kumulierte abnormale Renditen
DSL	Digital Subscriber Loop
EG	Europäische Gemeinschaft
EU	Europäische Union
ETSI	Europäisches Institut für Telekommunikationsnormen
GPRS	General Packet Radio Service
GuV	Gewinn und Verlust
INOG	Information nicht offen gelegt
IOG	Information offen gelegt
ISDN	Integrated Services Digital Network
JE	Jahresergebnis
KGV	Kurs-Gewinn-Verhältnis
KPN	Koninklijke PTT Nederland
M&A	„Mergers & Acquisitions"
NCR	National Cash Register (Company)
OLS	Ordinary Least Squares
REIT	Real Estate Investment Trust
RWE	Rheinisch-Westfälisches Elektrizitätswerk
SS	Sommer-Semester
US	United States
USD	United States Dollar

1 Einführung

1.1 Einleitung

Seit den neunziger Jahren des 20. Jahrhunderts sind im europäischen Telekommunikationsmarkt bedeutsame Umwälzungen zu beobachten, die durch die Deregulierung und Privatisierung dieses Industriezweiges hervorgerufen wurden. Dadurch wurden bestehende Industriegrenzen sowie das optimale Ausmaß unternehmerischer Aktivität verändert, und es folgte eine Welle von M&A-Aktivität.

Die wissenschaftliche Behandlung dieser M&A-Transaktionen im europäischen Telekommunikationssektor ist bisher noch deutlich unterentwickelt. Trotz der zahlreichen Ereignisstudien zur M&A-Thematik, gibt es wenige Studien, die sich auf den Telekommunikationsmarkt im Allgemeinen und auf Telekom-M&A in Europa im Speziellen konzentrieren. Ein wesentlicher Grund dafür ist die Tatsache, dass der Telekommunikationsmarkt, speziell in Europa, erst seit 1998 wirklich einen Markt darstellt, auf dem M&A-Aktivitäten interessant sind. Dies schlägt sich in kleinen Stichprobenzahlen bei den wenigen empirischen Arbeiten zum Telekommunikationsmarkt nieder. Viele Arbeiten zu M&A im Telekommunikationsmarkt haben daher eher den Charakter einer Fallstudie.

Es gibt keine empirische Untersuchung, die auf der Basis einer hinreichend großen Stichprobe M&A-Transaktionen im europäischen Telekommunikationsmarkt detailliert analysiert. Vor diesem Hintergrund besteht ein Forschungsbedarf, hier ein tieferes Verständnis zum Erfolg und den Erfolgsfaktoren von M&A-Transaktionen in der europäischen Telekommunikationsunternehmen zu erlangen. Das hier vorgestellte Dissertationsprojekt setzt sich daher konkret mit folgenden Fragestellungen auseinander:

- Wurde durch die M&A-Aktivität europäischer Telekommunikations-Unternehmen der vergangenen Jahre Wert für die Aktionäre geschaffen?

- Welche Faktoren beeinflussen den Erfolg von M&A-Transaktionen im europäischen Telekommunikationsmarkt?

1.2 Motivation und Zielsetzung der Arbeit

Der europäische Telekommunikationssektor befindet sich seit Beginn der 90er Jahre im Umbruch, und seit 1998 kann man eine verstärkte M&A-Aktivität beobachten.[1] Beispiele hierfür waren die Übernahme der *Telecom Italia* durch *Olivetti* (1999), die Übernahme von *E-Plus* durch *KPN* (1999), die Übernahme der *Mannesmann AG* durch *Vodafone* (2000) oder der Kauf von *Endemol* durch *Telefónica* (2000). Allein im europäischen Mobilfunkmarkt führte die M&A-Aktivität zu einem signifikanten Anstieg der Konzentration: Die sechs größten europäischen Mobilfunkunternehmen besaßen im Jahr 2000 einen Marktanteil von 72 Prozent gegenüber 47 Prozent im Jahr 1997.[2]

Große Übernahmewellen in den USA führten in den achtziger Jahren zu einer Vielzahl von Ereignisstudien zur Thematik der Unternehmensübernahmen.[3] Vor diesem Hintergrund ist es nicht erstaunlich, dass die meisten Beiträge den nordamerikanischen Markt für Unternehmensübernahmen analysieren; der Betrachtung des europäischen Marktes kommt bisher eine geringere Bedeutung zu. Des Weiteren wird in den meisten Beiträgen die Gesamtheit von M&A-Transaktionen in einem gewählten Zeitfenster untersucht, ohne eine Detaillierung nach Industriesektoren vorzunehmen.[4] Diese allgemeinen (zumeist amerikanischen) Studien zu Unternehmensübernahmen kommen zu dem Ergebnis, dass Aktionäre der Zielunternehmen von der M&A-Transaktion profitieren.[5] Die Effekte für Aktionäre des Käuferunternehmens scheinen

---

1 Siehe Laffont/Tirole (2000).

2 Vgl. Isern/Rios (2002), S. 87.

3 Vgl.Oerke (1999), S. 52.

4 Ausgenommen hiervon ist der Bankensektor.

5 Zu Kursreaktionen bei Zielunternehmen siehe beispielsweise Kaplan/Weisbach (1992), Mulherin/Boone (2000).

dabei nicht eindeutig feststellbar zu sein.[6] Obwohl einzelne Unternehmensübernahmen zu erheblichen negativen oder positiven Kursreaktionen führen, ergeben sich für größere Stichproben entweder im Durchschnitt keine statistisch signifikanten abnormalen Renditen der Wertpapiere des Käuferunternehmens[7] oder eher negative abnormale Renditen.[8] Nur wenige Arbeiten stellen eindeutig positive Renditen fest und das zumeist für eine spezielle Untergruppe von M&A-Aktivitäten.[9]

Entscheidend für den Erfolg einer Transaktion sind die Motive, die zu Übernahmen führen. Diese stehen daher im Brennpunkt aller Arbeiten, die sich den M&A-Transaktionen widmen.[10] Die M&A-Literatur hat eine Reihe von Faktoren identifiziert, die den Erfolg einer Transaktion beeinflussen:

- Aktionärsrenditen des Käuferunternehmens sind höher, wenn das Management selbst Unternehmensanteile besitzt.[11]
- Übernahmen gegen Bargeld führen zu höheren Aktionärsrenditen bei Käufer- und Zielunternehmen als Übernahmen gegen Aktien.[12]
- Käuferunternehmen mit zu großer Liquidität vernichten durch Bieten zu hoher Kaufpreise Unternehmenswert.[13]
- Übernahmen mit dem Ziel der Diversifizierung vernichten Unternehmenswert.[14]

---

6 Für abnormale Renditen von Null bis leicht positiv vgl. z.B. Eckbo/Thornburn (2000); für negative abnormale Renditen vgl. z.B. Mitchel/Stafford (2000), Walker (2000), Sirrower (1997) sowie Healy/Palepu/Ruback (1992).

7 Siehe beispielsweise Franks/Harris/Titman (1991), S. 95.

8 Siehe beispielsweise Franks/Harris (1989), S. 246.

9 Siehe beispielsweise Allen/Sirmans (1987). S. 184 für REITs oder Maquieira/Megginson/Nail (1998) S. 30 für konglomerate Zusammenschlüsse.

10 Siehe Bühner (1990), S. 295, mit einer Übersicht über die wichtigsten Motive zur Durchführung von Unternehmenszusammenschlüssen.

11 Vgl. Healy/Palepu/Ruback (1992), Agrawal/Mandelker (1987) S. 836.

12 Vgl. Huang/Walkling (1987), S. 348.

13 Vgl. Lang/Stulz/Walkling (1991) S. 317f.

- Die Übernahme von Unternehmen mit niedrigem Markt-zu-Buchwert-Verhältnis führt zu höheren Aktionärsrenditen bei Käufer- und Zielunternehmen.[15]
- Übernahmen sind erfolgreicher, wenn das Ziel vergleichsweise schlechtere Performance zeigt als das Käuferunternehmen.[16]

Werden industriespezifische empirische Untersuchungen von M&A-Transaktionen durchgeführt, so handeln sie überwiegend von M&A-Transaktionen im Bankensektor und beziehen sich dabei oft auf den nordamerikanischen Bankensektor. Die Ergebnisse zu M&A-Studien im Bankensektor fallen unterschiedlich aus. Einige Studien kommen zu einer durchweg positiven Bewertung von Bank M&A-Transaktionen, wo sowohl Aktionäre des Käufer- als auch des Zielunternehmens signifikant positive abnormale Renditen erzielen.[17] Die Mehrzahl der Studien zeigt jedoch negative oder uneinheitliche abnormale Renditen für Aktionäre der Käuferbank.[18] Ein großer Teil der aktuellen Untersuchungen versucht darüber hinaus Variablen zu identifizieren, die den Erfolg einer M&A-Transaktion erklären können.[19]

Die Untersuchung von M&A-Transaktionen in weiteren Industriesektoren wie beispielsweise dem Telekommunikationssektor, der sich in der jüngeren Vergangenheit durch eine hohe M&A-Aktivität ausgezeichnet hat, ist jedoch bisher noch deutlich unterentwickelt. So gibt es erst wenige Studien, die M&A-Transaktionen

---

14 Vgl. Berger/Ofek (1995), S. 59, Maquieira/Megginson/Nail (1998), S. 30.

15 Vgl. Rau/Vermaelen (1998), S. 249.

16 Vgl. Servaes (1991), S. 418.

17 Vgl. z.B. Beitel/Schiereck (2001), Houston et al. (2001), siehe auch Cybo-Ottone/Murgia (2000), S. 856f. wobei diese zwar allgemein positive Reaktionen festellen, davon aber M&A-Aktivitäten mit Securities Unternehmen und fremdländischen Unternehmen ausschliessen.

18 Vgl. z.B. Subrahmanyam/Rangan/Rosenstein (1997) sowie Hudgins/Seifert (1996), S. 176.

19 Empirisch überprüft werden dabei der Produkt- und Aktivitätsfokus (vgl. z.B. DeLong (2001)), der geografische Fokus (vgl. z.B. Houston/Ryngaert (1997)), die Größe von Käufer- und Zielunternehmen (vgl. z.B. Zollo/Leshchinkskii (2000)), das Diversifizierungs-/ Risikoreduktionspotenzial (vgl. Hawawini/Swary (1990)), die Profitabilitätssituationen (vgl. z.B. Banerjee/Cooperman (2000)), die Transaktionserfahrung (vgl. z.B. DeYoung (1997)) sowie die Zahlungsmodalitäten (vgl. Becher (1999)).

im Telekommunikationssektor untersuchen. Dazu gehören beispielsweise Lys/Vincent (1995), die konkret die Übernahme von *NCR* durch *AT&T* (1991) analysieren und dabei zu dem Ergebnis gelangen, dass diese Transaktion für *AT&T*-Aktionäre in erheblicher Weise wertvernichtend war.

Shusterman/Norsworthy/Bessler (2000a) untersuchen ferner 12 Transaktionen im nordamerikanischen Telekommunikationsmarkt, die im Zeitraum 1996-1999 stattfanden. Diese 12 Transaktionen wurden von fünf verschiedenen Käufern durchgeführt: *Bell Atlantic, SBC Communications, AT&T, MCI Worldcom* und *Quest*. Dic Autoren kommen zu dem Ergebnis, dass der Kapitalmarkt unterschiedlich auf die Bekanntgabe von „Long-distance"-Mergers versus „Local"-Mergers reagiert. Dieser Unterschied wird allerdings nur für das Käuferunternehmen, nicht jedoch für den Aktienkurs des Zielunternehmens festgestellt. Der Kurs von lokalen Unternehmen fällt am Bekanntgabetag und bleibt dann konstant, während der Kurs von „Long-distance"-Mergers auch nach dem Ankündigungstag noch weiterhin fällt.

Wilcox/Chang/Grover (2001) untersuchen 44 M&A-Transaktionen im US-amerikanischen Telekommunikationsmarkt mit besonderem Fokus auf die Erfolgsfaktoren *Diversifikation* (Verwandtschaftsgrad der beteiligten Unternehmen) und *Firmengröße*. Die Autoren kommen zu dem Ergebnis, dass M&A-Aktivitäten einen positiven Einfluss auf den Wert der beteiligten Unternehmen haben, dabei werden jedoch Käufer- und Zielunternehmen nicht unterschieden, so dass keine Aussage zu dem Effekt für Käuferunternehmen getroffen wird.

In einer Studie von Bessler/Shusterman/Norsworthy (2001) wird die Kapitalmarktreaktion auf M&A-Transaktionen von Telekommunikationsunternehmen in Europa und den USA verglichen. Die Untersuchung von 12 Transaktionen ergibt, dass US Mergers im Durchschnitt negativ, europäische Mergers im Gegensatz dazu jedoch im Durchschnitt positiv bewertet werden. Des Weiteren wird festgestellt, dass sowohl US-amerikanische als auch europäische Märkte die durch die Ankündigung eines Mergers verbreitete Information effizient, das heißt in kürzester Zeit, verarbeiten. Die Autoren erklären die positiven Ergebnisse für die europäischen

Märkte mit der Tatsache, dass die meisten der Merger sowohl mit Cash finanziert werden als auch grenzübergreifend sind, beides Faktoren, die in verschiedenen Arbeiten als positive Einflussfaktoren festgestellt werden.[20]

Trillas (2002) legt die erste Arbeit vor, die sich ausschließlich mit Telekommunikationsunternehmen in Europa beschäftigt, wobei der Autor sich auf die größten Transaktionen beschränkt und somit lediglich eine Stichprobe im Umfang von 12 Transaktionen untersucht. Der Autor kann keine einheitlichen Ergebnisse für die untersuchten 12 Fälle beobachten und kommt daher zu dem Schluss, dass Käuferunternehmen im Durchschnitt keinen Wertgewinn an M&A-Transaktionen verzeichnen. Das bedeutet, dass trotz der durch Deregulierung ausgelösten Restrukturierung die Shareholder der Unternehmen, die den Konsolidierungsprozess anführen, keine Zugewinne durch diesen Prozess verzeichnen können.[21]

Rieck (2002) kommt bei einer Untersuchung von 72 internationalen[22] Telekom-Transaktionen zu dem Ergebnis, dass im Durchschnitt keine signifikanten Bewegungen des Marktwertes beobachtet werden können. Die Betrachtung verschiedener Erfolgsfaktoren ergibt, dass eine Transaktion umso erfolgreicher ist, wenn der Käufer klein ist, wenn das Zielunternehmen in einer nahen geographischen Distanz angesiedelt ist oder wenn die Länder der beiden Unternehmen wirtschaftlich eng miteinander verknüpft sind.

Die Problembereiche der bisherigen Forschungsvorhaben zur M&A-Aktivität im Telekommunikationsmarkt lassen sich wie folgt zusammenfassen:

- Geringe Stichprobengrößen
- Untersuchung keines Erfolgsfaktors oder weniger Erfolgsfaktoren
- Fehlende umfassende Betrachtung des europäischen Marktes

---

20 Siehe Franks/Harris/Meyer (1988).

21 Vgl. Trillas (2002), S. 275.

22 Wobei jedoch das Käuferunternehmen immer US-amerikanischen Ursprungs ist und am NYSE oder NASDAQ gelistet ist.

Da M&A-Aktivitäten im europäischen Telekommunikationsmarkt bisher kaum empirisch untersucht wurden, stellt sich die Notwendigkeit einer detaillierten Analyse.

Eine empirische Untersuchung des Erfolgs und der Determinanten erfolgreicher Transaktionen in Europa ist demzufolge sinnvoll und notwendig.

1.3 Konzeption der empirischen Untersuchung

Die Bewertung der M&A-Aktivität und die Untersuchung der Erfolgsfaktoren von Unternehmensübernahmen im Telekommunikationsmarkt erfolgen mit Hilfe der Methodik der *Ereignisstudie* beziehungsweise der *Event-Study*. Diese Richtung der empirischen Kapitalmarktforschung geht zurück auf Ball/Brown (1968) und Fama/Fisher/Jensen/Roll (1969). Untersuchungsgegenstand ist daher die Bekanntgabe eines Ereignisses und die darauf beobachtbare Kursreaktion beziehungsweise die zu verzeichnenden abnormalen Renditen.[23] Dabei liegt die Überlegung zugrunde, dass bei der Ankündigung eines Ereignisses, in diesem Fall der Unternehmensübernahme oder des Zusammenschlusses, die Anleger diese neue Information bewerten und dass deshalb die Wertpapierpreise somit entsprechend angepasst werden. Diese durch das Ereignis ausgelöste Differenz in der Bewertung des jeweiligen Wertpapiers beziehungsweise Unternehmenswertes wird im Allgemeinen in abnormalen Renditen ausgedrückt.

Die Literatur zu Ereignisstudien ist überaus vielfältig, sowohl in Bezug auf die betrachteten Ereignisarten als auch auf das Untersuchungsziel oder die verwendete Methodik. Die einzelnen Ereignisstudien folgen einem von der Zielsetzung und der Art des untersuchten Ereignisses unabhängigen Aufbau[24]

- Definition des Ereignisses

---

23 Die Methodik der Ereignisstudie ist eines der zentralen Verfahren in der empirischen Kapitalmarktforschung.

24 Zum Aufbau von Ereignisstudien siehe Bowman (1983), Strong (1992), Peterson (1989), MacKinley (1997), Campbell/Lo/MacKinley (1997), S. 150, Dyckman/Philbrick/Stephan (1984).

- Ermittlung des Ankündigungs-Zeitpunkts und Festlegung der Ereignisperiode
- Berechnung der abnormalen Renditen
  - Schätzung der normalen erwarteten Renditen mit Hilfe eines Preisbildungsmodells
  - Ermittlung der individuellen abnormalen Renditen als Differenz aus beobachteter und normaler erwarteter Rendite
  - Aggregation der abnormalen Renditen
- Analyse und Interpretation der Ergebnisse

Dabei wird zunächst im ersten Schritt das Ereignis definiert, in diesem Fall die Ankündigung einer Akquisition, und der Ankündigungs-Zeitpunkt bestimmt. Die Bestimmung des Ankündigungs-Zeitpunktes ist von wesentlicher Bedeutung für die Wirksamkeit der verwendeten Testverfahren.[25] Zur Berechung der abnormalen Renditen werden die erwarteten Renditen mit Hilfe eines Modells, beispielsweise des Marktmodells, geschätzt.[26] Die Differenz zwischen der tatsächlich beobachteten Rendite und der erwarteten Rendite ergibt die abnormale Rendite. Im Allgemeinen werden die abnormalen Renditen nicht einzeln untersucht, sondern über die Ereignisperiode aggregiert. Darüber hinaus erfolgt zumeist die Betrachtung von Portfolios, das heißt es findet eine weitere Aggregation statt. Die Analyse der Resultate erfolgt gewöhnlich durch Überprüfung einer zuvor bestimmten (Null-) Hypothese mit Hilfe von statistischen Signifikanztests, wie beispielsweise t-Tests, Differenzentests oder Korrelationsanalysen

---

25 Vgl. Bowman (1983), S. 564; Brown/Warner (1980, 1985) zeigen mit Hilfe von Simulationen, dass die fehlerfreie Festlegung des Ankündigungszeitpunktes von erheblicher Bedeutung für die Wirksamkeit des Testverfahrens ist.

26 Zur Beschreibung des Marktmodells siehe Steiner/Bruns (1998), S. 37ff., Copeland/Weston (1999), S. 362ff.

Untersuchungsgegenstand	
Transaktionsart	Akquisitionen
Untersuchte Erfolgsfaktoren	Erfolgsfaktoren auf Basis der M&A-Motivtheorie - Diversifikation in neue Branchen - Geographischer Fokus - Erreichen von Kontrolle - Profitabilität der Transaktionspartner - Größenfaktoren - Relevanz von Insiderwissen Weitere theoretisch herleitbare Erfolgsfaktoren - Akquisitionserfahrung des Käuferunternehmens - Offenlegung der Information über den Zahlungsmodus - Art des Zahlungsmodus Moderatoren - Nationalität des Käufer- und Zielunternehmens - Marktumfeld
Datenbestand	
Geographischer Fokus	Europa
Zeitraum	01/1998-06/2003
Anzahl Fälle	219
Auswahlkriterien	Käuferunternehmen börsennotiert und Kurse für den Beobachtungszeitraum verfügbar
Methodik	
Renditeberechnung	Diskrete Renditen
Renditebereinigung	Marktbereinigte Renditen
Index	Marktindizes der Börse des jeweiligen europäischen Landes
Schätzperiode	Keine
Ereignisperiode	41 Tage (-20;20) Untersuchung verschiedener Sub-Zeiträume
Renditeaggregation	CAR

TAB. 1: Überblick zur empirischen Untersuchung[27]

In TAB. 1 werden die wesentlichen Informationen zum Datensatz sowie die gewählte Methodik entlang der oben aufgeführten Schritte zusammengefasst. Als Datengrundlage dieser Untersuchung dienen Transaktionen, die im Zeitraum 1.1.1998-

27 Siehe Kapitel 2 zu einer analogen Übersicht der Eckdaten der bisherigen Arbeiten zur Untersuchung von M&A-Transaktionen im Telekommunikationsmarkt.

30.6.2003 angekündigt[28] wurden und bei denen ein europäisches Unternehmen beteiligt war.

1.4 Grobaufbau der Arbeit

Neben der Einführung und dem Schlussteil enthält die vorliegende Arbeit drei Hauptteile:

- Theorie und Grundlagen (*Kapitel 2* und *Kapitel 3*)
- Methodik (Kapitel 4 und Kapitel 5)
- Hypothesengeleiteter Empirismus (*Kapitel 6*)

In *Kapitel 2* werden die theoretischen Grundlagen zu „Mergers & Acquisitions" dargestellt. Dabei wird der M&A-Begriff definiert, und es werden M&A-Transaktionen nach unterschiedlichen Kriterien klassifiziert und die in der wissenschaftlichen Diskussion beschriebenen theoretischen Motive für M&A-Aktivität dargestellt. Ferner werden die Erfolgsperspektiven von M&A-Aktivität sowie die Methoden zur empirischen Erfolgsmessung beschrieben und ausgewählte Ergebnisse von Studien zum Erfolg von M&A aufgezeigt.

In *Kapitel 3* werden die für die Arbeit relevanten Aspekte des europäischen Telekommunikationsmarktes vorgestellt. Nach der begrifflichen Abgrenzung des Untersuchungsobjektes wird die Anfang der 80er Jahre vorherrschende Marktstruktur kurz umrissen. Anschließend werden die darauf aufbauenden wesentlichen Entwicklungen, die Deregulierungs- und Privatisierungstendenzen im europäischen Telekommunikationsmarkt, genauer beschrieben, da sie erst die Grundlage für M&A-Aktivität durch europäische Telekommunikationsunternehmen schufen. Außerdem

---

28 Eine Transaktion wird aufgrund ihres Ankündigungsdatums in die Datenstichprobe aufgenommen, auch wenn das Datum der eigentlichen Transaktionsausführung außerhalb des betrachteten Zeitraumes liegt. Dementsprechend wird eine Transaktion nicht aufgenommen, wenn das eigentliche Ausführungsdatum im betrachteten Zeitraum liegt, der Ankündigungszeitpunkt jedoch außerhalb des Beobachtungszeitraumes liegt.

werden die Motive und spezifischen Gründe für M&A-Aktivität im europäischen Telekommunikationsmarkt aufgezeigt. Nach einem Überblick über wesentliche empirische Forschungsarbeiten zu Telekom-M&A werden drei ausgewählte Telekom-M&A-Beispiele in Fallstudien beschrieben, die im Untersuchungszeitraum das Thema M&A im Telekommunikationsmarkt in die öffentliche Diskussion gebracht und dadurch das Interesse an weiterer empirischer Forschung am Untersuchungsobjekt geweckt haben.

In *Kapitel 4* wird die Modell- und Hypothesenbildung beschrieben. Dabei wird zuerst festgelegt, was in dieser Arbeit unter dem Erfolg einer M&A-Transaktion verstanden wird. Danach werden *Hypothesen* zu Erfolgsfaktoren für M&A-Transaktionen aufgestellt. Bei der Hypothesen-Formulierung werden drei Gruppen von Erfolgsfaktoren berücksichtigt:

- *Gruppe 1*: *Kernfaktoren* - Erfolgsfaktoren, die auf Basis der M&A-Motive hergeleitet werden können.
- *Gruppe 2*: *Erweiterte Kernfaktoren* - Weitere aus der betriebswirtschaftlichen Theorie ableitbare Erfolgsfaktoren.
- *Gruppe 3*: *Moderatorfaktoren* - Erfolgsfaktoren, die nicht aus der Theorie abgeleitet werden, aber in empirischen Arbeiten häufig als Erfolgsvariablen überprüft werden und als *Moderatorvariablen* in diese Untersuchung eingehen.

In *Kapitel 5* wird die Untersuchungsmethodik entwickelt, mit der die Hypothesen des vorherigen Kapitels überprüft werden. Dabei werden zunächst die verschiedenen methodischen Alternativen der einzelnen Schritte einer Ereignisstudie in Übersicht dargestellt. Im Anschluss daran werden die für die vorliegende Fragestellung geeigneten Komponenten ausgewählt.

In *Kapitel 6* soll die M&A-Aktivität im europäischen Telekommunikationssektor bewertet und Determinanten des Transaktionserfolgs identifiziert werden. Basis hierfür bilden die im vorangegangenen *Kapitel 4* hergeleiteten drei Gruppen von Hypothesen (Gruppe 1: *Kernfaktoren*, Gruppe 2: *Erweiterte Kernfaktoren*, Gruppe 3:

Moderatorfaktoren). *Kapitel 6* beginnt mit deskriptiven Analysen über den gesamten Datensatz. Danach wird auf der Basis des gesamten Datensatzes der Frage des Erfolgs von M&A-Transaktionen im Telekommunikationssektor nachgegangen. Nach einer detaillierten deskriptiven Analyse der Gesamtstichprobe werden die einzelnen Erfolgsfaktoren von Akquisitionen auf der Basis von *univariaten Analysen* diskutiert. Für jeden Erfolgsfaktor erfolgt eine Betrachtung von Untergruppen der Datenstichprobe, die die gleiche Ausprägung des Faktors besitzen. Die jeweiligen Untergruppen werden sodann mit Hilfe von *Zweistichproben-t-Tests* miteinander verglichen. Anschließend werden auf der Basis der in der M&A-Theorie hergeleiteten Kernfaktoren *multivariate Modelle* aufgestellt und empirisch überprüft. Die wesentlichen Ergebnisse der empirischen Analyse werden am Ende von Kapitel 6 zusammengefasst.

In *Kapitel 7* werden die Forschungsergebnisse dieser Arbeit zusammengefasst und Aspekte zukünftiger Forschungsansätze skizziert.

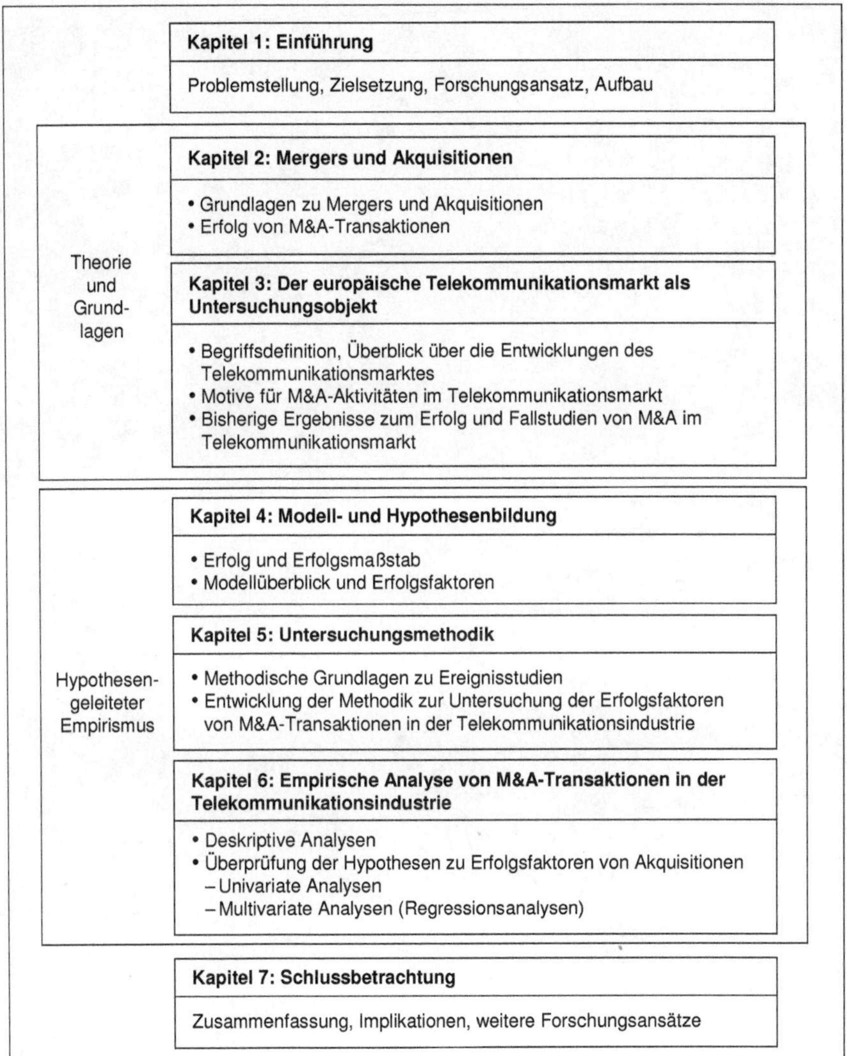

ABB. 1: Aufbau der Arbeit

2 „Mergers & Acquisitions"

In Kapitel 2 werden die theoretischen Grundlagen zu „Mergers & Acquisitions" gelegt. Zunächst wird der M&A-Begriff definiert, danach werden M&A-Transaktionen nach unterschiedlichen Kriterien klassifiziert und die in der wissenschaftlichen Diskussion beschriebenen theoretischen Motive für M&A-Aktivität dargestellt. Ferner werden die Erfolgsperspektiven von M&A-Aktivität sowie die Methoden zur empirischen Erfolgsmessung beschrieben und ausgewählte Ergebnisse von Studien zum Erfolg von M&A aufgezeigt.

2.1 Grundlagen zu „Mergers & Acquisitions"

2.1.1 Der M&A-Begriff

Ursprünglich stammt das Begriffspaar „Mergers & Acquisitions", auch oft in seiner Kurzform „M&A" verwendet, aus dem Investment Banking-Geschäft der USA und umfasst alle Aktivitäten von Unternehmen und ihren Beratern, die in Verbindung mit Fusionen, Akquisitionen sowie Beteiligungen stehen.[1] In dieser Arbeit soll jedoch allein auf die Aktivitäten von Unternehmen, die M&A-Transaktionen ausführen, eingegangen werden. Deshalb steht M&A vor diesem Hintergrund primär als Synonym für Strategien, die den Zusammenschluss oder den Erwerb von Unternehmen und Unternehmensbeteiligungen zum Inhalt haben.[2] M&A kann somit als ein Gattungsbegriff für die vielfältigen Begriffe angesehen werden, die im Zusammenhang mit dem Kauf bzw. der Fusion von Unternehmen in der deutschen wie auch in der englischen Literatur verwendet werden.[3]

Der M&A-Begriff kann aus unterschiedlichen Blickwinkeln betrachtet werden. Fasst man M&A als Prozess auf, so wird hierunter die Zusammenlegung der Aktivitäten

1 Vgl. Bross/Caytas/Mahari (1991), S. 2.
2 Vgl. Reicheneder (1992), S. 14.
3 Zu einer Übersicht über die Begriffsvielfalt vgl. Gerpott (1993), S. 18ff.

zweier Unternehmen verstanden, wobei die Unabhängigkeit eines Unternehmens hierbei eingeschränkt wird.[4] Andererseits kann der M&A-Begriff verwendet werden, um den Zustand zu bezeichnen, der das Beziehungsgeflecht mehrerer Unternehmen beschreibt.[5]

Eine andere Möglichkeit, unterschiedliche Formen von M&A-Aktivitäten zu beschreiben, besteht in der Betrachtung der strategischen Motivation der Aktivität. So wird M&A aus Sicht der strategischen Managementtheorie auf der einen Seite als Wachstumsstrategie beschrieben.[6]

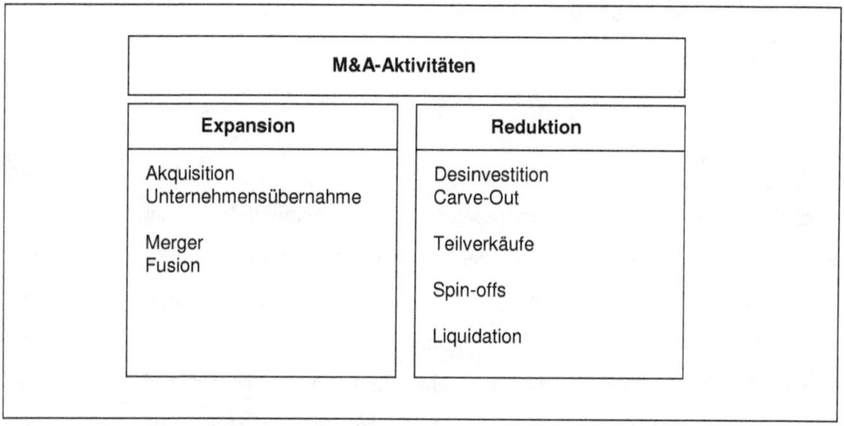

ABB. 2: Überblick über M&A Teilbereiche

ABB. 2 gibt einen Überblick über die wesentlichen Bestandteile des M&A-Begriffs.

Expansive M&A-Transaktionen umfassen Zusammenschlüsse von Unternehmen, und Akquisitionen (Unternehmenskäufe). Dabei wird unter Zusammenschlüssen (auch „Mergers/Fusionen“ genannt) typischerweise die Verschmelzung von zwei Unternehmen nach vorher durchgeführtem Anteilserwerb verstanden.[7] Wenn sich die Transaktionsparteien zur Bildung eines neuen Unternehmens entschließen, kommt es

4 Vgl. Eschen (2002), S. 23.
5 Vgl. Pausenberger (1989), S. 621.
6 Vgl. Schmalenbach-Gesellschaft (1989), S. 1.
7 Vgl. Achleitner (1999), S. 137.

zur Auflösung ihrer bisherigen Rechtspersönlichkeiten und zu einer Neuverteilung der wirtschaftlichen Kontrolle. Das häufigere Verfahren ist allerdings die Fusion durch Aufnahme, bei der eine der beteiligten Transaktionsparteien rechtlich erhalten bleibt, während die andere eingebracht wird und in Folge ihre Rechtspersönlichkeit aufgibt.[8]

Demgegenüber sollen in der zweiten Gruppe – Reduktionen –Desinvestitionen, Spin-Offs, Unternehmensverkäufe und Liquidationen sowie Teilverkäufe von Unternehmensanteilen zusammengefasst werden. Die in dieser Gruppe beschriebenen Transaktionen stellen die Gegenseite zu den Begriffen der ersten Gruppe dar, denn erst wenn Aktionäre bereit sind, sich von ihrem Unternehmen zu trennen, besteht für andere wirtschaftliche Akteure die Möglichkeit, diese zu erwerben. Bei einer Desinvestition gibt der Verkäufer seine Unternehmensanteile an einen Käufer ab, der typischerweise von außen kommt. Im Gegenzug erhält der Verkäufer vom Käuferunternehmen den Kaufpreis in Form von Barmitteln, Aktien oder einer Kombination von Aktien und Barmitteln ausgezahlt. Bei Desinvestitionen wird in der Regel keine neue rechtliche Einheit gebildet.[9] Geschieht die Desinvestition über die Aktienmärkte mittels Börsengangs, wird auch von einem *Carve-Out* gesprochen.[10]

Bei einem Spin-Off im engeren Sinne wird ein bisheriger Unternehmensbereich ausgegründet, wobei die Anteile an der neu gegründeten Unternehmung an die bisherigen Aktionäre übertragen werden. Da es sich bei dem Spin-Off lediglich um die Abgabe von Kontrollrechten handelt, erhält das ausgründende Unternehmen auch keine Barmittel oder dergleichen. Vor diesem Hintergrund wird der Spin-Off bei

---

8 Vgl. Schallenberg (1995), S. 18. Der Autor weist darauf hin, dass im deutschen Gesellschaftsrecht zwei Arten der Verschmelzung unterschieden werden: Verschmelzung durch Aufnahme und Verschmelzung durch Neugründung. Bei der Verschmelzung durch Neugründung gibt mindestens eines der beteiligten Unternehmen seine bisherige Rechtspersönlichkeit auf. Im Fall der Verschmelzung durch Neugründung geben alle beteiligten Unternehmen ihre Rechtspersönlichkeit auf und werden in die neu zu gründende Gesellschaft eingebracht.

9 Vgl. Eschen (2002), S. 24.

10 Vgl. Jansen (2001), S. 45.

Weston/Chung/Hoag (1990) auch als Realform der Dividendenausschüttung bezeichnet.[11]

Die nachfolgenden Ausführungen über M&A-Aktivität im Telekommunikationsmarkt konzentrieren sich auf die Analyse von Expansionen, wie sie durch die erste Gruppe beschrieben wird. Zusammenschlüsse und Akquisitionen werden in dieser Arbeit nicht inhaltlich voneinander unterschieden, da organisatorisch bei jeder Form beliebige Integrationsstufen möglich sind. Vor diesem Hintergrund werden die Begriffe Akquisitionen, Unternehmenskauf, Zusammenschlüsse und Übernahmen synonym verwendet.

2.1.2 Klassifizierung von M&A-Transaktionen

Der M&A-Begriff kann aus verschiedenen Blickwinken betrachtet werden und ist überaus vielschichtig. Es gibt eine Vielzahl unterschiedlicher Kategorisierungen, die teilweise nicht überschneidungsfrei sein.[12] Daher wird anhand verschiedener ausgewählter Kriterien im Folgenden der Versuch unternommen, wesentliche Facetten der Thematik aufzuzeigen.[13] In der Literatur werden häufig folgende Kategorien zur Klassifizierung von M&A-Transaktionen verwendet:

- Strategische Richtung
- Geographischer Fokus
- Grad der Integration
- Grad der Freundlichkeit
- Zahlungsmodus

---

11 Vgl. Weston/Chung/Hoag (1990), S. 6.
12 Vgl. Beitel (2002), S. 9.
13 Vgl. Buono/Bowditsch (1989), S. 60ff.

2.1.2.1 Strategische Richtung

Die Beurteilung der *strategischen Richtung* einer M&A-Transaktion erfolgt im Allgemeinen nach dem *Verwandtschaftsprinzip* der Tätigkeitsgebiete der beteiligten Gesellschaften. Dabei werden für M&A-Transaktionen die vertikale, horizontale, sowie konglomerate (branchenfremde) strategische Richtung unterschieden.[14] Bei einem Zusammenschluss auf *vertikaler* Ebene sind die beteiligten Unternehmen auf verschiedenen Produktions- und-/oder Handelstufen aktiv, also in vor- oder nachgelagerten Wertschöpfungsstufen innerhalb einer Branche. Von einem *horizontalen* Zusammenschluss wird gesprochen, wenn die beteiligten Unternehmen in der gleichen Branche auf der gleichen Wertschöpfungsstufe operieren und miteinander in Konkurrenz stehen. Eine M&A-Transaktion mit *konglomerater* strategischer Richtung weist demgegenüber keine Gemeinsamkeiten bzw. mögliche Ergänzungen zwischen den beteiligten Unternehmen auf, da sie produkt- oder industrieübergreifend ist.

2.1.2.2 Grad der Integration

Des Weiteren werden M&A-Transaktionen nach dem Grad der Integration klassifiziert. Der *Integrationsgrad* beurteilt, wie eng die beteiligten Unternehmen nach Durchführung der Transaktion miteinander verbunden sind. Dabei ist die Ausgestaltung und Intensität der Integration stark vom strategischen Hintergrund der Transaktion abhängig. Das Spektrum der Integrationsmöglichkeiten fällt dabei sehr breit aus und reicht von der Gewährung einer umfassenden Autonomie über die Teilintegration gewisser Bereiche bzw. Funktionen bis hin zur vollständigen Integration des übernommenen Unternehmens in die Käufergesellschaft.[15]

2.1.2.3 Geographischer Fokus

M&A-Transaktionen können ferner in nationale (*domestic transaction*) und internationale (*cross-border*) unterteilt werden. Unternehmen, die in internationale

---

[14] Vgl. Clever (1993), S. 11.
[15] Vgl. Clever (1993), S. 8.

Märkte expandieren, verfolgen das Ziel, die Abhängigkeit vom angestammten Heimatmarkt zu reduzieren.

2.1.2.4 Grad der Freundlichkeit

M&A-Transaktionen lassen sich je nach Haltung der Unternehmensleitung und/ oder der maßgeblichen Anteilseigner des Zielunternehmens in freundliche (*friendly takeover*) und unfreundliche (*unfriendly* oder *hostile takeover*) Transaktionen unterscheiden.[16] Bei einer *freundlichen* M&A-Transaktion gibt es typischerweise bereits im Vorfeld der Transaktion konstruktive Verhandlungen zwischen den an der Transaktion beteiligten Unternehmen, die zu einem *Letter of Intent* oder Fusionsvertrag führen können. Die Leitung des Zielunternehmens empfiehlt dementsprechend ihren Aktionären, auf das Angebot des Käuferunternehmens einzugehen. Hintergrund für dieses Vorgehen kann beispielsweise das Vorliegen einer existenzbedrohenden Situation des Zielunternehmens sein. Es kann aber auch die Überzeugung zugrunde liegen, dass zukünftige Herausforderungen besser durch den Zusammenschluss bewältigt werden können.

Bei der *unfreundlichen* Übernahme ist hingegen nur das einseitige Vorgehen des Käuferunternehmens zu beobachten. Der Übernahmeprozess wird dabei ohne das vorherige Einverständnis des Zielunternehmens eingeleitet. Eine Möglichkeit hierfür ist die Bekanntgabe eines öffentlichen Übernahmeangebots.[17]

2.1.2.5 Zahlungsmodus

Die Zahlungsformen Bargeld, Aktien sowie die Kombinationen von Bargeld und Aktien des Käuferunternehmens stellen die wesentlichen Optionen für den *Zahlungsmodus* dar. Aus Sicht des Käufers kann die ganze oder partielle Bezahlung in Aktien als Instrument zur Risikoteilung angesehen werden.[18] Findet der Käufer nach Durchführung der Akquisition heraus, dass der Wert des übernommenen

16 Vgl. Watter (1990), S. 50.
17 Vgl. Weston/Chung/Hoag (1990), S. 4.
18 Vgl. Fuller/Netter/Stegemoller (2002), S. 1769.

Unternehmens geringer als erwartet ausfällt, wird der daraus resultierende Verlust in dem Aktienpreis des Käufers widergespiegelt und somit zum Teil durch die Anteilseigner des Verkäuferunternehmens getragen.[19] Eine Bezahlung mit Aktien kann daher bei solchen Transaktionen interessant sein, bei denen hohe Informationsdefizite existieren, beispielsweise, wenn das Zielunternehmen nicht börsennotiert ist oder wenn nur eine begrenzte „Due Diligence" durchgeführt werden konnte.[20] Bei einer Barbezahlung hingegen werden alle Verluste nach der Transaktion allein von den Aktionären des Käuferunternehmens getragen. Auf der anderen Seite kommen allerdings auch alle denkbaren positiven Effekte, die über die ursprünglichen Schätzungen hinausgehen, in vollem Umfang den Aktionären des Käuferunternehmens zugute.[21]

2.1.3 Motive für M&A-Transaktionen

Nachdem in den letzten Abschnitten der M&A-Begriff definiert und unterschiedliche Kategorisierungsmöglichkeiten von M&A-Transaktionen vorgestellt worden sind, sollen in den folgenden Abschnitten die Erkenntnisse aus der betriebswirtschaftlichen Literatur zur Motivation von M&A-Transaktionen dargestellt werden. Es ist festzustellen, dass in der Literatur keine einheitliche Systematisierung der Transaktionsmotive existiert.[22] Weston/Chung/Hoag (1990) unterscheiden vier Klassen von Transaktionsmotiven: (1) Steigerung des Unternehmenswertes, (2) Selbstüberschätzung des Managements („hybris"), (3) Prinzipal-Agenten-Konflikte („agency") sowie (4) Umverteilung („redistribution").[23] Trautwein (1990) unterscheidet zwischen drei Kategorien: (1) Rationale Motive, (2) Motive als Ergebnis interner Prozesse sowie (3) Motive als Ergebnis von makroökonomischen Phänomenen. Berger/Demsetz/Strahan (1999) teilen M&A-Transaktionsmotive in nur

---

19 Vgl. Hansen (1987), S. 76.

20 Vgl. Palepu/Healy/Bernard (1996), S. 10ff, sowie Martin (1996), S. 1242.

21 Vgl. Becher (1999), S. 211-212; vgl. Kaen/Tehranian (1989), S. 141-156.

22 Vgl. Berger/Demsetz/Strahan (1999), S. 144.

23 Dabei werden in den Gruppen zwei und drei diejenigen Transaktionsmotive zusammenfasst, die nicht primär dem Ziel der Steigerung des Unternehmenswertes dienen.

zwei Gruppen ein, nämlich in *wertmaximierende* Motive und *nicht-wertmaximierende* Motive. Nachfolgend werden die wesentlichen Beiträge der ökonomischen Theorie zu M&A-Transaktionsmotiven dargestellt.

2.1.3.1 Motiv: Diversifikation

Das Motiv der Diversifikation ist in der Theorie ausgiebig diskutiert worden, da M&A-Transaktionen, die das Unternehmen weiter diversifizieren, aufgrund einer Vielzahl unterschiedlicher Zielsetzungen durchgeführt werden können. Dabei wird in der wissenschaftlichen Diskussion im Zusammenhang mit diversifizierenden M&A-Transaktionen zwischen so genannten *rationalen Zielen*, die darauf ausgelegt sind, den Unternehmenswert des Käuferunternehmens zu erhöhen, und den *persönlichen Zielen* des Managements, die nicht zwangsläufig mit einer Erhöhung des Unternehmenswertes einhergehen müssen, unterschieden. Im Folgenden sollen die wesentlichen Motive für unternehmenswertsteigernde und auch unternehmenswertmindernde diversifikationsgetriebene M&A-Transaktionen beschrieben werden.

2.1.3.1.1 Theoretische Ansätze zur Steigerung des Unternehmenswertes durch Diversifikation

Die *Theorie der Risikoreduktion* geht auf die Portfoliotheorie von Markowitz (1952) zurück. Nach diesem Ansatz ist eine Streuung der Investitionen auf mehrere Investitionsobjekte dann vorteilhaft, wenn dies zu einer Reduzierung des Risikos für das gesamte Investitionsportfolio führt. Nach der Portfoliotheorie wird das Risiko eines Investitionsportfolios anhand der Standardabweichung von den zu erwartenden Renditen gemessen. Dieses wiederum setzt sich aus dem so genannten systematischen Risiko, das auch als Marktrisiko bezeichnet wird, und dem unsystematischen Risiko, das aus den spezifischen Risiken der Unternehmen im Portfolio erwächst, zusammen. Beispiele für das systematische Risiko, das alle Unternehmen gleichermaßen betrifft, sind Inflation oder Kriege. Unter dem unsystematischen, unternehmensspezifischen Risiko kann man sich Faktoren wie beispielsweise Arbeiterstreiks, Lieferantenbeziehungen oder Rechtsstreitigkeiten vorstellen. Dieses unsystematische Risiko kann durch Investitionen in nicht perfekt korrelierte Wertpapiere vermindert werden. Die

Reduktion des unsystematischen Risikos wird als Diversifikationseffekt bezeichnet. Dieser Diversifikationseffekt ist umso größer, je geringer die Korrelation der Renditeströme ist.[24]

Auf das diversifizierende Käuferunternehmen bezogen bedeutet die Portfolio-Theorie, dass das Käuferunternehmen durch Akquisitionen von Zielunternehmen, deren Cashflows nicht perfekt positiv mit denen des Käuferunternehmen korrelieren, die Variabilität der *Cashflows* und damit das *Konkursrisiko* reduzieren kann. Hintergrund ist dabei, dass man beim Zusammenschluss von Unternehmen, deren Cashflows nicht perfekt miteinander korrelieren, die Verluste des einen Unternehmens mit Gewinnen des anderen ausgleichen kann, was zu einer generellen Glättung des Cashflow-Profils des Gesamtunternehmens über die Zeit führen kann. Da die Unternehmen auf diese Weise gegenseitig für die Zahlungsverpflichtung des anderen Unternehmens aufkommen, kann dieser Effekt auch als eine Art Versicherung angesehen werden.[25] Daher wird dieses Diversifikationsargument in der Literatur auch unter dem Begriff der *Co-Insurance* diskutiert.[26]

Lewellen (1971) und Higgins/Schall (1975) übertragen die portfoliotheoretischen Überlegungen aus der Investitionstheorie auf Unternehmensakquisitionen und zeigen auf, dass die Reduktion des Unternehmensrisikos infolge der Diversifikation dazu führt, dass das zusammengeschlossene Unternehmen für Kapitalgeber an Attraktivität gewinnt und dem Unternehmen Kapital zu niedrigeren Kosten zur Verfügung gestellt wird.[27] Zusammenfassend kann man sagen, dass die Diversifikation nach der *Portfolio-Theorie* das unternehmerische Risiko reduziert, und damit einhergehend reduzieren sich auch die Kapitalkosten für das Unternehmen. Dieser *Co-Insurance-*

24 Vgl. Eschen (2002), S. 75.
25 Vgl. Lewellen (1971), S. 530.
26 Vgl. Lewellen (1971), S. 529ff.
27 Vgl. Amit/Livnat (1988), S. 106.

Effekt wird theoretisch auch durch die Arbeiten von Kim/McConnell (1977) nachgewiesen.[28]

Die *Theorie der internen Kapitalmärkte* liefert ein weiteres Argument für die Durchführung von diversifizierenden M&A-Transaktionen. Demnach kann das Käuferunternehmen durch M&A-Aktivität ein diversifiziertes Unternehmen aufbauen, welches über einen internen Kapitalmarkt verfügt. Dadurch erhöht das Unternehmen seine Flexibilität bei der Auswahl von Finanzierungsquellen, da es nun mit dem internen Kapitalmarkt über eine Alternative zu dem bestehenden externen Kapitalmarkt verfügt.[29] Weiterhin können sich durch die Schaffung eines internen Kapitalmarktes Vorteile bei der Kapitalallokation ergeben, da Finanzmittel aus einem Geschäftsbereich in einen anderen investiert werden können. Diese Vorteile einer besseren Kapitalallokation werden in der wissenschaftlichen Diskussion auch unter dem Begriff der *finanzwirtschaftlichen Synergien* behandelt.[30] Ein weiterer Grund für die bessere Kapitalallokation durch Existenz eines internen Kapitalmarktes ist darin zu sehen, dass das Management des diversifizierten Unternehmens bessere Informationen über die verschiedenen Unternehmensbereiche besitzt als der externe Kapitalmarkt, so dass in der Folge eine effizientere Nutzung der verfügbaren Finanzmittel möglich wird.[31] Dieser Argumentation läuft allerdings das *Wertadditivitätsprinzip* entgegen. Demnach ist in einem perfekten Kapitalmarkt der Wert des Einkommensstroms der fusionierten Unternehmung gleich der Summe der Einkommensströme der Einzelunternehmen.[32] Ein weiteres Argument gegen die Diversifikationshypothese liefert die Überlegung, dass private Investoren ihr eigenes Portfolio diversifizieren können und daher keine Prämie für ein diversifiziertes Unternehmen zahlen werden.[33]

---

28 Vgl. Kim/McConnell (1977), S. 349.
29 Vgl. Gertner/Scharfstein/Stein (1994), S. 1211.
30 Vgl. Ganz (1991), S. 78.
31 Vgl. Shleifer/Vishny (1991), S. 54, sowie Servaes (1996), S. 1201.
32 Vgl. Amihud/Lev (1981), S. 609f.
33 Vgl. Brealey/Myers (1991), S. 148.

Diversifikation wird oft auch mit den *Synergiepotentialen* begründet, die das Unternehmen durch M&A-Aktivität in andere Branchen und Märkte realisieren kann.[34] Das Motiv der *Synergie* ist eines der am häufigsten verwendeten Argumente für M&A-Transaktionen allgemein.[35] Von Synergieeffekten wird gesprochen, wenn nach einer M&A-Transaktion das Gesamtunternehmen höher bewertet wird als die Summe der Einzelteile vor Durchführung der Akquisition. Aufgrund der Bedeutung des Synergie-Motivs auch für allgemeine M&A-Aktivität wird dieses Motiv im Detail separat in Abschnitt 2.1.3.3 behandelt. Im Zusammenhang mit dem *Diversifikationsmotiv* und den *Synergien* sind jedoch an dieser Stelle die Aussagen der *Ressourcen-Theorie* von Relevanz, die auf Penrose (1959) zurückgeht.[36] Grundgedanke der *Ressourcen-Theorie* ist, dass Unternehmen, die über Ressourcenüberkapazitäten verfügen, in neue Geschäftsbereiche oder Märkte diversifizieren werden, um die überschüssigen Ressourcen sinnvoll einzusetzen. Unternehmen werden also so lange M&A-Aktivität mit dem Ziel der Diversifikation betreiben, bis diese Überkapazitäten vollständig abgebaut sind.[37] Weitergehende Arbeiten von Montgomery/Wernerfelt (1988) beschäftigen sich dabei detaillierter mit dem Ausmaß der Diversifikation infolge eines Ressourcenüberschusses und nehmen an, dass hierfür die *Spezifität*, der *Verwandtschaftsgrad* sowie mögliche *Effizienzverluste* ausschlaggebend sind.[38]

- Die *Spezifität* der überschüssigen Ressourcen beschreibt dabei die Breite des Einsatzbereichs. Ressourcen mit hoher Spezifität verfügen über einen nur begrenzten Einsatzbereich.

- Der Begriff des *Verwandtschaftsgrads* geht dabei auf die Ähnlichkeit des Marktes (Produkt oder geografischer Markt) mit dem angestammten Markt des Käuferunternehmens ein. Eine M&A-Transaktion, die in einen ähnlichen Markt

---

34 Vgl. Ganz (1991), S 84.

35 Vgl. Lausberg/Rose (1995), S. 180, sowie Bank of International Settlements BIS (2001), S. 65ff.

36 Vgl. Peteraf (1993), S. 188.

37 Siehe Penrose (1959)

38 Vgl. Montgomery (1994), S. 168ff.

diversifiziert, wird dabei als vorteilhafter angesehen als die Diversifikation in einen nicht verwandten Markt.

- Der Begriff des *Effizienzverlusts* soll darauf hinweisen, dass bei der Diversifikation in weniger verwandte Märkte die bestehenden Ressourcenkapazitäten nur mit Verlusten an Effizienz genutzt werden können. Diese Verluste sind dabei umso so größer, je weniger ähnlich sich die Märkte sind.

Folglich werden Unternehmen, die über freie Ressourcen mit geringer Spezifität verfügen, aufgrund der zu erwartenden geringeren Effizienzverluste höhere Diversifikationsniveaus erreichen können. Unternehmen werden ferner versuchen, in Märkte mit hoher Ähnlichkeit zu diversifizieren, um die Effizienzverluste gering zu halten. Kritiker der *Ressourcen-Theorie* weisen darauf hin, dass das Unternehmen bei Annahme mobiler Ressourcen diese auch einfach am Markt verkaufen könnte und dass damit Diversifikation zum Abbau von Überkapazitäten vermieden würde.[39]

M&A-Aktivität mit dem Ziel der *Diversifikation* wird in der wissenschaftlichen Diskussion auch mit dem Argument des Erlangens von *Marktmacht* gerechtfertigt. Das Marktmacht-Argument ist jedoch lediglich dafür geeignet, allgemeine M&A-Aktivität zu begründen, die nicht notwendigerweise eine weitere Diversifikation des Unternehmens zum Ziel hat. Daher soll an dieser Stelle nur der Teil der *Marktmacht-Theorie* dargestellt werden, der sich auf die Diversifikation bezieht. Die weiteren detaillierten Ausführungen zur *Marktmacht-Hypothese* und M&A-Aktivität finden sich in Abschnitt 2.1.3.5. Nach der Marktmacht-Theorie ist ein Argument für die Durchführung von M&A-Transaktionen mit dem Ziel der Diversifikation, dass diversifizierte Unternehmen in der Lage sind, Wettbewerber durch eine aggressive Preispolitik aus dem Markt zu drängen. In der Literatur wird dieses Phänomen auch unter dem Begriff des *Predatory Pricing* diskutiert.[40] Hintergrund für dieses aggressive Marktverhalten ist die Möglichkeit der unternehmensinternen Quersub-

39 Vgl. Teece (1982), S. 39ff.
40 Vgl. Saloner (1987), S. 165.

ventionierung, d.h. das diversifizierte Unternehmen ist in der Lage, in einem Geschäftsbereich Verluste zu machen, da diese durch Gewinne in einem anderen Geschäftsbereich kompensiert werden können. Die Quersubventionierung eines Geschäftsbereichs kann dann dafür genutzt werden, die Produkte unter den Durchschnittskosten der Konkurrenten anzubieten. Sind Konkurrenten nicht in der Lage, ebenfalls die Preise zu senken, werden sie durch diese Taktik aus dem Markt gedrängt.[41] Bühner (1990) kommt zu dem Schluss, dass durch dieses aus Marktmacht resultierende Verhalten die Markteintrittsbarrieren erhöht werden können.[42] Montgomery (1985) weist darauf hin, dass bereits das Signalisieren (*Signaling*) von *Predatory Pricing* durch ein marktbeherrschendes Unternehmen ausreicht, um die Markteintrittsbarrieren zu erhöhen.[43]

2.1.3.1.2 Theoretische Ansätze zur Reduktion des Unternehmenswertes durch Diversifikation

Nach der *Prinzipal-Agenten-Theorie* kann es jedoch bei den Diversifikationsbestrebungen des Managements auch zur unternehmenswert-mindernden *Überdiversifikation* kommen. Auf die Diversifikation bezogen kann die Prinzipal-Agenten Theorie dabei wie folgt angewendet werden: Manager sind in der Rolle der Agenten, die gegenüber den Aktionären (Prinzipale) einen Informationsvorsprung besitzen und dann die Diversifikation vor dem Hintergrund folgender persönlicher Ziele betreiben:

- *Reduktion des Beschäftigungsrisikos* (*Employment Risk*): Diversifikation kann nach der *Portfolio-Theorie* das Unternehmensrisiko reduzieren, und damit sinkt auch das Beschäftigungsrisiko des Managers. Verbunden mit dem Gedanken der Reduktion des eigenen Beschäftigungsrisikos ist auch die Überlegung der Manager, gezielt in Bereiche zu diversifizieren, die ihren eigenen Stärken entsprechen und sie daher schwieriger ersetzbar machen.

---

41 Vgl. Montgomery (1985), S. 790.
42 Vgl. Bühner (1990), S. 10ff.
43 Vgl. Montgomery (1985), S. 790.

- *Maximierung des eigenen Einkommens* durch *Empire Building*: Schiere Unternehmensgröße wird häufig bei der Bemessung der Managementvergütung herangezogen. Vor diesem Hintergrund ist der Aufbau eines möglichst großen Unternehmens das Ziel angestellter Manager.

Somit ist die M&A-Aktivität nach der *Prinzipal-Agenten-Theorie* Ergebnis der Willkür der angestellten Manager. Persönliche Ziele, die nicht zwangsläufig mit einer Erhöhung des Unternehmenswertes verbunden sind, führen zu Diversifikation.

Ein weiterer Ansatz, der im Zusammenhang mit Unternehmenswert reduzierenden Diversifikationsbestrebungen angeführt wird, ist das irrationale Verhalten angestellter Manager, das in der wissenschaftlichen Diskussion von Roll (1986) als *Hybris-Theorie* beschrieben wird.[44] Da dieses Argument jedoch nicht nur für Diversifikation, sondern auch für jegliche Form von M&A-Aktivität angewendet werden kann, wird es in diesem Kapitel separat behandelt (siehe Abschnitt 2.1.3.6).

Ferner haben einige Autoren auf Auswüchse von Diversifikation hingewiesen, die anstelle der ursprünglich geplanten Unternehmenswertsteigerung zu einer Vernichtung von Shareholder Value führen können. So kann durch Diversifikation der Unternehmenswert reduziert werden, wenn hierdurch Not leidende Unternehmensbereiche über einen langen Zeitraum hin durch profitable Geschäftsbereiche quersubventioniert werden müssen.[45] Außerdem kann eine Diversifikation in wenig verwandte Bereiche dazu führen, dass sich die gestiegenen Transaktions- und Koordinationskosten im Ergebnis reduzierend auf den Unternehmenswert auswirken.[46]

2.1.3.2 Motiv: Corporate Control

Nach dem *Corporate Control-Ansatz* wird der Unternehmenswert infolge einer M&A-Transaktion allein durch die Einführung einer neuen Eigentümerstruktur und eines neuen Kontrollsystems geschaffen. Der Ansatz basiert auf der *Agency-Theorie* und

44 Vgl. Roll (1986), S. 213ff.
45 Vgl. Stulz (1990), S. 5ff, sowie Stein (1997), S. 111ff.
46 Siehe Jensen (1986)

geht auf Jensen/Ruback (1983) zurück. Ausgangspunkt ist die Überlegung, dass ein Markt für Unternehmenskontrolle (Markt für *Corporate Control*) existiert, auf dem nach unterbewerteten Unternehmen gesucht wird.[47] Unternehmenskontrolle wird dabei definiert als das Recht, das Management und die Kontrolle über die im Unternehmen vorhandenen Ressourcen zu bestimmen.[48]

Sind die bestehenden Kontrollmechanismen im Unternehmen unzureichend und führen diese Defizite zu einer unterdurchschnittlichen Kursentwicklung der Aktien, so kann der Markt für Unternehmenskontrolle einen wirksamen externen Kontrollmechanismus darstellen. Dieser Kontrollmechanismus wirkt über einen mehrstufigen Prozess. Im ersten Schritt werden bei einem Unternehmen, das sich unterdurchschnittlich entwickelt, Aktionäre ihre Anteile verkaufen. Durch diese Aktienverkäufe wird der Kurs des Unternehmens unter Druck geraten und sinken. Auf dem niedrigeren Bewertungsniveau kann das Unternehmen dann für andere strategische und Private-Equity-Investoren interessant sein, und sie werden dann versuchen, über den Kapitalmarkt Kontrolle über das Zielunternehmen zu bekommen. Diese angestrebte Kontrolle, die typischerweise bei einer Stimmrechtsquote von über 50% der Anteile unterstellt werden kann, erlaubt es den neuen Eigentümern, umfangreiche Restrukturierungsmaßnahmen einzuleiten und nicht selten sogar das alte Management-Team auszutauschen. Diese Maßnahmen sind häufig geeignet, die weitere Entwicklung des Unternehmens positiv zu beeinflussen und werden daher vom Kapitalmarkt entsprechend positiv aufgenommen, so dass in der Folge eine Steigerung des Unternehmenswertes erreicht wird.

In der wissenschaftlichen Diskussion wird der Aspekt der Effizienzsteigerung aus der Corporate-Control-Theorie infolge der Übernahme besonders herausgestellt und im Rahmen des *Effizienzarguments* diskutiert. Das Effizienzargument gehört - ähnlich wie das Diversifikationsmotiv - zu den am meisten untersuchten Aspekten von M&A-Aktivität. Der Schwerpunkt der Betrachtung liegt dabei darauf, dass das

47 Vgl. Jansen (2001), S. 78.
48 Vgl. Eschen (2002), S. 61.

Käuferunternehmen die Ressourcen, Kundenbeziehungen und internen Abläufe des Zielunternehmens durch Übertragung eines effizienteren Managements besser nutzen kann und damit den Unternehmenswert steigert. In der wissenschaftlichen Betrachtung wird dabei auf die Profitabilität der an der Transaktion beteiligten Unternehmen abgestellt.

Funktioniert dieser Markt für Unternehmenskontrolle, dann ist dies ein wirksamer Mechanismus zur Disziplinierung des Managements. Führungsteams, die nicht im Sinne der Steigerung des Unternehmenswertes agieren, sind demnach der Gefahr ausgesetzt, bei der Übernahme durch ein anderes Management-Team ersetzt zu werden.[49] M&A-Transaktionen führen demnach zu einem Transfer von Kapital in ineffiziente und damit unterbewertete Ressourcen, und es wird im Ergebnis eine ökonomisch rationale Allokation der Unternehmensressourcen erreicht.[50]

Kritisiert wird an diesem Ansatz, dass eine M&A-Transaktion eine vergleichsweise teure Maßnahme ist, um das Management zu kontrollieren.[51] Es wird ferner angeführt, dass die im Unternehmen anstehenden Rationalisierungsmassnahmen auch aus eigener Kraft und ohne den Zusammenschluss mit einem anderen Unternehmen durchgeführt werden könnten.[52]

2.1.3.3 Motiv: Synergien

Folgt man dem Synergie-Argument, so kann der Unternehmenswert nach Durchführung einer M&A-Transaktion durch die Realisierung von Größen- und Verbundvorteilen zwischen den beteiligten Unternehmen gesteigert werden. Dabei sind Synergien nach Jensen/Ruback (1983) all diejenigen Einsparpotentiale, die das Unternehmen nicht alleine, sondern nur durch den Zusammenschluss realisieren kann („Kostensynergien“). Synergien entstehen jedoch auch, wenn der Ertrag bei

---

49 Vgl. Mitchell/Lehn (1990), S. 373; Shleifer/Vishny (1988), S. 8ff.

50 Vgl. Wenger (1989), S. 269; Lowenstein (1988), S. 887.

51 Vgl. Eschen (2002), S. 65. Der Autor legt dar, dass die Disziplinierung des Managements durch die Gefahr einer Übernahme nur eines von vielen möglichen Disziplinierungsinstrumenten sein kann, das aufgrund seiner hohen Kosten auch erst sehr spät eingesetzt werden würde.

52 Vgl. Chatterjee (1992), S. 271.

konstanten Kosten gesteigert werden kann („Ertragssynergien").[53] Grundlage für die Realisierung von Ertragssynergien ist die Überlegung, dass nur begrenzt teilbare Ressourcen nach einer M&A-Transaktion besser genutzt werden können. Dieser Gedanke wurde erstmals im Rahmen der so genannten *Ressourcen-Theorie* diskutiert.

Unter einem Synergieeffekt wird verstanden, dass die vielfältigen Unternehmensaktivitäten so aufeinander wirken, dass sie sich gegenseitig fördern, so dass insgesamt bessere Ergebnisse erzielt werden, als dies beim isolierten Anstreben einzelner Ziele der Fall sein würde.[54] Es ist jedoch auch zu beachten, dass Synergien Wertsteigerungs*potentiale* darstellen, diese können jedoch nur durch aktive Freisetzung durch das Management realisiert werden. Die tatsächliche Wertsteigerung kann dabei ex-post durchaus geringer ausfallen.[55]

Die Konzepte der *Economies of Scale* und *Economies of Scope* liefern die argumentative Grundlage für die Synergie-Hypothese und werden daher hier nur kurz dargestellt. Das Konzept der *Economies of Scale* stellt auf den Zusammenhang zwischen der Größe von Aktivitäten und deren Wirtschaftlichkeit ab.[56] Nach diesem Konzept entstehen beispielsweise im Bereich der Produktion bei wachsender Unternehmensgröße Möglichkeiten der Stückkostenreduktion. Ursachen für den Größeneffekt werden hauptsächlich in der Fixkostendegression gesehen, jedoch gibt es weitere Effekte, z.B. durch den Einsatz effizienterer Maschinen oder die Erhöhung der Automatisierung. Die im Konzept der Economies of Scale ausgedrückten Größeneffekte sind jedoch nicht nur auf den traditionellen Produktionsbereich beschränkt, sondern können in allen Funktionsbereichen eines Unternehmens und entlang der gesamten Wertschöpfungskette auftreten.[57]

---

53 Vgl. Beitel (2002), S. 18.
54 Vgl. Ulrich (1990), S. 178.
55 Vgl. Scharlemann (1996), S. 23.
56 Vgl. Jansen (2001), S. 74.
57 Vgl. Eschen (2002), S. 99.

Eng mit dem Konzept der *Economies of Scale* verbunden ist dabei die Diskussion um eine mindestoptimale Betriebsgröße für bestimmte Branchen. Dabei wird angenommen, dass in jeder Branche eine gewisse Produktionsmenge existiert, bis zu der die Stückkosten erheblich gesenkt werden können. Nach diesem Mindestoptimum wird jedoch keine erhebliche Reduktion der Stückkostenreduzierung mehr erwartet.[58] Vor diesem Hintergrund wird M&A-Aktivität auch als Versuch von Unternehmen interpretiert, eine wettbewerbsfähige Kostenstruktur durch Erreichen der mindestoptimalen Betriebsgröße zu erzielen. Dieses Argument wird auch häufig im Zusammenhang mit der Globalisierung von Unternehmen herangezogen: Wenn in einer Branche der heimische Markt nicht ausreichend groß ist, um eine wettbewerbsfähige Kostenstruktur zu erreichen, müssen ausländische Märkte erschlossen werden.

Ein Einwand gegen *Economies of Scale* als Erklärungsansatz für M&A-Transaktionen ist die Tatsache, dass sich diese auch bei internem Wachstum realisieren lassen und daher zu vermuten ist, dass bei internem Wachstum geringere Reibungsverluste auftreten als bei externem Wachstum.

Der Ansatz der *Economies of Scope* geht auf den Zusammenhang zwischen Produktvielfalt und Wirtschaftlichkeit ein. Der Ansatz besagt ursprünglich, dass es kostengünstiger ist, gemeinsam ein diversifiziertes Produktprogramm herzustellen, als wenn voneinander getrennte, einzelne Aktivitäten existieren.[59] Economies of Scope existieren in allen Funktionsbereichen des Unternehmens: Es wird beispielsweise von beschaffungs-, produktions-, und distributionsseitigen Economies of Scope gesprochen.[60] Gründe für die Existenz von Economies of Scope liefert die Überlegung, dass gewisse Produktionsfaktoren nicht teilbar sind und daher überschüssige Kapazität besteht, die ohne zusätzliche Kosten auf weitere Güter übertragen werden kann.[61] Im

---

58 Vgl. Burgess (1989), S. 48f.
59 Vgl. Jansen (2001), S. 75.
60 Vgl. Beitel (2002), S. 19.
61 Vgl. Pausenberger (1993), S. 4444.

Ergebnis werden in diesen Situationen die bestehenden Fixkosten auf weitere Produkte verteilt.[62]

Kritiker dieses Ansatzes erkennen die Vorteile der Economies of Scope an, die begründen, warum gemeinsam produziert werden sollte. Sie sehen jedoch nicht, warum dies notwendigerweise innerhalb einer rechtlichen Einheit geschehen muss.[63] Dies wird nur für den Fall als wichtiger Treiber für M&A-Aktivität angesehen, dass Transaktionskosten eine marktliche Nutzung von Überkapazitäten erschweren.[64]

2.1.3.4 Motiv: Unterbewertung

Der *Unterbewertungs-Ansatz* sieht die Unterbewertung von Unternehmen durch den Kapitalmarkt als Motiv für M&A-Aktivität.[65] Dabei wird angenommen, dass die Kapitalmärkte die eingeschlagene Strategie des Unternehmens nicht vollständig verstehen. Der Käufer wiederum ist überzeugt, dass seine *private Information* noch nicht im aktuellen Marktpreis enthalten ist und einen höheren Preis rechtfertigt.[66] Das Käuferunternehmen nutzt diese Informationsasymmetrie. Nach der Durchführung der M&A-Transaktion kann das akquirierende Unternehmen seine private Information offen legen. Dies führt am Markt zu einer Neubewertung des akquirierten Unternehmens und damit zu einer Steigerung des Unternehmenswertes für das Käuferunternehmen.

Der Unterbewertungs-Ansatz ist ferner im Zusammenhang mit *Tobin's q* gestellt worden. *Tobin's q* beschreibt das Verhältnis von Marktwert einer Unternehmung mit den Wiederbeschaffungskosten der physischen Assets. Dabei erscheint eine Akquisition umso günstiger, je geringer Tobin's q für das zu akquirierende Unternehmen ist.[67] Weston/Chung/Hoag (1990) beschreiben schließlich die *q-Ratio-*

62 Vgl. Willig (1979), S. 346-349.
63 Vgl. Teece (1982), S. 39f.
64 Vgl. Eschen (2002), S. 102.
65 Vgl. Milgrom/Roberts (1992), S. 511ff.
66 Vgl. Halpern (1983), S. 300.
67 Vgl. Golbe/White (1988), S. 281; Lang/Stulz/Walkling (1991), S. 317f.

Hypothese der Unterbewertung. Danach ist es günstiger, ein Unternehmen zu kaufen, als eigenen Kapazitätsaufbau zu betreiben, wenn das eigene Unternehmen ein q-Ratio größer eins, das Zielunternehmen jedoch ein q-Ratio (nach Berücksichtigung der Akquisitionsprämie) von kleiner eins aufweist.

Der Unterbewertungs-Ansatz geht davon aus, dass der Käufer bessere private Informationen besitzt als der Verkäufer. Kritiker dieses Ansatzes wenden ein, dass der Verkäufer sein Unternehmen besser kennt als der Käufer. Gegen die Unterbewertungs-Hypothese spricht ferner, dass bei gescheiterten Übernahmeversuchen erhebliche neue Information an den Kapitalmarkt gelangt, die eigentlich ein Zurückfallen des Aktienkurses auf das Ausgangsniveau verhindern müsste.[68]

2.1.3.5 Motiv: Marktmacht

Der *Marktmacht-Ansatz* geht davon aus, dass eine M&A-Transaktion die Marktmacht des Unternehmens stärkt und den Wettbewerb schwächt.[69] Der *Marktmacht-Ansatz* wird in der wissenschaftlichen Diskussion auch als *Monopoltheorie* oder *Collusion Theory* beschrieben.[70] Hiernach können M&A-Transaktionen dem Wirtschaftssystem schaden und die Wohlfahrt reduzieren.[71] Ein Unternehmen, das Marktmacht erlangt, kann den Marktpreis, die abgesetzte Menge oder andere Wettbewerbsparameter zu seinem Vorteil kontrollieren und beeinflussen und auf diese Weise seine Profitabilität verbessern.[72] Neben den bereits in Abschnitt 2.1.3.1.1 beschriebenen negativen Effekten aus einer möglichen *Quersubventionierung* und dem Herausdrängen von Wettbewerbern wird in der wissenschaftlichen Diskussion im Zusammenhang mit dem *Marktmacht-Ansatz* eine Reihe weiterer negativer Auswirkungen unterschieden:

- *Durchsetzen von Preissteigerungen*: Das Unternehmen kann die nach einer M&A-Transaktion gestiegene Marktmacht missbrauchen, um beispielsweise

68 Vgl. Milgrom/Roberts (1992), S. 512; Bradley/Desai/Kim (1983), S. 204f.
69 Vgl. Scherer (1970), S. 112.
70 Vgl. Trautwein (1990), S. 285; Chatterjee (1986), S. 121.
71 Vgl. Rhoades (1983), S. 39ff
72 Vgl. Samuelson/Nordhaus (1987), S. 124.

Preissteigerungen für Produkte und Dienstleistungen durchzusetzen.[73] In diesem Fall wird in der Literatur auch von der Gefahr der *räuberischen Preisgestaltung* gesprochen.[74] Dadurch tragen die Kunden bei gleichen Produkten und Dienstleistungen zur Steigerung des Unternehmensgewinnes bei. Dieser gestiegene Unternehmensgewinn wiederum hat eine Steigerung des Unternehmenswertes und damit eine Erhöhung des Wohlstands auf Aktionärsseite zum Ergebnis.[75]

- *Durchsetzen von Gegenseitigkeitsgeschäften*: Im Falle von Gegenseitigkeitsgeschäften nutzt ein Unternehmen seine Marktmacht auf der Angebots- oder der Nachfrageseite aus und kann dann den Transaktionspartner dazu zwingen, von ihm ein Produkt zu einem über dem Marktpreis liegenden Preis zu erwerben oder vom Transaktionspartner ein Produkt zu einem unter dem Marktpreis liegenden Preis zu beziehen.

- *Durchsetzen von Kopplungsgeschäften*: Ein marktbeherrschendes Unternehmen kann seine Position dazu ausnutzen, sein Produkt nur dann an Transaktionspartner zu verkaufen, wenn diese auch noch andere Produkte des Unternehmens abnehmen.

- *Durchsetzen von Ausschließlichkeitsgeschäften*: Bei Ausschließlichkeitsgeschäften zwingt ein marktbeherrschendes Unternehmen seinen Transaktionspartner, das bezogene Produkt ausschließlich von ihm und keineswegs von einem Wettbewerber zu beziehen.

Dem *Marktmacht-Ansatz* steht jedoch entgegen, dass regulatorische und kartellrechtliche Bestimmungen existieren, die dazu geeignet sind, das Entstehen und den Missbrauch von Marktmacht von vorneherein zu verhindern.[76]

---

73 Vgl. Berger/Demsetz/Strahan (1999), S. 144f.
74 Vgl. Tirole (1994), S. 374.
75 Vgl. Hawawini/Swary (1990), S. 30.
76 Vgl. Seidel (1995), S. 34.

2.1.3.6 Motiv: Selbstüberschätzung (Hybris)

Nach der von Roll (1986) formulierten *Hybris-Theorie* steigern M&A-Transaktionen nicht den Unternehmenswert, sondern kommen lediglich durch die *Selbstüberschätzung* des Managements zustande. Ausgangspunkt des *Hybris-Ansatzes* ist die Überzeugung, dass die Kapitalmärkte effizient sind und dass die Unternehmen somit korrekt vom Markt bewertet werden. Daher ist eine Übernahme nur dann zu rechtfertigen, wenn das Management des Käuferunternehmens davon überzeugt ist, durch eigene Fähigkeiten zusätzliche Wertpotentiale in dem Zielunternehmen freisetzen zu können. Damit glauben Manager, Wertfeststellungen besser vornehmen zu können als dies durch einen informationseffizienten Kapitalmarkt geschehen könnte. Da jedoch alle preisrelevante Information vom effizienten Kapitalmarkt antizipiert wird, sind diese Management-Einschätzungen nach Roll eher unrealistisch.[77] Dieses übersteigerte Selbstvertrauen, den eigenen Einschätzungen eher zu vertrauen als dem durch den Markt festgesetzten Preis, resultiert aus der *Selbstüberschätzung* des Managements, die auch als *Hybris* bezeichnet wird.[78] Da Manager nur dann ein Angebot für das Zielunternehmen abgeben werden, wenn die eigene Analyse zu einer Bewertung oberhalb des Marktpreises kommt, wird der *Hybris-Ansatz* auch mit dem Phänomen der *Überbezahlung* (*Overpaying*) bei M&A-Transaktionen in Verbindung gebracht.[79] Konsequenz hieraus wäre die Vernichtung von Unternehmenswert auf Seiten des Käuferunternehmens sowie eine Steigerung des Marktwertes auf Seiten des Zielunternehmens.[80]

2.1.3.7 Motiv: Free-Cashflow

Nach dem *Free-Cashflow-Ansatz* werden M&A-Transaktionen durchgeführt, weil das Management von Unternehmen mit hohem Cashflow die überschüssigen Barmittel

---

77 Vgl. Roll (1986), S. 199.

78 Vgl. Roll (1986), S. 200.

79 Vgl. Pilloff/Santomero (1998), S. 71; Schallenberg (1995), S. 77; Milgrom/Roberts (1992), S. 511.

80 Vgl. Roll (1986), S. 213-214; Gaughan (1999), S. 160.

eher in neue Projekte investiert als diese an die Aktionäre ausschütten.[81] Der *Free-Cashflow-Ansatz* geht auf Jensen (1986) zurück und fokussiert sich auf den Konflikt zwischen Management und Aktionären bezüglich der Ausschüttung oder Thesaurierung der freien Cashflows. Das Management bevorzugt die Thesaurierung der freien Cashflows, da die Ausschüttung einer Reduktion der kontrollierten Ressourcen gleichkommt. Würden die freien Cashflows nämlich ausgeschüttet, so würde das Management außerdem einer stärkeren Kontrolle unterworfen. Für jede neue Finanzierung müsste es dann auf den externen Kapitalmarkt zurückkehren, was ein verstärktes Monitoring bedeuten und den Handlungsspielraum des Managements einschränken würde.[82] Ferner kann das Management bei Thesaurierung der freien Cashflows diese später zur Ertragsstabilisierung und -glättung einsetzen. Zusammenfassend kann man feststellen, dass das Management durch Thesaurierung der freien Cashflows erheblich mehr Freiheitsgrade besitzt als bei einer Ausschüttung der Geldmittel an die Aktionäre.

Um die Ausschüttung der freien Cashflows an die Aktionäre zu verhindern, schlägt das Management den Eigentümern vor, die Cashflows nur in rentable Projekte zu investieren. Da Unternehmen mit hohem Cashflow jedoch meist aus reifen Branchen stammen, stehen dem Management nur begrenzt wertsteigernde Projekte zur Verfügung.[83] Aus Mangel an attraktiven Projekten kommt es deshalb vielfach auch zu M&A-Transaktionen, die zuvor keinen ökonomischen Wert schaffen, jedoch sowohl die Einkommenssituation als auch die Machtposition erhöhen.[84]

2.1.3.8 Motiv: Transaktionskosten

Nach dem *Transaktionskosten-Ansatz* kommt es zu M&A-Transaktionen, wenn Situationen vorliegen, in denen die hierarchische Anweisung effizienter ist als der Marktmechanismus. Dieser Erklärungsansatz geht zurück auf Coase (1937), der in

81 Vgl. Jensen (1989), S. 66.
82 Vgl. Jensen (1989), S. 66.
83 Vgl. Eschen (2002), S. 69.
84 Vgl. Beitel (2002), S. 26; Jansen (2001), S. 78.

seinem Beitrag Marktunvollkommenheiten beschreibt und aufzeigt, dass beim Austausch von Gütern und Dienstleistungen so genannte *Transaktionskosten* entstehen. Hierunter kann man sich Kosten für Information, Geschäftsanbahnung, Vereinbarung, Abwicklung, Kontrolle und nachträgliche Anpassung von Verträgen vorstellen. Nach Williamson (1975) bestimmen individuelle Faktoren wie das Verhalten der Transaktionspartner die relative Effizienz alternativer Organisationsformen, und unter bestimmten Voraussetzungen kann daher eine Transaktion in der *Hierarchie* effizienter durchgeführt werden als zwischen zwei unabhängigen Marktparteien.[85]

Grundlage der Transaktionskostentheorie bildet die Annahme eines opportunistischen und begrenzt rationalen Verhaltens der an einem Geschäft beteiligten Unternehmen. *Opportunismus* bedeutet dabei, dass jeder Transaktionspartner versuchen wird, seine eigenen Interessen durchzusetzen, um somit die individuelle Nutzenfunktion zu optimieren. Unter der Annahme *begrenzter Rationalität* wird verstanden, dass die Akteure bei der Maximierung ihrer Nutzenfunktion nicht über vollständige Information für alle Handlungsalternativen verfügen und daher aufgrund dieser eingeschränkten Möglichkeiten auch in ihrer Informationsverarbeitung zur Entscheidung über Handlungsalternativen begrenzt sind.[86] Für die organisatorische Ausgestaltung der Transaktionsbeziehung ist nach dem Transaktionskostenansatz jedoch eine Reihe von Faktoren zu berücksichtigen, die von Williamson mit *Spezifität*, *Häufigkeit* und *Unsicherheit* beschrieben werden.[87]

- Unter der *Spezifität* der zur Durchführung der Transaktion notwendigen Investitionen wird verstanden, dass diese Investition vielfältig ist oder nur für diese bestimmte Transaktion genutzt werden kann. Vielfältig nutzbare Investitionen sind beispielsweise Investitionen in IT-Equipment, während z.B.

85 Vgl. Williamson (1990), S. 112ff.
86 Vgl. Jost (2001), S. 16ff.
87 Vgl. Williamson (1990), S. 59.

der Erwerb einer auftragsspezifischen Spezialmaschine potenziell nur für diese Art der Transaktion genutzt werden kann.

- Der Begriff *Häufigkeit* stellt auf die Anzahl der Transaktionswiederholungen ab. Dabei hat die Transaktionsfrequenz Auswirkungen auf das Verhalten der Transaktionspartner: Je höher die Transaktionsfrequenz, desto stärker reduziert sich das Risiko opportunistischen Verhaltens der Transaktionspartner, da beide Seiten am Aufbau von Vertrauen interessiert sind.[88]
- Die *Unsicherheit* einer Transaktion resultiert zum einen aus dem potenziell opportunistischen Verhaltens der anderen Partei sowie aus allgemeinen Umweltfaktoren.

Bei einer hohen *Spezifität* und Transaktions*häufigkeit* steigen die Transaktionskosten an. In diesem Fall sieht Williamson eine Tendenz der Verlagerung von Transaktionsbeziehungen aus dem Markt in das Unternehmen. Die Internalisierung der Transaktionsbeziehung durch M&A-Aktivität ersetzt dann eine Koordinierung über den Preismechanismus, und eine Koordinierung geschieht durch Anweisungen in der Hierarchie. Somit leistet die Transaktionskosten-Hypothese einen Beitrag zur Erklärung von M&A-Aktivität, die zu vertikaler Integration führt.

2.1.3.9 Weitere Motive: Redistributions-Ansatz

Nach dem Redistributions-Ansatz kann durch M&A-Aktivität der Unternehmenswert gesteigert werden, weil durch die Transaktion eine Umverteilung zugunsten der Aktionäre des Käuferunternehmens stattfindet.[89] Der Redistributions-Ansatz geht auf den *Stakeholderansatz* zurück, in dem Personengruppen, die eine Unternehmung beeinflussen können oder durch sie beeinflusst werden, betrachtet werden.[90] Dabei werden insbesondere Eigentümer, Fremdkapitalgeber, Mitarbeiter, Lieferanten,

88 Vgl. Bowen/Jones (1986), S. 433.

89 Vgl. Dow (1993), S. 120.

90 Vgl. Freeman (1984), S. 25-31.

Kunden und der Staat als wichtige Stakeholder angesehen.[91] Es wird davon ausgegangen, dass das Käuferunternehmen die Auszahlungen an andere Stakeholder reduzieren kann. Unterstellt wird dabei explizit, dass der Unternehmenswert nicht etwa durch die Erhöhung der Gesamteffizienz, sondern nur durch die Umverteilung von Wert zwischen den Stakeholdern gesteigert wird. Dabei wird angenommen, dass das Käuferunternehmen die existierenden impliziten Verträge des Zielunternehmens mit seinen Stakeholdern brechen kann, um die eigene Rendite zu erhöhen.[92] Nachdem bereits im Vorangegangenen der *Marktmacht-Ansatz* beschrieben wurde, sollen hier kurz die wesentlichen Aussagen des *Labor-Ansatzes*, des *Bondholder-Ansatzes* sowie des *Steuer-Ansatzes* dargestellt werden.

- Der *Labor-Ansatz* beschreibt die Umverteilung von Wert an die Aktionäre zu Lasten der Arbeitnehmer. Die Arbeitnehmer als Stakeholder eignen sich gerade deshalb besonders gut für die Umverteilung, weil Arbeitskosten oft einen großen Anteil an den Gesamtkosten eines Unternehmens haben.[93] Die Reduktion der Arbeitskosten, etwa durch Lohnkürzungen, Entlassungen oder die Reduktion zukünftiger Pensionszahlungen, kann erheblich zur Steigerung des Unternehmensgewinns und somit auch zur Erhöhung des Unternehmenswertes für die Aktionäre beitragen.[94] Weston/Chung/Hoag (1990) weisen jedoch darauf hin, dass eine Reduktion der Arbeitskosten nur mit der Realisierung von Synergien und Effizienzsteigerungen einhergehen kann.[95] Vor diesem Hintergrund kann die Labor-Hypothese als besondere Form der Synergie-Hypothese angesehen werden.

- Der *Bondholder-Ansatz* beschreibt die Wertverluste der Fremdkapitalgeber, und insbesondere der Anleihegläubiger, zugunsten der Aktionäre des Unternehmens. Diese Umverteilung kann dadurch entstehen, dass im Zuge

91 Vgl. Kreilkamp (1987), S. 164.
92 Vgl. Shleifer/Summers (1987), S. 13ff.
93 Vgl. Eschen (2002), S. 45.
94 Vgl. Rosett (1990), S. 264.
95 Vgl. Weston/Chung/Hoag (1990), S. 84.

der Transaktionsfinanzierung der Verschuldungsgrad des Unternehmens stark ansteigt. Das in der Folge gestiegene Unternehmensrisiko reduziert den Wert der Anleihen auf Seiten der Fremdkapitalgeber, weil sie nun eine nicht mehr risikoadäquate Rendite erhalten. Gleichzeitig wird hierdurch der Wert für die Aktionäre erhöht.[96] Der Werttransfer von Bondholdern zu Aktionären wird allerdings in der Literatur nicht als maßgebliches Motiv für M&A-Transaktionen angesehen.[97]

- Nach dem *Steuer-Ansatz* kommt es durch M&A-Transaktionen zu einer Umverteilung von Wert zugunsten der Aktionäre und zu Lasten des Staates.[98] Dabei gelangt der Staat zu einem Wertverlust, weil das zusammengeschlossene Unternehmen die Steuerlast reduzieren oder Steuervorteile besser nutzen kann.[99] Eine Reduktion der Steuerlast kann beispielsweise dadurch geschehen, dass ein profitables Unternehmen ein Unternehmen mit Verlustvorträgen übernimmt und diese für sich selber in Anspruch nehmen kann.[100] Eine andere Möglichkeit der Steuerlastreduktion liegt in neuen Abschreibungspotentialen, die sich infolge der Neubewertungen nach einer M&A-Transaktion ergeben.[101]

Insgesamt ist zum Redistributions-Ansatz festzustellen, dass er keine hinreichende Begründung für M&A-Transaktionen liefert: Das Aufkündigen impliziter Verträge führt nämlich für das Käuferunternehmen zu einem beträchtlichen Verlust an Reputationskapital. Dieser kann nur durch große Anstrengungen und hohe Investitionen wieder kompensiert werden.[102]

---

96 Vgl. Dennis/McConnel (1986), S. 180.
97 Vgl. Eschen (2002), S. 50; Weston/Chung/Hoag (1990), S. 84.
98 Vgl. Milgrom/Roberts (1992), S. 512f.
99 Vgl. Jensen/Ruback (1983), S. 24.
100 Vgl. Hötzel (1993), S. 112ff.
101 Vgl. Lev (1986), S. 360.
102 Vgl. Eschen (2002), S. 53.

2.2 Erfolg von M&A-Transaktionen

2.2.1 Perspektiven des Erfolgs

Der Erfolg einer M&A-Transaktion im Telekommunikationsmarkt wird je nach Stakeholder-Gruppe unterschiedlichen Bewertungskriterien unterworfen. Die wesentlichen Anspruchsgruppen sind dabei die Aktionäre, das Management, die Mitarbeiter sowie die Kunden und Lieferanten des Unternehmens. In der Literatur wird dabei die Perspektive der Aktionäre des Käuferunternehmens als wichtigste Erfolgsperspektive hervorgehoben.[103] Dabei liegt dieser Perspektive der Shareholder-Value-Ansatz zugrunde. Auch in dieser Arbeit liegt der Fokus der empirischen Untersuchung auf der Bewertung des Erfolgs von M&A-Transaktionen aus Sicht der Aktionäre des Käuferunternehmens. Vor diesem Hintergrund sollen im folgenden Abschnitt jedoch zur Vervollständigung des Bildes neben den Aktionären auch die Beurteilungsperspektiven von Mitarbeitern und Kunden beleuchtet werden.

2.2.1.1 Beurteilungsperspektive der Aktionäre

Aus Sicht der Aktionäre ist das vorrangige Ziel der M&A-Transaktion die Steigerung des Unternehmenswertes. Präziser wird hierbei in der angelsächsischen Literatur vom *Shareholder Value* gesprochen, also dem Wert des Eigenkapitals, das die Aktionäre dem Unternehmen zur Verfügung stellen.[104] Demnach sind nur diejenigen M&A-Transaktionen erfolgreich, die zu einer Steigerung des Shareholder Values beitragen und damit den Wert des von den Aktionären bereitgestellten Eigenkapitals erhöhen. Die Veränderung des Shareholder Values ist dabei für Unternehmen, die an Aktienbörsen notiert sind, leicht zu ermitteln: Es ist der Wert, der Aktionären durch Kursveränderung der Aktien, Zahlung von Dividenden und Bezugsrechten zusteht.[105]

---

103 Vgl. Lobue (1984), S. 276. Basierend auf der wachsenden Bedeutung der Ziele der Eigentümer wird die Maximierung des Unternehmenswertes als oberstes strategisches Ziel für das strategische Management auf Unternehmensebene hervorgehoben, vgl. Hungenberg (2000), S. 299.

104 Vgl. Rappaport (1986), S. 138ff.

105 Vgl. Beitel (2002), S. 33.

Bei der Betrachtung des Entstehens von Shareholder Value durch M&A-Transaktionen wird in der Regel die Wertsteigerung oder –vernichtung von Unternehmenswert für die Aktionäre des Käuferunternehmens analysiert.[106] Es gibt jedoch auch eine Reihe empirischer Studien, die ebenfalls die Auswirkungen von M&A-Transaktionen für die Aktionäre des Zielunternehmens untersuchen und die gesamtwirtschaftlichen Folgen analysieren. Ist beispielsweise die Veränderung des Shareholder Values für die Aktionäre des Verkäufers positiv und exakt gleich groß wie die Veränderung des Shareholder Values für die Aktionäre des Käufers, so wird von einem Wohlstandstransfer der Käuferaktionäre an die Verkäuferaktionäre gesprochen.[107]

2.2.1.2 Beurteilungsperspektive der Mitarbeiter

Aus Sicht der Mitarbeiter ist eine M&A-Transaktion erfolgreich, wenn sich durch die Transaktion die eigene Situation im Unternehmen zumindest nicht verschlechtert. Dabei können drei Faktoren identifiziert werden, die in das Beurteilungskalkül des Mitarbeiters einfließen: (1) Sicherheit des Arbeitsplatzes, (2) Position und Entwicklungsmöglichkeiten im Unternehmen sowie (3) Entlohnung.[108] Vor diesem Hintergrund wird eine Transaktion dann als erfolgreich eingestuft, wenn sich dadurch das Risiko, den Arbeitsplatz zu verlieren, nicht erhöht. Ein weiterer Erfolgsfaktor aus Sicht der Mitarbeiter ist, ob sich durch die Transaktion die bisherige Position nicht verschlechtert und im neuen Unternehmen gleiche oder bessere Entwicklungsmöglichkeiten existieren. Schließlich ist für den Mitarbeiter relevant, welche Auswirkungen die Transaktion auf die individuelle Vergütung hat.

---

106 Vgl. Lobue (1984), S. 276.

107 Dieses Phänomen ist bei einer Vielzahl von empirischen Studien, die die Effekte von M&A-Aktivität auf Käufer- wie Verkäuferaktionäre untersuchen, nachgewiesen worden. Beispiele finden sich bei Banerjee/Cooperman (2000), Houston/Ryngaert (1997) oder bei Cornett/Tehranian (1992).

108 In Anlehnung an Beitel (2002), S. 41.

2.2.1.3 Beurteilungsperspektive der Kunden

Der Erfolg einer M&A-Transaktion kann aus Sicht von Kunden an drei Beurteilungskriterien festgemacht werden: (1) Breite des Angebots an Produkten und Services, (2) Qualität der Produkte und Services sowie (3) Preis der Produkte und Services.[109] Eine M&A-Transaktion ist demnach erfolgreich, wenn das von dem fusionierten Unternehmen angebotene Produkt- und Serviceangebot nicht reduziert, sondern idealerweise ergänzt und komplettiert wird. Ferner sollte sich die Produkt- und Servicequalität nicht verschlechtern, sondern idealerweise erhöhen (beispielsweise verbesserter Kundenservice). Schließlich wird eine Transaktion dann als Erfolg gewertet, wenn die Preise zumindest nicht steigen und die aus der Transaktion resultierenden Effizienzgewinne auch teilweise an die Kunden in Form niedrigerer Preise weitergegeben werden.[110]

2.2.2 Methoden zur empirischen Erfolgsmessung

Da es zwar eine große Anzahl von empirischen Arbeiten zu M&A-Aktivitäten ohne spezifischen Branchenfokus gibt, jedoch nur eine sehr begrenzte Anzahl von Untersuchungen zu M&A-Transaktionen im Telekommunikationsmarkt, wird im Folgenden zunächst ein Überblick zu branchenunabhängigen, allgemeinen Arbeiten gegeben. In diesem Abschnitt sollen aus der umfangreichen Forschungsliteratur zum Thema übersichtsartig besonders jene Arbeiten herausgestellt werden, die für die vorliegende Arbeit relevant sind, weil sie auch mehrere Erfolgsfaktoren untersuchen oder methodisch für den Gang der Untersuchung von Bedeutung sind.

Abgesehen von der Wahl des eigentlichen Untersuchungsobjekts, zum Beispiel M&A-Aktivitäten in einer bestimmten Geographie, Branche oder Zeitspanne, unterscheiden sich empirische Studien im Wesentlichen durch zwei Merkmale:

- die gewählte Perspektive

---

109 In Anlehnung an Broaddus (1998), S. 6; siehe auch Dymski (1999), S. 18ff.
110 Vgl. Berger/Humphrey (1997), S. 209.

- den verwendeten methodischen Ansatz.

Die meisten Studien beschäftigen sich mit der Untersuchung der M&A-Transaktionen aus der Erfolgsperspektive der Aktionäre: entweder des Käufer- und/oder des Zielunternehmens. Es gibt jedoch auch Studien, die M&A-Aktivitäten aus Sicht der Kunden oder der Mitarbeiter der an der Transaktion beteiligten Unternehmen untersuchen.[111] Da die vorliegende Arbeit die Perspektive der Aktionäre wählt, wird der folgende Überblick auf derartige Arbeiten fokussiert.

M&A-Aktivitäten sind Ereignisse, die sowohl mit statischen als auch mit dynamischen Forschungsansätzen untersucht werden können.[112] Statische Ansätze betrachten lediglich einen Zeitpunkt und konzentrieren sich dabei zumeist auf die Untersuchung bestimmter ausgewählter Merkmale wie beispielsweise auf den Unternehmenserfolg oder die Gesamtkostenfunktion.

Dynamische Studien betrachten mindestens zwei Zeitpunkte, zumeist jedoch mehrere. Die am häufigsten verwendeten Untersuchungsmethoden sind:

- Ereignisstudien,
- Effizienzstudien,
- Performancestudien.

Ereignisstudien (*Event Studies*) untersuchen die Reaktion der Aktienkurse auf die Information über ein bestimmtes Ereignis, in diesem Fall die M&A-Transaktion. Die Methodik basiert auf der Annahme, dass die Marktkapitalisierung eines börsennotierten Unternehmens dessen tatsächlichen Unternehmenswert aufzeigt. Eine Kursveränderung aufgrund einer M&A-Transaktion spiegelt die veränderte Bewertung

---

111 Siehe beispielsweise Berger et al. (1998) mit einer Untersuchung von M&A-Aktivitäten aus der Perspektive von Bankenkunden (Small businesses). Kundennutzenstudien sind neben der Perspektive des Kunden auch aus der Sicht des Regulators und der Kartellbehörde bedeutsam. M&A-Transaktionen können gegebenenfalls nicht genehmigt werden, wenn durch sie die lokale Marktkonzentration um ein bestimmtes Maß überschritten wird und hierdurch Wettbewerb be- oder verhindert wird.

112 Vgl. Berger/Demsetz/Strahan (1999), S. 137.

der Kapitalmarktteilnehmer wider. Dabei liegt die Annahme zugrunde, dass der Kapitalmarkt sofort auf die neue Information zum Zeitpunkt der Ankündigung der Transaktion reagiert und nicht erst zum Zeitpunkt der Transaktions-Durchführung.

Effizienzstudien werden im Zusammenhang mit empirischen Untersuchungen zu M&A-Transaktionen seit Beginn der Neunzigerjahre durchgeführt. Sie basieren zumeist auf extern verfügbaren Bilanz- und GuV-Daten und werden auch als Benchmark-Methode bezeichnet.[113] Der eigentliche Transaktionserfolg kann durch Effizienzstudien nur indirekt untersucht werden. Um Erfolg zu messen, muss angenommen werden, dass eine Steigerung der Effizienz infolge einer M&A-Transaktion eine Steigerung des Unternehmenswertes zur Folge hat. Die Basis von Effizienzstudien bilden ökonometrische Verfahren der *Frontier Methodology*, wobei ein Effizienzwert des Unternehmens im Vergleich zu einer Kontrollgruppe von Unternehmen oder ein Effizienzrang innerhalb einer Gruppe berechnet wird. Die *Frontier Methodology* bestimmt eine kosten- oder ertragseffiziente Grenze für eine Menge von betrachteten Unternehmen; die Abweichung eines Unternehmens von dieser Grenze stellt das Effizienzpotential dar. Statische Effizienzstudien zeigen Effizienzpotential von Unternehmen auf, während dynamische Effizienzstudien die Veränderungen der Effizienz der beiden zusammengeführten Unternehmen belegen.[114] Eine direkte Messung des durch die Transaktion erzielten Mehrwerts - wie etwa bei Ereignisstudien - kann durch diese Methode nicht erfolgen.[115]

---

113 Vgl. Berger/Humphrey(1997), Abschnitt 1.

114 Im Zentrum von dynamischen Effizienzstudien steht die Schätzung einer Kosten- beziehungsweise Ertragsfunktion vor und nach einer M&A-Transaktion. Dabei gibt es zwei Gruppen von Schätzansätzen, parametrische und nicht-parametrische. Parametrische Ansätze sind beispielsweise der Stochastic Frontier Approach (SFA), der Thick Frontier Approach (TFA) und der Distribution Free Approach (DFA). Nicht-parametrische Ansätze sind zum Beispiel die Data Envelopment Analysis (DEA) und die Free Disposal Hull Methode (FDH). Zu einer detaillierten Beschreibung der einzelnen Ansätze siehe Molyneux/Altunbas/Gardener (1996), Berger/Humphrey (1997).

115 Gardener/Lindblom (1999) beispielsweise zweifeln einen direkten Zusammenhang zwischen kurzfristiger Effizienzsteigerung und langfristig erzieltem Shareholder Value an.

Performancestudien stellen den im Vergleich zu den anderen beiden Methoden einfachsten Forschungsansatz dar. Sie basieren im Allgemeinen zumeist auf publizierten Bilanz- und GuV-Daten und werden auch oft als Studien zur Messung des Transaktionserfolgs anhand von Jahresabschlusszahlen bezeichnet.[116] Performancestudien vergleichen finanzielle Performancemaßnahmen sowie Kenngrößen vor und nach der Durchführung von M&A-Transaktionen, zum Beispiel Kennzahlen wie *Return on Assets*, *Return on Equity* oder *Cost-to-Income Ratio*. Die Überprüfung, ob sich die Performance durch die M&A-Transaktion signifikant verändert hat, erfolgt zumeist mit statistischen Tests, beispielsweise univariaten t-Tests. Um den eigentlichen Erfolg einer Transaktion zu beurteilen, muss man bei Performancestudien wie auch bei Effizienzstudien davon ausgehen, dass eine Steigerung der Performance auch eine Steigerung des Unternehmenswertes zur Folge hat. Der Erfolg wird also nur indirekt beurteilt werden. Ein weiterer Nachteil dieser Methode ist, dass Jahresabschlussdaten inakkurat sein können, da darin auch buchhalterische Größen enthalten sind, die eigentliche Marktwerte und ökonomische Werte verschleiern können.

Die vorliegende Arbeit untersucht den Erfolg von M&A-Aktivitäten mit Hilfe der Methodik der Ereignisstudie.

2.2.3 Ausgewählte Ergebnisse von Ereignisstudien zu Akquisitionen

Ereignisstudien werden seit Anfang der Siebzigerjahre durchgeführt, wobei die Beobachtungszeiträume der einzelnen Arbeiten weiter zurückgehen. Als erste Arbeiten zur Untersuchung von M&A-Aktivitäten mit Hilfe von Ereignisstudien werden zumeist Halpern (1973) und Mandelker (1974) genannt. Während Halpern (1973) die Kursentwicklung nach Ankündigung des Zusammenschlusses untersucht, analysiert Mandelker (1974) Daten aus den Jahren 1948 bis 1967 für ein Zeitintervall vor und nach der Durchführung des Unternehmenszusammenschlusses. Diese Vorgehensweise wurde für die meisten seither entstandenen Arbeiten gewählt, wobei die beobachteten

---

116 Vgl. Bühner (1990a), S. 1275, Kerler (2000), S. 103.

Zeitintervalle von wenigen Tagen bis zu mehreren Jahren reichen. Im Vergleich zu Europa gibt es eine deutlich größere Anzahl von Untersuchungen zum US-amerikanischen Markt. Von den betrachteten Branchen ist der Bankensektor der mit Abstand am häufigsten untersuchte Sektor, sowohl für den US-amerikanischen als auch für den europäischen Markt.[117] Die Arbeiten variieren nicht nur erheblich bezüglich des betrachteten Untersuchungsgegenstandes und der verwendeten Methodik, sondern auch bezüglich der erzielten Ergebnisse. Im Folgenden werden zunächst ausgewählte Ergebnisse zum Gesamterfolg der Transaktion für das Käuferunternehmen sowie zu einzelnen Erfolgsfaktoren aufgeführt, bevor ein Überblick über relevante Studien gegeben wird, die die M&A-Aktivität im Telekommunikationsmarkt untersuchen.

2.2.3.1 Erfolg für das Käuferunternehmen

Bei Ereignisstudien wird der Erfolg des Käuferunternehmens anhand der außerordentlichen Kursentwicklung der Aktie des Unternehmens gemessen, das heißt an der Steigerung des Unternehmenswertes. Die Aufzählung verschiedener Motive zu M&A-Aktivität in den vorherigen Abschnitten verdeutlicht, dass eine M&A-Aktivität nicht zwangsläufig der Wertsteigerung des Käuferunternehmens dienen muss. Das ist vor allem dann der Fall, wenn die Interessen des Managements nicht mit denen der Eigentümer übereinstimmen.[118] Ist das Management des Käuferunternehmens beispielsweise an einer Steigerung von Macht, Prestige und Ansehen interessiert oder überschätzt es die eigenen Leistungsfähigkeit[119], kann nicht unbedingt mit einer Wertsteigerung des Unternehmens gerechnet werden. Das bedeutet, dass nicht immer mit positiven Ergebnissen gerechnet werden kann.

---

117 Zu einer detaillierten Übersicht zu Ereignisstudien zu M&A-Aktivitäten im Bankensektor siehe Beitel (2002), S. 74ff.

118 Lewellen/Loderer/Rosenfeld (1985) kommen beispielsweise zu dem Ergebnis, dass die Kursentwicklung der Wertpapiere des Käuferunternehmens bei Akquisitionen positiv vom Aktienanteil des Managements und dem eigenen Unternehmen abhängt.

119 Siehe Hybris-Hypothese, z.B. Roll (1986).

Mandelker (1974) beobachtet eine positive Kursentwicklung für Kauf- und Zielunternehmen bei einer M&A-Transaktion, wobei die Kursreaktion des Käuferunternehmens deutlich unter der des Zielunternehmens liegt. Des Weiteren vermutet er einen Ankündigungseffekt, das heißt eine deutliche Kursbewegung vor der Durchführung des Zusammenschlusses, denn nach der eigentlichen Durchführung des Mergers werden keine weiteren abnormalen Renditen mehr beobachtet. Dieses Ergebnis wird auch durch die Arbeiten von Halpern (1973) und Hong/Kaplan/Mandelker (1978) bestätigt. Jüngere Arbeiten wählen als Ereigniszeitpunkt deshalb zumeist den Ankündigungstag, nicht den Tag der eigentlichen Zusammenführung.

Sowohl zum US-amerikanischen als auch zum europäischen Markt gibt es eine Vielzahl von Arbeiten, die positive, neutrale oder negative Ergebnisse bei der Untersuchung der Kapitalmarktreaktion auf eine M&A-Transaktion feststellen. Dabei werden in den USA für Käuferunternehmen bis Ende der Achtzigerjahre überwiegend positive Kursreaktionen und für die Zeit danach tendenziell eher neutrale oder gar negative Kapitalmarktreaktionen auf die Ankündigung von M&A-Transaktionen festgestellt. Die Ergebnisse für Europa zeigen weniger einheitliche Trends.

Kursreaktion Käufer	**Ausgewählte Arbeiten**
USA	
Positiv	Asquith/Bruner/Mullins (1983) Doukas/Travlos (1988) Jarrel/Poulsen (1989) Loderer/Kenneth (1990) Markides/Ittner (1994)
Neutral	Cakici/Hessel/Tandon (1996) Roy/Manley (1997) Maquieira/Megginson/Nail (1998) Kiyamz/Mukherjee (2000)
Negativ	Travlos (1987) Morck/Shleifer/Vishny (1990) Pilloff (1996) Siems (1996)

TAB. 2: Übersicht über ausgewählte Arbeiten zu Akquisitionen auf dem US-amerikanischen Markt

Für die USA stellen neben Mandelker (1974) beispielsweise Asquith/Bruner/Mullins (1983) für den Zeitraum 1955-1979, Jarrel/Poulsen (1989) für den Zeitraum 1963-1986[120] und Markides/Ittner (1994) für den Zeitraum 1975-1988 positive Kursentwicklungen für das Käuferunternehmen fest. Dagegen kommen Roy/Manley (1997), Maquieira/Megginson/Nail (1998) sowie Kiyamz/Mukherjee (2000) zu neutralen Ergebnissen, während Pilloff (1996) für den Zeitraum von 1982-1991 und Siems (1996) für eine Stichprobe aus 1995 negative Kursentwicklungen für den Käufer beobachten.

Kursreaktion Käufer	**Ausgewählte Arbeiten**
Europa	
Positiv	Markides/Oyon (1998) Böhmer/Löffler (1996)
Neutral	Böhmer/Löffler (1999) Gerke/Garz/Oerke (1995)
Negativ	Barnes (1984) Bühner (1990a,b) Bühner (1991) Cybe-Ottone/Murgia (2000) Capron/Pistre (2002)

TAB. 3: Übersicht über ausgewählte Arbeiten zu Akquisitionen auf dem europäischen Markt

Für Europa werden zumeist neutrale oder negative Kursreaktionen für das Käuferunternehmen beobachtet. So stellen Böhmer/Löffler (1999) neutrale Kursreaktionen für den Zeitraum von 1985-1993 fest; Bühner (1991) beobachtet für eine Stichprobe des Zeitraums 1973-1985 negative Kursreaktionen, Cybe-Ottone/Murgia (2000) zeigen ebenfalls negative Überrenditen. Markides/Oyon (1998) stellen dagegen für den Zeitraum von 1983-1992 positive Reaktionen des Aktienkurses des Käuferunternehmens fest.

2.2.3.2 Verschiedene Erfolgsfaktoren

Wie im vorherigen Kapitel gezeigt, untersuchen vielen Studien eine ganze Reihe von Erfolgsfaktoren im Zusammenhang mit M&A-Aktivitäten. Im Folgenden werden die

120 Zu gleichem Ergebnis für den ähnlichen Zeitraum 1966-1984 kommen Loderer/Kenneth (1990).

Ergebnisse für verschiedene Erfolgsfaktoren anhand von Beispielen relevanter Studien genauer beschrieben.[121]

2.2.3.2.1 Erfolgsfaktor Diversifikation in neue Branchen

Bühner (1990a,b) kommt zu dem Ergebnis, dass horizontale Unternehmenszusammenschlüsse, die mit einer Produktausweitung verbunden sind, vom Markt positiver beurteilt werden als horizontale Unternehmenszusammenschlüsse ohne Produktausweitung oder vertikale Zusammenschlüsse (sowohl Vorwärts- als auch Rückwärtsintegration). Shelten (1988) kommt auf Basis der Analyse von 218 Transaktionen im Zeitraum von 1962 bis 1983 zu dem Ergebnis, dass eine Akquisition in neue aber verwandte Märkte zu den größten Überrenditen führt. Seth (1996) hingegen kann keinen Unterschied zwischen horizontalen oder vertikalen Zusammenschlüssen feststellen. Gerke/Garz/Oerke (1995) kommen zu dem Ergebnis, dass vertikale Transaktionen zu keinem Zeitpunkt eine statistisch signifikante Überrendite erzielen, wohingegen horizontale Unternehmenszusammenschlüsse zu einer durchschnittlich positiven Kursreaktion führen. Gross/Lindstädt (2006) untersuchen horizontale und vertikale Akquisitionen in verschiedenen Industrien und stellen hochsignifikante abnormale Renditen für beide Arten von Zusammenschlüssen fest, wobei die Reaktion bei horizontalen Zusammenschlüssen noch einmal weitaus positiver ausfällt als bei vertikalen.

---

[121] Da, wie im Überblick gezeigt, viele Studien mehrere Erfolgsfaktoren untersuchen, wird ein und dieselbe Studie teilweise als Beispiel für mehrere Erfolgsfaktoren herangezogen.

Erfolgsfaktor Diversifikation		
Ausgewählte Arbeiten	**Jahr**	**Einfluss festgestellt**
Singh/Montgomery	1987	ja
Shelton	1988	ja
Seth	1990	nein
Bühner	1990	ja
Bühner	1992	ja
Gerke/Garz/Oerke	1995	ja
Siems	1996	ja
Brailsford/Knights	1998	nein
Markides/Ittner	1998	ja
Gross/Lindstädt	2006	ja

TAB. 4: Übersicht über ausgewählte empirische Arbeiten – Erfolgsfaktor Diversifikation

2.2.3.2.2 Erfolgsfaktor geographischer Fokus

Bühner (1990a,b) kommt bei der Untersuchung von *grenzüberschreitenden Übernahmen* deutscher Unternehmen zu dem Ergebnis, dass diese vom Kapitalmarkt deutlich positiver beurteilt werden als nationale Transaktionen. Dabei sind Akquisitionen von Unternehmen, die bereits ausländische Gesellschaften besitzen und Erfahrungen mit ausländischen Akquisitionen haben, vergleichsweise erfolgreicher.

Einflussfaktor Geographischer Fokus		
Ausgewählte Arbeiten	**Jahr**	**Einfluss festgestellt**
Montgomery/Wernerfelt	1988	ja
Doukas/Travelos	1988	nein
Bühner	1990	ja
Conn/Connell	1990	ja
Bühner	1992	ja
Gerke/Garz/Oerke	1995	ja
Doukas	1995	nein
Brealey/Cooper/Kaplanis	1998	nein
Eckbo/Thorburn	2000	ja
Kiyamz/Mukherjee	2000	nein
Rieck	2002	nein
Park et al.	2002	ja

TAB. 5: Übersicht über ausgewählte empirische Arbeiten – Erfolgsfaktor geographischer Fokus

Kiyamz/Mukherjee (2000) stellen für US-amerikanische Unternehmen keine Abhängigkeit des Erfolgs von dem Herkunftsland des Käuferunternehmens fest. Eckbo/Thornburn (2000) beobachten für nationale Akquisitionen eine positive abnormale Rendite, für internationale jedoch keine signifikante abnormale Rendite.

Park et al (2002) stellen für grenzüberschreitende Transaktionen im Telekommunikationsmarkt negative abnormale Renditen fest.

2.2.3.2.3 Erfolgsfaktor Unternehmenskontrolle und Insiderwissen

Böhmer/Löffler (1997) stellen signifikante positive Reaktionen des Aktienkurses des Käuferunternehmens auf die Bekanntgabe von Mehrheitsbeteiligungen fest. Diese positiven Reaktionen können sie jedoch nur in konjunkturstarken Jahren beobachten. Mikkelson/Ruback (1985) und Barclay/Holderness (1991) beobachten signifikante positive Kursreaktionen des Käufers, wenn eine große Eigenkapitalposition erreicht wird. Bei Mikkelson/Ruback (1985) ist diese positive Reaktion jedoch nur nachhaltig, wenn der Übernahme eine große Restrukturierung folgt. Mikkelson/Ruback (1985) stellen fest, dass die Übernahme von mehr als 5% der Anteile des Zielunternehmens einen positiven Einfluss auf den Erfolg der Akquisition für das Käuferunternehmen hat.

Erfolgsfaktoren zu Unternehmenskontrolle und Insiderwissen		
Ausgewählte Arbeiten	**Jahr**	**Einfluss festgestellt**
Mikkelson/Ruback	1985	ja
McConnel/Servaes	1990	ja
Barclay/Holderness	1991	ja
Song/Walkling	1993	ja
Böhmer/Löffler	1997	ja
Loderer/Martin	1997	ja
Kiyamz/Mukherjee	2000	ja

TAB. 6: Übersicht über ausgewählte empirische Arbeiten – Erfolgsfaktoren zu Unternehmenskontrolle und Insiderwissen

Kiyamz/Mukherjee (2000) beobachten in einer Stichprobe von Transaktionen im Zeitraum von 1982 bis 1991 im US-amerikanischen Markt, dass vollständige Übernahmen sowohl für das Käufer- als auch für das Zielunternehmen signifikant besser bewertet werden als Teilübernahmen. Besonders hoch ist dieser Effekt für das Zielunternehmen. Für die Teil-Akquisition eines Unternehmens steigt in dieser Stichprobe der Aktienkurs des Zielunternehmens um 1,6% während eine vollständige Übernahme eine durchschnittliche positive Kursreaktion von 17,0% hervorruft. McConnell/Servaes (1990) untersuchen 1.176 Firmen und stellen eine signifikante

Abhängigkeit der Performance von der Struktur des Eigenkapitals fest. Loderer/Martin (1997) beobachten bei 867 Akquisitionen von US-Firmen signifikante Einflüsse der Kontrollstruktur, wobei die Faktoren Eigentum von Managern, institutionellen Anlegern und Großaktionären untersucht werden.

2.2.3.2.4 Erfolgsfaktor Profitabilität der Transaktionspartner

In der Literatur werden verschiedene Faktoren zur Profitabilität untersucht, beispielsweise die relative Profitabilität des Zielunternehmens zum Käuferunternehmen oder die Profitabilität von Käufer- oder Zielunternehmen bezogen auf eine Kontrollgruppe von jeweils Käufer- oder Zielunternehmen.

Konsistent mit der Effizienzhypothese kommt eine ganze Reihe von Arbeiten wie beispielsweise Pilloff (1996) oder Houston/Ryngaert (1994) zu dem Ergebnis, dass Akquisitionen erfolgreicher sind, wenn das Ziel eine unterdurchschnittliche Profitabilität aufweist.[122]

Banerjee/Cooperman (2000) stellen fest, dass Transaktionen für ein Käuferunternehmen dann erfolgreicher sind, wenn das Käuferunternehmen profitabler arbeitet als das Zielunternehmen. Morck/Shleifer/Vishny (1990) und Lang/Stulz/Walkling (1991) beobachten einen positiven Zusammenhang zwischen der Performance des akquirierenden Unternehmens und dem Erfolg der Akquisition. Bei Wall/Gup (1989) und Madura/Wiant (1994) reicht hingegen die überdurchschnittliche Profitabilität des Käuferunternehmens nicht aus, um zu erfolgreicheren Transaktionen zu führen.

Akhavein/Berger/Humphrey (1997) und Haun (1996) beobachten, dass Akquisitionen dann erfolgreicher sind, wenn beide Transaktionspartner vor der Transaktion im Vergleich zum Branchendurchschnitt schlechte Performer sind. DeYoung (1993) und Berger/Humphrey (1992) kommen zu einem ähnlichen Ergebnis, denn sie beobachten

---

122 Siehe auch James/Wier (1987), Hawawini/Swary (1990), DeLong (2001), Madura/Wiant (1994)

größeren Erfolg von Akquisitionen, wenn beide Unternehmen ineffizienter als der Branchendurchschnitt sind.[123]

Erfolgsfaktor Profitabilität		
Ausgewählte Arbeiten	**Jahr**	**Einfluss festgestellt**
James/Wier	1987	ja
Wall/Gup	1989	nein
Morck/Shleifer/Vishny	1990	ja
Hawawini/Swary	1990	ja
Lang/Stulz/Walkling	1991	ja
Berger/Humphrey	1992	ja
DeYoung	1993	ja
Markides/Ittner	1994	nein
Marura/Wiant	1994	nein
Houston/Ryngaert	1994	ja
Pilloff	1996	ja
Molyneux/Altunbas/Gardener	1996	ja
Haun	1996	ja
Berger/Mester	1997	ja
Akhavein/Berger/Humphrey	1997	ja
Markides/Oyon	1998	ja
Banerjee/Cooperman	2000	ja
DeLong	2001	ja
Bekier/Bogardus/Oldman	2001	ja

TAB. 7: Übersicht über ausgewählte empirische Arbeiten – Erfolgsfaktor Profitabilität

2.2.3.2.5 Erfolgsfaktor Größe

Die Ergebnisse zur *Größe des Käuferunternehmens* sind uneinheitlich. Eckbo/Thornburn (2000) beobachten, dass die Größe des Käuferunternehmens einen negativen Effekt auf den Erfolg der Transaktion hat. Je größer das Käuferunternehmen ist, desto geringer ist demnach die Wahrscheinlichkeit, eine erfolgreiche M&A-Transaktion durchzuführen. Francoeur (2005) kann diesen Effekt nicht bestätigen. Andere Arbeiten, wie beispielsweise die Arbeiten von Houston/Ryngaert (1994, 1997), stellen einen positiven Einfluss der Größe des Käuferunternehmens auf den Erfolg von M&A-Aktivität fest.[124] Verschiedene Arbeiten kommen zu dem Ergebnis, dass die

123 Siehe auch Molyneux/Altunbas/Gardener (1996), Berger/Mester (1997), Akhavein/Berger/Humphrey (1997) und Berger (1998)

124 Zu Arbeiten mit negativem Effekt siehe auch Rhoades (1993), Shaffer (1992)

relative Größe des Zielunternehmens im Verhältnis zum Käuferunternehmens einen signifikanten Erklärungsbeitrag zur Höhe der abnormalen Renditen einer Akquisition liefert: Je größer das Zielunternehmen in Relation zum Käuferunternehmen ist, desto größer sind die positiven abnormalen Renditen. Jarrell/Poulsen (1989), Markides/Ittner (1994) und Asquith/Bruner/Mullins (1983) zeigen, dass die Kursreaktion des Käuferunternehmens von der relativen Größe des Zielunternehmens abhängt, wobei die Autoren im Allgemeinen eine positive kumulierte abnormale Überrendite für die Aktionäre des Käuferunternehmens feststellen.[125]

Verschiedene Erfolgsfaktoren zu Größe		
Ausgewählte Arbeiten	**Jahr**	**Einfluss festgestellt**
Unternehmensgröße Käufer		
Shaffer	1992	ja
Rhoades	1993	ja
Houston/Ryngaert	1994	ja
Markides/Ittner	1994	ja
Houston/Ryngaert	1997	ja
Eckbo/Thornburn	2000	ja
Francoeur	2005	nein
Relative Größe		
Asquith/Bruner/Mullins	1983	ja
Jarrell/Poulsen	1989	ja
Hawawini/Swary	1990	ja
Markides/Ittner	1994	ja
Pilloff	1996	ja
Kane	2000	ja
Transaktionspreis		
Asquith/Bruner/Mullins	1983	ja
Dörr	2000	ja
Bieshaar/Knight/Wassenaer	2001	nein
Capron/Pistre	2002	ja
Bruner	2005	ja

TAB. 8: Übersicht über ausgewählte empirische Arbeiten – Erfolgsfaktoren zu Größe

Bruner (2005) und Dörr (2000) stellen einen positiven Einfluss des Faktors *Transaktionspreis* auf den Transaktionserfolg fest. Bieshaar/Knight/Wassenaer (2001) können diesen Effekt allerdings nicht bestätigen.

---

125 Siehe auch Hawawini/Swary (1990), Pilloff (1996), Kane (2000)

2.2.3.2.6 Erfolgsfaktor Akquisitionserfahrung des Käuferunternehmens

Asquith/Bruner/Mullins (1983) untersuchen, ob die Akquisitionserfahrung von Unternehmen einen Einfluss auf die Kursreaktion des Käuferunternehmens hat. In dem Untersuchungszeitraum von 1955 bis 1979 geben 72% der untersuchten Unternehmen nach einer ersten Übernahme ein zweites Angebot ab. In der beobachteten Stichprobe hat die durch die erste Akquisition erworbene Erfahrung noch keinen Einfluss auf den Erfolg der weiteren Akquisitionen. Markides/Oyon (1998) und Hitt/Harrison/Ireland (2001) kommen jedoch zu dem Ergebnis, dass ein Lerneffekt aus vorangegangen Akquisitionen entsteht. Auch DeYoung (1997) und Zollo/Leshchinkskii (2000) bestätigen einen positiven Effekt nach vorheriger Erfahrung.[126] Finkelstein/Haleblian (2002) kommen zu dem Ergebnis, dass vorherige Erfolge bei M&A-Transaktionen zu einer Trägheit im Unternehmen führen, die eine Anpassung an neue Situationen erschweren.

Erfolgsfaktor Erfahrung des Käuferunternehmens		
Ausgewählte Arbeiten	**Jahr**	**Einfluss festgestellt**
Asquith/Bruner/Mullins	1983	nein
Loderer/Kenneth	1990	ja
DeYoung	1997	ja
Vander Vennet	1997	ja
Singh/Zollo	1998a	ja
Singh/Zollo	1998b	ja
Markides/Oyon	1998	ja
Zollo/Leshchinkskii	2000	ja
Hitt/Harrison/Ireland	2001	ja
Finkelstein/Haleblian	2002	ja

TAB. 9: Übersicht über ausgewählte empirische Arbeiten – Erfolgsfaktor Akquisitionserfahrung des Käuferunternehmens

2.2.3.2.7 Erfolgsfaktor Zahlungsmodus

Wie eine große Anzahl anderer Arbeiten, so stellen auch Loughran/Vijh (1997) und André/Kooli/L'Her (2004) fest, dass eine in bar bezahlte Transaktion positiver bewertet wird als Transaktionen, die nicht-bare Zahlungskomponenten enthalten.[127]

---

126 Siehe auch Vander Vennet (1997), Singh/Zollo (1998a,b)

127 Siehe auch Wansley/Lane/Yang (1983), Huang/Walkling (1987)

Travlos (1987) und Frank/Harris (1989) beobachten einen negativen Einfluss auf die Bewertung einer Transaktion, wenn diese mit Aktien bezahlt wurde. Eckbo/Thornburn (2000) können für Kanada keine derartigen Ergebnisse feststellen, wobei Francoeur (2005) - Kanada zu einem späteren Zeitraum betrachtend - feststellt, dass alle *nicht-baren* Zahlungsmethoden den *baren* Zahlungsmethoden in Bezug auf Unternehmenswertsteigerung unterlegen sind. Morck/Yeung (1992) und Markides/Ittner (1994) stellen ebenfalls wie Eckbo/Thornburn (2000) keinen signifikanten Einfluss der Zahlungsmethode fest.

Erfolgsfaktoren zu Zahlungsmodus		
Ausgewählte Arbeiten	**Jahr**	**Einfluss festgestellt**
Wansley/Lane/Yang	1983	ja
Huang/Walkling	1987	ja
Travlos	1987	ja
Franks/Harris	1989	ja
Morck/Yeung	1992	nein
Markides/Ittner	1994	nein
Loughran/Vijh	1997	ja
Eckbo/Thornburn	2000	nein
André et al.	2004	ja
Francoeur	2005	ja

TAB. 10: Übersicht über ausgewählte empirische Arbeiten – Erfolgsfaktoren zu Zahlungsmodus

3 Der europäische Telekommunikationsmarkt als Untersuchungsobjekt

In den nachfolgenden Abschnitten sollen die für diese Arbeit relevanten Aspekte des europäischen Telekommunikationsmarktes vorgestellt werden. Nach der begrifflichen Abgrenzung des Untersuchungsobjektes wird die Anfang der 80er Jahre vorherrschende Marktstruktur kurz umrissen. Anschließend werden die darauf aufbauenden wesentlichen Entwicklungen, die Deregulierungs- und Privatisierungstendenzen im europäischen Telekommunikationsmarkt, genauer beschrieben, da sie erst die Grundlage für M&A-Aktivität durch europäische Telekommunikationsunternehmen schufen. Danach werden die Motive und spezifischen Gründe für M&A-Aktivität im europäischen Telekommunikationsmarkt beschrieben. Nach einem Überblick über wesentliche empirische Forschungsarbeiten zur Telekom-M&A werden drei ausgewählte Telekom-M&A-Beispiele in Fallstudien beschrieben, die im Untersuchungszeitraum das Thema M&A im Telekommunikationsmarkt in die öffentliche Diskussion gebracht haben und dadurch das Interesse an weiterer empirischer Forschung am Untersuchungsobjekt geweckt haben.

3.1 Der Telekommunikations-Begriff

Telekommunikation bezeichnet ganz allgemein jeglichen Austausch von Informationen über eine gewisse Distanz hinweg, ohne sie materiell zu transportieren. Das Wort stammt vom griechischen Adjektiv *tele* für *fern, weit* und vom lateinischen Verb *communicare* für *mitteilen, gemeinsam machen* ab.[1] Im engeren Sinne bezeichnet *Telekommunikation* Informationsaustausch unter Verwendung von Elektrotechnik, Elektronik und anderen neuzeitlichen Technologien, wie sie seit Ende des 19. Jahrhunderts entwickelt wurden. Sie ist damit unmittelbar an die technischen Möglichkeiten der Datenfernübertragung und auch der Datenverarbeitung gekoppelt.

---

1 Vgl. de.wikepedia.org

Telekommunikation bedeutet dabei den Transport, aber nicht die Erstellung von Inhalten und wird daher auch als *Logistik der Mediengesellschaft* bezeichnet.[2] *Telekommunikation* ist nicht nur auf so genannte klassische Telekommunikation wie das öffentliche Telefonnetz beschränkt, sondern umfasst auch den Mobilfunk, das Internet und andere feste oder drahtlose Kommunikationsinfrastrukturen (DSL/W-LAN).

Die *Legaldefinition* im deutschen Telekommunikationsgesetz (TKG) konkretisiert Telekommunikation als den technischen Vorgang des Aussendens, des Übermittelns und des Empfangens von Nachrichten jeder Art in Form von Zeichen, Sprache, Bildern oder Tönen.[3]

Eine weitere Definition von Bergmann/Gerhardt/Frohberg (2003) stellt auf den prozessualen Charakter von Telekommunikation ab:

> *Inhalt der Telekommunikation sind die Prozesse zum Informationsaustausch, zur Informationssammlung oder Informationsverbreitung unter Verwendung nachrichtentechnischer Systeme für das Überwinden der räumlichen Entfernung zwischen Sender und Empfänger. Mit den Leistungen in Form von Diensten sollen Nachrichtenverkehrsbedürfnisse befriedigt werden.*[4]

Als Elemente der *Telekommunikationstechnik* werden drei Ebenen unterschieden[5]:

- *Endgeräte-Ebene*: Endgeräte zur Verarbeitung von Telekommunikations-Signalen. Zu den Endgeräten zählen Geräte für die Kommunikation zwischen Menschen (z.B. Telefon, Rundfunkempfänger, Fax) und Geräte für die Kommunikation zwischen Mensch und Datenverarbeitungsanlagen (z.B. kommunikationsfähige PC).

---

2 Vgl. Picot (2006), Vorlesungsunterlagen Telekommunikation, SS 2006.
3 Vgl. §3 Nr. 22TKG.
4 Bergmann/Gerhardt/Frohberg (2003), S. 22.
5 Vgl. Welfens/Graack (1996), S. 19.

- *Netz-Ebene*: Telekommunikations-Netze zur Übertragung dieser Signale zwischen den Endgeräten. Ein Telekommunikations-Netz umfasst dabei die Gesamtheit der technischen Einrichtungen, die den ordnungsgemäßen Betrieb ermöglichen und zur Erstellung von Telekommunikations-Dienstleistungen dienen.

- *Dienstleistungs-Ebene*: Telekommunikations-Dienstleistungen sind eng mit der Netz-Ebene verknüpft, da die Telekommunikations-Netze die Basis für informationsbezogene Dienstleistungen jeglicher Art bilden.

Vergleichbar zu anderen netzgebundenen Wirtschaftsbereichen werden in der Telekommunikation zwei Arten von Märkten unterschieden:

- Der Markt für Telekommunikationsdienstleistungen für Endverbraucher

- Der Vorleistungs- oder Carriermarkt: Auf diesem wird der Zugang zu den wesentlichen Einrichtungen oder Leistungen des Netzes angeboten. Auf ihm können Dienstleister ohne eigene Netzinfrastruktur tätig werden. Leistungen auf diesem Markt beinhalten das Zusammenschalten, den Zugang zu Teilnehmeranschlussleitungen und Mietleitungen.

3.2 Überblick über die Entwicklungen des europäischen Telekommunikationsmarktes

3.2.1 Marktorganisation des Telekommunikationsmarktes in Europa bis Mitte der 80er Jahre

Noch Anfang der 80er Jahre war der europäische Telekommunikationssektor durch eine rein nationale Ausrichtung der Staatsmonopole innerhalb der Europäischen Gemeinschaft geprägt.[6] Der Telekommunikationsmarkt allgemein wie auch die drei wesentlichen Teilmärkte Übertragungswege, Dienstleistungen und Endgeräte waren durch die Einflussnahme der Politik sowie relativ geringe Innovationsraten

---

6 Vgl. Welfens/Graack (1996), S. 219.

gekennzeichnet.[7] Internationale oder europäische Koordinierungsbestrebungen bestanden nur im Bereich technischer Fragestellungen. Andere Formen der Kooperation, Dienstleistungsexporte oder Direktinvestitionen existierten nicht.[8]

Folge dieser Situation war die Entwicklung und Einführung national unterschiedlicher Normen und Standards, die in Europa zu einem erheblichen Aufwand für Forschung und Entwicklung führten.[9] Beispielhaft wurde dies an der Anzahl der entwickelten Vermittlungssysteme deutlich: In Europa wurden in den 80er Jahren acht verschiedene Vermittlungssysteme entwickelt, in den Vereinigten Staaten dagegen lediglich drei.[10] Auch bei analogen Mobilfunknetzen konnte dieses Phänomen beobachtet werden: Hier wurden europaweit fünf unterschiedliche Systeme entwickelt.[11] Gerade auf dem Gebiet der Datenkommunikation führte der europäische Weg abgeschotteter Märkte zu einem erheblichen Rückstand gegenüber den Vereinigten Staaten.[12] Der technische Fortschritt im Bereich der Telekommunikations- und Computertechnologie, der zunehmende intraeuropäische und internationale Handel mit Waren und Dienstleistungen sowie die sich abzeichnenden Deregulierungstendenzen in den Vereinigten Staaten führten in Europa zu einem Überdenken der rein nationalen Ausrichtung des Telekommunikationssektors.[13]

3.2.2 Deregulierungstendenzen

3.2.2.1 Begriff der Deregulierung

Unter Deregulierung wird die Abschwächung oder Abschaffung markt- oder wettbewerbswidriger Regulierung verstanden, um das auf den Märkten vorhandene

---

7 Vgl. Schnöring (1992), S. 2.

8 Vgl. Welfens/Graack (1996), S. 145.

9 Weinkopf (1993), S. 1, verdeutlicht diese Tatsache am Beispiel der Steckersysteme zum Anschluss an die jeweiligen Netze in den EU-Mitgliedstaaten am Ende der 80er Jahre: In den 12 Mitgliedsstaaten existierten 12 unterschiedliche Steckersysteme zum Anschluss an die jeweiligen Netze.

10 Vgl. Ungerer/Costello (1989), S. 127.

11 Vgl. Graack (1997), S. 162.

12 Vgl. Welfens/Graack (1996), S. 146.

13 Vgl. Graack (1997), S. 161.

Wettbewerbspotential zu mobilisieren. Ein Schwerpunkt wird dabei auf die Ausweitung wirtschaftlicher Freiheitsgrade der Marktteilnehmer gelegt. Einerseits werden dabei einzelne Branchen von staatlichen Regulierungen befreit, wie etwa Preiskontrollen oder Kontrollen für den Marktein- oder Marktaustritt.[14] Sie unterliegen damit nur noch dem staatlichen Wettbewerbsrecht und branchenüblichen Sicherheitsvorschriften.[15] Andererseits werden einzelne kartellrechtliche Ausnahmebereiche stärker dem allgemeinen Wettbewerbsrecht unterworfen, so dass private Anbieter Möglichkeiten zur Teilnahme am Wettbewerb erhalten können.

3.2.2.2 Überblick über theoretische Ansätze zur (De-)Regulierung

Die Theorien zur (De-)Regulierung sind in der Literatur vielfältigen Kategorisierungsversuchen unterzogen worden. Dabei wird versucht, Regulierung über Aspekte des Marktversagens, wie z.B. natürliche Monopole, über negative externe Effekte, über Transaktionskostenmodelle oder sogar über die politischen Prozesse ihrer Entstehung zu erklären. Eine einheitliche Theorie zur (De-)Regulierung hat sich aus den vielfältigen Ansätzen noch nicht entwickelt. Die Forschungs- und Definitionsansätze lassen sich jedoch entsprechend einer in der Literatur regelmäßig auftauchenden Unterteilung in zwei Stoßrichtungen der Regulierungstheorie zusammenfassen: der normativen Theorie der Regulierung und den Erklärungs- und Gestaltungsversuchen der positiven politischen Ökonomie.

3.2.2.2.1 Ansätze der normativen Theorie

Die Ansätze normativer Theorie der Regulierung gehen auf die neoklassische Theorie des Marktversagens zurück. Hauptsächliche Erscheinungsformen des Marktversagens sind dabei die Existenz natürlicher Monopole, ruinöser Konkurrenz und das Vorliegen öffentlicher Güter/externer Effekte.

Das *natürliche Monopol* charakterisiert eine Marktsituation, in der ein einzelner Anbieter die Nachfrage kostengünstiger bedienen kann als mehrere, weil im Markt

[14] Vgl. Grossekettler (1993), S. 7.

[15] Vgl. Winston (1998), S. 89f.

beispielsweise signifikante Größen- und Verbundvorteile existieren, die auch bei Wettbewerbsbedingungen zu monopolistischen Strukturen führen würden. Formales Kriterium des natürlichen Monopols ist eine subadditive Kostenfunktion im Bereich der relevanten Nachfrage, für die eine kostendeckende Produktion möglich sein muss. Der Inhaber einer marktbeherrschenden Stellung braucht gar nicht missbräuchlich zu handeln, um den Wettbewerb zu verdrängen, - in der Situation des natürlichen Monopols geht die Anzahl der Konkurrenten natürlich zurück.

Der Ansatz *ruinöser Konkurrenz* wird vornehmlich mit schrumpfenden Märkten, Märkten mit stark schwankender Nachfrage, natürlichen Oligopolen und Märkten mit asymmetrischer Informationsverteilung in Zusammenhang gebracht. Von *ruinöser Konkurrenz* wird dann gesprochen, wenn Unternehmen trotz anhaltender Nachfrageschwäche nicht aus dem Markt ausscheiden, sondern die Signale des Marktes ignorieren und damit - aufgrund der strukturellen Eigenheiten des Marktes - eine optimale Ressourcen-Allokation nicht stattfinden kann. Dieses Phänomen ist in Branchen beobachtbar, in denen Produktionsfaktoren nur schwer auf andere Weise genutzt werden können oder wo erhebliche *versunkene Kosten* (*sunk costs*) entstanden sind. Ruinöse Konkurrenz bedeutet dann, dass die Anbieter hoffen, durch Preisunterbietung ihre Wettbewerber aus dem Markt drängen und so die Schwächephase überdauern zu können.

Der Ansatz von *öffentlichen Gütern/externen Effekten* versucht Regulierung damit zu erklären, dass unter Wettbewerbsbedingungen so genannte öffentliche Güter, deren positiven externen Effekte dann zwangsläufig der Allgemeinheit zu Gute kommen, gar nicht oder nur in sehr geringem Umfang produziert werden. Wer beispielsweise in saubere Luft oder innere Sicherheit investiert, kann niemanden von der Nutzung dieser Güter ausschließen, allerdings führen diese Investitionen zwangsläufig zu externen Effekten. Deshalb werden auch nur wenige bereit sein, diese Investitionen zu tätigen und stattdessen abwarten, ob nicht ein anderer investiert und sie dann selbst, ohne eigene Kosten, von dieser Investition profitieren können. Nur staatliche Intervention kann nach diesem Ansatz gewährleisten, dass öffentliche Güter in ausreichender Menge produziert werden.

3.2.2.2.2 Ansätze der positiven politischen Ökonomie

Die Ansätze der positiven politischen Ökonomie streben die Erklärung und Vorhersage von Marktstrukturen und -ergebnissen sowie von Handlungen der an Regulierung beteiligten Akteure an. Zur Entwicklung der Theorien werden dabei ökonomische und politische Studien verknüpft. Zusätzlich zu den Effizienzüberlegungen der normativen Theorie beziehen diese Ansätze die Strategien der Akteure zur Beeinflussung der Wahl der Regulierungsalternativen sowie die Kosten der Interessenorganisation mit ein. Anreize für politisches Handeln, die durch die Verteilungskonsequenzen der Regulierung hervorgerufen werden, dienen bei der Entwicklung der Theorien als Ansatzpunkt. Ausgangspunkt dieser Forschungsrichtung ist der Beitrag von Stigler (1971), der das Ziel verfolgt, mit seiner Theorie über den herkömmlichen ökonomischen Ansatz der Betrachtung von Allokationseffekten hinauszugehen und eine Preistheorie der politischen Ökonomie zu konstruieren.[16] Auf Basis der ursprünglich zur Regulierung entwickelten Theorien wurden in späteren wissenschaftlichen Arbeiten weitere Ansätze abgeleitet, die Deregulierungsbestrebungen erklären sollen.

Zur Erklärung von Deregulierung betrachtet Becker (1985) das *Verhalten von Interessengruppen im Wettbewerb um Wohlstandtransfers* in einem formalen politischen Gleichgewichtsmodell.[17] Es wird angenommen, dass Interessengruppen in diesem Wettbewerb *politischen Druck* ausüben, unter dem alle Maßnahmen verstanden werden, die die Stimmenzahl der Regierungsparteien bei den nächsten Wahlen beeinflussen. Der von den Gruppen ausgeübte politische Druck bestimmt die Gleichgewichtsstruktur ihrer Begünstigungen und Belastungen, zu denen neben Subventionen und Steuern auch Regulierungen zählen. Politiker stehen dabei vor der

---

16 Vgl. Romer/Rosentahl (1987), S. 75.

17 Vgl. Becker (1985), S. 341ff.

Aufgabe, den Wohlstand gemäß dem politischen Einfluss der Interessengruppen zu verteilen. Dabei müssen sie als Restriktion beachten, dass ihre Wiederwahl von der Höhe der für Umverteilungen zur Verfügung stehenden Mittel abhängt. Ein steigendes Ausmaß an Umverteilungen zugunsten rentensuchender Interessengruppen und damit verbundene Nettowohlfahrtseinbußen führen zu abnehmenden Zuwachsraten der Renten. Gleichzeitig führt diese Entwicklung zu einer stark zunehmenden Belastung der Finanzierer der Umverteilung. Diese werden sich in der Folge besser organisieren und ihren Einfluss im politischen Prozess verstärken. Dieser steigende politische Druck der Finanzierer der Umverteilung führt zur Implementierung effizienzsteigernder Maßnahmen, so dass lediglich in solchen Bereichen Ausnahmeregelungen bestehen bleiben, in denen Markt- und Wettbewerbsversagen tatsächlich zu Ineffizienzen führt.

Peltzman (1989) führt Deregulierung auf *Veränderungen im politischen Bereich* sowie *Veränderungen der Marktbedingungen* der regulierten Industrie zurück.[18] Veränderungen des politischen Einflusses werden dabei durch Verschiebungen im relativen Kräfteverhältnis konkurrierender Gruppen, beispielsweise infolge verbesserter Organisations- und Informationsmöglichkeiten, hervorgerufen. So kann zum Beispiel eine verbesserte Information der Konsumenten durch die Medien dazu führen, dass diese sich besser organisieren und damit einen stärkeren politischen Einfluss ausüben können. Dies impliziert höhere Kosten für bisher durch Regulierung begünstigte Unternehmen bei der Ausübung politischen Drucks, so dass ihre Renten reduziert werden. Schwerpunkt der Theorie sind jedoch die Veränderungen der Marktbedingungen. Kommt es beispielsweise in einer Branche mit staatlich regulierten Preisen zu enormen Kostensteigerungen, so reduzieren sich die Renten der Produzenten so lange, bis diese nicht mehr über genügend Kapital für effektiven und permanenten politischen Einfluss verfügen. Reduzierte Renten ziehen also geringere Möglichkeiten der politischen Einflussnahme nach sich. Daher werden sich Politiker

18 Vgl. Peltzman (1989), S. 20.

anderen Alternativen zur Erlangung von Wählerstimmen zuwenden. Dabei bietet sich Deregulierung als Strategie zur Wahlstimmenmaximierung an.

Der *institutionenökonomische Ansatz* von North (1990) zielt auf die Erklärung des institutionellen Wandels. In diesem Zusammenhang untersucht er auch mögliche Gründe für das Beharrungsvermögen ineffizienter Institutionen, wobei Effizienz im Sinne von Wirtschaftswachstum verstanden wird.[19] Ausgangspunkt der Analyse von North ist ein durch institutionelle Beschränkungen definiertes Gleichgewicht von Wirtschaft und Politik. Kommt es jedoch zu Veränderungen von Präferenzen oder der relativen Preise, sei es in Form von Änderungen der Faktorpreisverhältnisse, von Informationskosten oder Kosten der Technologie, so ändern sich die Anreize für den einzelnen Unternehmer sowohl im ökonomischen wie auch im politischen Bereich. Einzelne Unternehmer bzw. Organisationen werden, soweit es ihnen lohnend erscheint, in neue gewinnträchtige Bereiche oder in Maßnahmen zur Änderung der bestehenden Regeln investieren. So genannte *politische Unternehmer* nehmen die Anliegen in ihr Programm auf und versuchen, institutionelle Änderungen herbeizuführen. Im Laufe der Zeit werden dann ineffiziente Institutionen ausgeschaltet, und es entwickeln sich allmählich effiziente Institutionen. Deregulierungen als institutionelle Änderungen werden also nach North (1990) dadurch ausgelöst, dass das politische Gewicht der Nutznießer einer institutionellen Änderung gegenüber den Beharrungstendenzen so groß ist, dass der Status quo im politischen Kontext überwunden werden kann.

3.2.2.3 Deregulierungsentwicklung des Telekommunikationsmarktes in Europa

Vor dem Hintergrund der monopolistischen Marktorganisation wurde 1983 eine aus Vertretern der Mitgliedsstaaten bestehende „Senior Officials Group“ berufen, die die Europäische Kommission bezüglich der Telekommunikationspolitik beraten und Vorschläge für ein umfassendes Aktionsprogramm im Bereich der Telekommunikation erarbeiten sollte.

---

19 Vgl. North (1990)

3.2.2.3.1 Phase I (1984-1987): Harmonisierung und Verbesserung der Koordination

Das Aktionsprogramm von 1984 markierte den Anfang der ersten Phase der Telekom-Liberalisierung. Schwerpunkte dieser Phase waren die Harmonisierung von Standards innerhalb der Europäischen Gemeinschaft sowie eine Verbesserung der Zusammenarbeit in den Mitgliedstaaten, bei den Telefongesellschaften sowie innerhalb der Ausstatterindustrie.[20] Der 1984 vorgelegte Bericht der „Senior Officials Group" konkretisierte erstmals die Idee eines einheitlichen europäischen Telekommunikationsmarktes[21] und identifizierte vier Hauptschwachstellen des europäischen Telekommunikationsmarktes:

- Die Telekommunikationsmärkte in der Europäischen Gemeinschaft waren aufgrund der nationalen Abschottung zu stark segmentiert.
- Es bestand ein hoher Investitionsbedarf im Telekommunikationssektor innerhalb der Europäischen Gemeinschaft, dem allerdings nur begrenzte Finanzierungsmöglichkeiten gegenüberstanden.[22]
- Die Forschung und Entwicklung im Bereich der Telekommunikation war in Europa unkoordiniert.
- Es bestanden erhebliche Unsicherheiten bei der strategischen Planung, insbesondere wegen der unterschiedlichen nationalen Normen und Standards.

Zur Verbesserung der Lage der Kunden, der Hersteller von Fernmeldeausrüstungen, der Dienstleistungsanbieter sowie der Netzbetreiber wurden sechs Aktionsrichtlinien vorgeschlagen, die die Basis für weitere Arbeitsprogramme, Initiativen und

---

20 Vgl. Welfens/Graack (1996), S. 147.

21 Bereits die Präambel zum Aktionsprogramm macht die Bedeutung eines einheitlichen europäischen Telekommunikationsbereiches deutlich: "If the European countries are divided, their weakness will increase and the gap between them and the United States and Japan will widen irredeemably, as was the case in data processing ten years ago" (vgl. Europäische Kommission (1984), S.3.).

22 Dies gilt insbesondere für die so genannten „Randgebiete" der damaligen Europäischen Gemeinschaft.

Entscheidungen bildeten.[23] Die zwischen 1984 und 1987 durchgeführten Entscheidungen betrafen in erster Linie drei Hauptbereiche:[24]

- Schaffung einheitlicher Standards: Europaweit offene Normen für Endgeräte und Netzeinrichtungen sollten diese Bereiche harmonisieren. Anschließend war eine begrenzte Öffnung dieser Bereiche für den Wettbewerb geplant.
- Förderung der Infrastruktur: Unterstützung von Projekten im Bereich der ISDN- und ISDN-B-Netze, Ausbau des digitalen Mobilfunks sowie Förderung des Netzausbaus in Randregionen.
- Stärkung des europäischen Telekommunikationssektors: Förderung der Herstellerindustrie durch den Beginn gezielter Initiativen in Forschung und Entwicklung.

3.2.2.3.2 Phase II (1987-1992): Das Grünbuch und die Reform ordnungspolitischer Strukturen

Die Europäische Kommission veröffentlichte 1987 das *Grünbuch über die Entwicklung eines gemeinsamen Marktes für Telekommunikationsdienstleistungen und Telekommunikationsendgeräte*. Hierin wurden erste wettbewerbsfördernde Initiativen aufgegriffen.[25] Ziel des Grünbuches von 1987 war die Schaffung größerer Freiheitsräume für Nutzer, Industrie und Fernmeldeverwaltungen in Europa durch Reformen der ordnungspolitischen Strukturen. Dabei sollte insbesondere dem Nutzer

---

23 Diese Aktionsrichtlinien beinhalten die folgenden sechs Punkte (vgl. European Commission (1984), Appendix): 1) Festlegung der mittel- und langfristigen Ziele auf Gemeinschaftsebene; 2) Definition und Durchführung von F&E Aktivitäten; 3) Erweiterung des Endgerätemarktes und Entwicklung von Gemeinschaftssolidarität nach außen; 4) Gemeinsame Entwicklung des transnationalen Teils der zukünftigen Telekommunikationsinfrastruktur in der Gemeinschaft; 5) Intensive Nutzung der modernen Telekommunikationsinfrastruktur zur Förderung der benachteiligten Regionen in der Gemeinschaft; 6) Fortschreitende Erweiterung derjenigen Teile der Märkte für Fernmeldeausrüstungen, die von den Beschaffungen der Netzbetreiber dominiert werden.

24 Vgl. Graack (1997), S. 167.

25 Im Vorwort des Grünbuchs heißt es (vgl. Europäische Kommission (1987), S. 16): „Angesichts eines sich rapide entwickelnden Weltmarktes für Telekommunikations- und Informationstechnologien muss die Gemeinschaft wettbewerbsorientierte Marktstrukturen schaffen, die es erlauben, der Dynamik zu begegnen, die von den Vereinigten Staaten und Japan auf diesem Gebiet entwickelt werden".

von Telekommunikationsdienstleistungen eine größere Auswahl mit höherer Qualität zu niedrigeren Preisen geboten werden.[26] Im Grünbuch von 1987 wurde eine Reihe von Zielen für die Realisierung eines Telekommunikations-Binnenmarktes in Europa formuliert.[27] Diese beinhalteten:

- Die Liberalisierung des Engerätemarktes.
- Die Etablierung eines offenen Netzzugangs, die Sicherstellung der Interoperationalität und des Netzverbundes.
- Die Teilung von hoheitlichen und betrieblichen Funktionen in der Telekommunikation.
- Die verstärkte Entwicklung einheitlicher Normen und Standards in der Europäischen Gemeinschaft durch das neu zu gründende Europäische Institut für Telekommunikationsnormen (ETSI).
- Die vollständige Anwendung der Wettbewerbsregeln aus dem Vertrag der Europäischen Gemeinschaft auf den Telekommunikationsbereich

Die Verabschiedung der Endgeräterichtlinie (1988) sowie der Diensterichtlinie (1990) führte zu einer schnellen Umsetzung dieser Zielsetzungen, da beide Entscheidungen verbindlich die Abschaffung der Monopolsituationen in den jeweiligen nationalen Märkten für Endgeräte und Dienstleistungen vorschrieben.[28] Die Ziele und umgesetzten Richtlinien verdeutlichten den zunehmenden Einfluss der europäischen Telekommunikationspolitik auf nationale Entscheidungen und nationales Recht. Die europäische Telekommunikationspolitik und damit der inner-europäische Wettbewerb wurden ferner durch eine Vielzahl von Grundsatzurteilen des Gerichtshofes der

---

26 Vgl. Graack (1997), S. 164.
27 Vgl. Welfens/Graack (1996), s. 147.
28 Vgl. Graack (1997), S. 165.

Europäischen Gemeinschaft im Bereich des europäischen Wettbewerbsrechts, durch die Öffnung des Endgerätesektors sowie durch die Diensterichtlinie gestärkt[29].

3.2.2.3.3 Phase III (1992-1995): Überprüfung des Status quo und weitergehende Zielsetzungen

Zur Überprüfung der Lage auf den Telekommunikationsmärkten im europäischen Binnenmarkt wurde 1992 der Bericht *Prüfung der Lage im Bereich der Telekommunikationsdienste* veröffentlicht.[30] Darin wurde festgestellt, dass immer noch erhebliche Unterschiede bei den inner-europäischen Ferngesprächsgebühren existierten. Hohe internationale Gesprächsgebühren beeinträchtigten den Informationsfluss zwischen den nationalen Wirtschaftsräumen, weil sie die Informationskosten über Produkte, Qualität und Preise signifikant erhöhten.[31] Vor diesem Hintergrund setzte sich im Rahmen öffentlicher Anhörungen die Überzeugung durch, dass Fortschritte nur durch eine weitergehende Liberalisierung des Telekommunikationssektors erreicht werden könnten.[32] Folglich erarbeitete die Europäische Kommission eine Vielzahl von Maßnahmen, die diesen Prozess beschleunigen sollten.[33] Hierbei war die wichtigste Maßnahme die Vorlage eines detaillierten Zeitplans zur Liberalisierung aller Telekommunikationsdienste bis spätestens 1998. Der Rat der Europäischen Union folgte dabei dem Vorschlag der Kommission zur vollständigen Liberalisierung des öffentlichen Sprachdienstes zum 1. Januar 1998.[34]

---

29 Vgl. Welfens/Graack (1996), S. 149.

30 Vgl. Stosiek/Neus (1993), S. 5.

31 Vgl. Welfens/Graack (1996), S. 150.

32 Vgl. Ungerer (1994), S. 2.

33 Vgl. Welfens/Graack (1996), S. 151. Diese Maßnahmen beinhalten im Einzelnen: 1) Die Konsolidierung des ordnungsrechtlichen Rahmens; 2) Die Ausarbeitung von Rahmenbedingungen für das Zusammenschalten verschiedener Netzbetreiber, insbesondere hierbei die Etablierung nichtdiskriminierender Gebühren für den Netzzugang (“interconnection charges“); 3) Vorgabe bestimmter Gebührenregelungen; 4) die Festschreibung der betrieblichen Unabhängigkeit der ehemals staatlichen Telefongesellschaften, so dass diese flexibel im zunehmenden Wettbewerb reagieren können; 5) Stärkung des Subsidiaritätsprinzips durch Gleichgewichtung von nationalen und gemeinschaftlichen Rechtsvorschriften; 6) Vorlage eines präzisen und ausführlichen Zeitplans für die Liberalisierung der Telekommunikationsdienste bis spätestens 1998.

34 Vgl. Graack (1997), S. 222-223.

Ende 1994 beschloss der Rat der Europäischen Union, die Monopole im Bereich der Festnetzinfrastruktur zum gleichen Zeitpunkt (1. Januar 1998) aufzuheben und Wettbewerb zuzulassen.[35] Lediglich für Spanien, Irland, Griechenland und Portugal wurden aufgrund des ausgemachten strukturellen Anpassungsbedarfs Übergangsregelungen bis 2003 gewährt.[36]

3.2.2.3.4 Phase IV (1996-2000): Entwicklung des regulatorischen Rahmens und Start der Marktöffnung

In den Jahren 1996-1997 wurde eine Reihe von Direktiven erarbeitet und verabschiedet, welche die Eckpunkte der Liberalisierung des europäischen Telekommunikationsmarktes beschrieb. Dabei ging es im Wesentlichen um den offenen Zugang zu den Telekommunikationsnetzen in den Mitgliedsstaaten, um die Bereitstellung des universalen Services, die Regeln für die Lizenzvergabe sowie um den Datenschutz. Ab 1998 begann die breite Umsetzung der Telekommunikations-Liberalisierungsdirektiven in der Europäischen Union.

Die ersten Länder waren dabei Belgien, Dänemark, Deutschland, Finnland, Frankreich, Großbritannien, Italien, die Niederlande, Norwegen, Österreich, und Schweden, die bereits vor dem Stichtag oder aber am 1. Januar 1998 als erste anfingen, den nationalen Telekommunikationsmarkt zu liberalisieren.[37] Im weiteren Verlauf des Jahres 1998 folgten Luxemburg (1. Juli 1998) sowie Spanien (30. November 1998). In Irland und Portugal wurden die Direktiven zum 1. Januar 2000 umgesetzt, Griechenland folgte am 31. Dezember 2000. Die Entwicklungen dieser Phase sind in ABB. 3 zusammengefasst.

---

35 Vgl. Pelzel (2001), S. 257.

36 Vgl. Welfens/Graack (1996), S. 151.

37 Hierbei ist anzumerken, dass Großbritannien bereits 1984 mit der Liberalisierung des Telekommunikationsmarktes startete.

ABB. 3: Prozess der Telekommunikationsmarkt-Liberalisierung

3.2.3 Privatisierungstendenzen

3.2.3.1 Begriff der Privatisierung

Unter der Privatisierung wird der Rückzug des Staates aus eigener wirtschaftlicher Betätigung verstanden. In erster Linie ist damit der teilweise oder sogar vollständige Verkauf von Staatseigentum an Private gemeint.[38] Dadurch eröffnen sich den ehemals öffentlichen Unternehmen neue privatwirtschaftliche Chancen, wie beispielsweise externes Wachstum durch M&A-Aktivität. Auf der anderen Seite sind die jetzt privatwirtschaftlich geführten Unternehmen auch neuen Risiken unterworfen, wie beispielsweise dem Konkursrisiko.

3.2.3.2 Gründe für Privatisierungsentwicklungen

In den 90er Jahren ist eine groß angelegte Privatisierungswelle im europäischen Telekommunikationsmarkt zu beobachten. Die wesentlichen Argumente für die

---

38 Vgl. Laux (1993), S. 749.

Privatisierung der ehemals staatlichen Telekommunikationsunternehmen sollen dabei im folgenden Abschnitt diskutiert werden.

Es können fünf Problemhypothesen formuliert werden, die die potenziell negativen Auswirkungen des Staatsbesitzes bei Telekommunikationsunternehmen beschreiben:

- *Unzureichende Managementkapazität bei staatlichen Telekommunikations-Unternehmen führt dazu, dass Führungspersonal-Entscheidungen nicht ausschließlich nach Fähigkeiten getroffen werden.* Bei der Besetzung der Führungspositionen wird der Staat als Eigentümer die Auswahl des Personenkreises nicht allein nach Kriterien wie Fähigkeiten oder spezifischer Erfahrung treffen, sondern es spielen auch politische Ziele und Motivationen eine Rolle. Damit besteht die Gefahr, dass nicht die fähigsten Manager mit der Unternehmensführung beauftragt werden. Suboptimale Entscheidungen zu Investition und Innovation können daher die Folge einer verfehlten Personalpolitik bei der Besetzung von Spitzenpositionen sein.

- *Potentielle Einflussnahme der Politik auf Managemententscheidungen führt zu unzureichender Anpassungsflexibilität.* Neben dem Einfluss des Staates auf das Unternehmen auf der Basis des Eigentums am Telekommunikationsunternehmen bestehen auch politische Abhängigkeiten der Führungskräfte (beispielsweise aufgrund der Besetzungspraxis der Führungspositionen), die letztlich der Politik eine bedeutende Einflussnahme auf Führungsentscheidungen ermöglicht. Dadurch kann die Anpassungsflexibilität der Unternehmen erheblich beeinträchtigt werden. Betriebswirtschaftlich notwendige Entscheidungen, etwa zur Entlassung von Mitarbeitern oder Verlagerung von Standorten, können aufgrund politischer Zielsetzungen verzögert oder sogar verhindert werden, so dass der aus Unternehmenssicht wichtige Strukturwandel schlimmstenfalls nicht vollzogen werden kann.

- *Staatsbesitz erschwert Internationalisierungsbemühungen europäischer Telekommunikationsunternehmen.* Der Staatsbesitz bei Telekommunikations-Unternehmen beschränkt die Internationalisierungsmöglichkeiten des Unternehmens, da viele Länder Investitionen ausländischer Staatsunternehmen aus Souveränitätsüberlegungen heraus im eigenen Land nicht zulassen. Auch potenzielle private Kooperationspartner sind beim Eingehen von Partnerschaften mit Staatsunternehmen eher zurückhaltend, weil die Kontinuität der Unternehmenspolitik des staatlichen Partnerunternehmens fraglich erscheint und politisch willkürliche Änderungen der Unternehmenspolitik befürchtet werden.

- *Weniger effiziente Lösung des Prinzipal-Agenten-Konflikts aufgrund schlecht definierter Zielvorgaben und unzureichender Kontrolle.* Prinzipal-Agenten-Konflikte können in staatlichen Telekommunikationsunternehmen weniger effizient gelöst werden als in privatwirtschaftlich organisierten Unternehmen. Einerseits liegt dies an der unzureichenden Definition von Zielen für die Manager als Stellvertreter („Agenten“) des staatlichen Eigentümers („Prinzipal“). Häufig sich ändernde politische Prioritäten wie auch Regierungsverantwortung führen nämlich dazu, dass eine klare Zielsetzung für das Telekommunikationsunternehmen, an der die langfristige Unternehmenspolitik ausgerichtet werden kann, häufig nicht erkennbar ist. Ein weiterer Aspekt ist die unzureichende Kontrolle des Managements durch den Prinzipal: Die staatliche Bürokratie zieht prinzipiell keinen direkten Nutzen aus der erfolgreichen Entwicklung der Staatsunternehmen, die Kontrolle durch den Eigentümer Staat ist daher häufig schwach und der Druck zu optimalem Einsatz knapper Ressourcen gering.

- *Unklar oder schwach beschriebene Verfügungsrechte bei staatlichen Telekommunikationsunternehmen.* Der theoretische Ansatz der Verfügungsrechte (*Property Rights*) liefert weitere Argumente für die Privatisierung von Staatsunternehmen. Ausgangspunkt ist dabei die Überlegung, dass Verfügungsrechte im Privatunternehmen klarer definiert werden als wenn das Unternehmen in staatlicher Hand ist. Existieren eindeutige Verfügungsrechte, dann sind die individuellen Handlungsspielräume klar definiert, und es werden Anreize zu Investitionen und Kooperationen erzeugt. Ist jedoch das Gegenteil der Fall, also existieren unklar oder schwach beschriebene Eigentumsrechte, so kann dies zur

Folge haben, dass die Eigentümer auf Investitionen verzichten Diese Gefahr wird besonders bei Staatsunternehmen gesehen.[39]

- *Unzureichende Flexibilität bei Entlohnungssystemen führt zu Demotivation von Mitarbeitern und erschwert die Rekrutierung der fähigsten Kräfte.* Die Entwicklung von flexiblen und leistungsfördernden Entlohnungssystemen ist in staatlichen Unternehmen oft aufgrund bürokratischer Hemmnisse nicht zu realisieren. Dies hat zur Folge, dass die Mitarbeiter nicht angemessen nach erbrachter Leistung und verantworteten Aufgaben entlohnt werden können. Negative Auswirkungen dieser Beschränkungen sind, dass einerseits bestehende Mitarbeiter des Unternehmens über Lohnsignale nicht ausreichend motiviert und dass andererseits nicht die fähigsten Mitarbeiter für das Unternehmen am Arbeitsmarkt gewonnen werden können.

3.2.4 Veränderung des Telekommunikationsmarktes in Europa durch Deregulierung und Privatisierung

Liberalisierungs- und Privatisierungsanstrengungen in der Europäischen Union haben in nur wenigen Jahren zu einer erheblichen Intensivierung des Wettbewerbs geführt.

In jedem Land der Europäischen Union konnte deshalb bereits seit dem Jahr 2001, also nur drei Jahre nach dem breit angelegten Start der Liberalisierung, eine Vielzahl von Festnetz- und Mobilfunkanbietern gezählt werden.

Dieser verstärkte Wettbewerbsdruck blieb dabei nicht ohne Folgen für die Preisentwicklung. Berechnungen der Unternehmensberatung McKinsey&Company kamen zu dem Ergebnis, dass die Minutenpreise für Festnetz- und Mobilfunkgespräche im Zeitraum von 1998 bis 2001 in Europa um durchschnittlich fast 40 Prozent gefallen sind. Ausgangsbasis für die Analyse bilden dabei die Gesprächskosten für eine dreiminütige Verbindung während der Geschäftszeiten.

---

39 Vgl. Welfens/Graack (1996), S. 55.

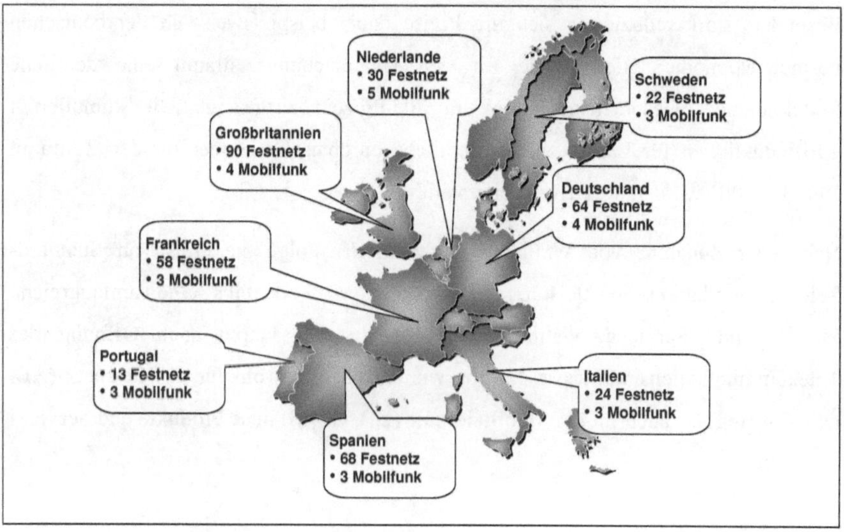

ABB. 4: Wettbewerbssituation Festnetz- und Mobilfunkanbieter in Europa im Jahr 2001[40]

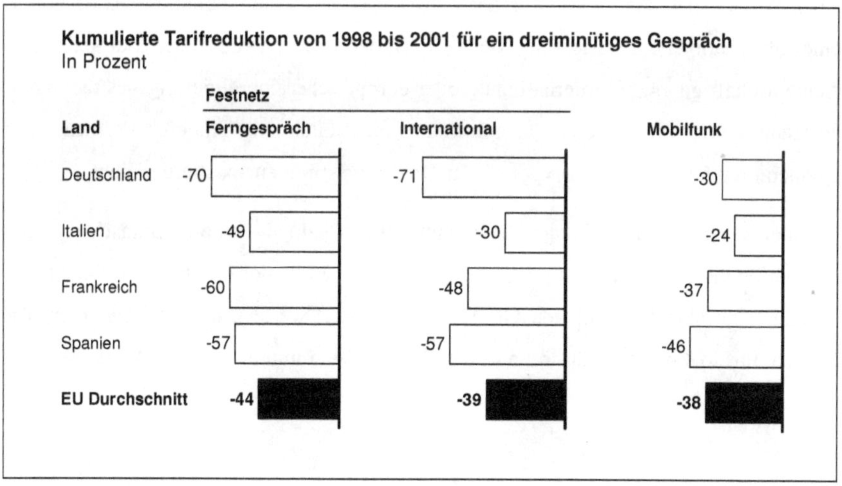

ABB. 5: Folgen des Wettbewerbs für Telekommunikationstarife[41]

---

40 McKinsey interne Analyse

Besonders stark reduzierten sich die Preise dabei beispielsweise in der deutschen Festnetztelephonie: Hier wurde für den Untersuchungszeitraum eine deutliche Reduktion der Gesprächsgebühren um 70 Prozent aufgezeigt. Die kumulierten Tarifreduktionen für Europa und wesentliche europäische Länder für den Zeitraum 1998 bis 2001 werden in ABB. 5 dargestellt.

Neben der Zunahme von Wettbewerb, der in der Folge die Preise für Standard-Telekommunikationsdienstleistungen reduzierte, war ebenfalls eine umfangreiche Produkt- und Serviceinnovation feststellbar. In den Jahren nach Öffnung des Telekommunikationsmarktes in Europa wurden dabei sowohl für das Festnetz (z.B. DSL-Zugang) als auch für die Mobiltelefonie (z.B. GPRS) neue Produkte und Services eingeführt.

3.3 Motive für M&A-Akitivtät im europäischen Telekommunikationsmarkt

Noch Anfang der 80er Jahre war der europäische Telekommunikationssektor durch eine rein nationale Ausrichtung der Staatsmonopole innerhalb der Europäischen Gemeinschaft geprägt.[42] Internationale oder europäische Koordinierungsbestrebungen bestanden nur im Bereich technischer Fragestellungen. Andere Formen der Kooperation, Dienstleistungsexporte oder Direktinvestitionen, existierten nicht.

Besonders über das letzte Jahrzehnt war jedoch eine voranschreitende Internationalisierung des europäischen Telekommunikationsmarktes beobachtbar. Hierfür kann eine Vielzahl von Gründen identifiziert werden, die im Folgenden als Motive für M&A-Aktivität im europäischen Telekommunikationsmarkt dargestellt werden.

---

41 McKinsey interne Analyse

42 Vgl. Welfens/Graack (1996), S. 219.

3.3.1 Motiv der Diversifikation

3.3.1.1 Branchen-Diversifikation

Hintergrund für die *Branchen-Diversifikation* ist die Überlegung, das Serviceangebot vom Wettbewerb zu differenzieren und damit eine bestehende Marktposition abzusichern und zu stärken. Eine Branchen-Diversifikation liegt beispielsweise vor, wenn Telekommunikationsunternehmen neben Sprachtelephonie in die Bereitstellung von Informationsinhalten diversifizieren. Die Akquisition des niederländischen Inhalte- und Fernsehproduktionsunternehmen *Endemol* durch das spanische Telekommunikationsunternehmen *Telefónica* kann als Beispiel für diese Art der Diversifikation herangezogen werden.

3.3.1.2 Internationalisierung vs. geografischer Fokus

Unternehmen des Telekommunikationsmarktes haben in den Jahren nach der Liberalisierung verstärkt Internationalisierungsstrategien verfolgt, um, wie in der Beschreibung der *Theorie zur Risikoreduktion* (siehe Abschnitt 2.1.3.1.1) skizziert, das Unternehmensrisiko zu vermindern. Als wesentlicher Risikofaktor kann dabei die Regulierung auf dem Heimatmarkt angesehen werden, weil diese erheblichen Einfluss auf die Preisentwicklung und damit auch auf die Marktanteile hat.

Der Eintritt in neue geographische Märkte ist jedoch auch nicht frei von Risiken, da er mit hohen Investitionen und weiteren länderspezifischen Risiken verbunden ist. Durch den Kauf eines bereits lokal bestehenden Unternehmens können finanzielle, materielle und personelle Ressourcen gebündelt und die Risiken des Eintritts in neue geografische Märkte reduziert werden.

3.3.2 Corporate-Control-Motiv

Nach der wirtschaftlichen und politischen Öffnung und Integration vieler osteuropäischer Länder ist auch die Forderung nach effizienten und modernen Telekommunikationsdienstleistungen in diesen Ländern gewachsen. Die erforderlichen Investitionen in Netzexpansion und Modernisierung sowie die Anforderungen an die Führung eines modernen Telekommunikationsunternehmens überfordern jedoch vielerorts die nationalen Telekomunternehmen. Entsprechend des in der *Corporate-Control-Theorie* diskutierten Effizienzarguments eröffnen sich hieraus Akquisitionsmöglichkeiten für effizientere Telekommunikationsunternehmen, die ihren Ausdruck in verstärkter M&A-Aktivität finden.

3.3.3 Synergie-Motiv

Komplementäre Kompetenzen stellen ebenfalls ein Argument für Akquisitionen von Telekommunikationsunternehmen dar. Hierbei kann beispielsweise das organisatorische und technische Wissen der ausländischen Telekomgesellschaften mit länderspezifischen Kompetenzen nationaler Kooperationspartner (beispielsweise mit dem nationalen Beziehungsgeflecht) zusammenkommen.

M&A-Aktivität von Telekom-Unternehmen kann zu spezifischen produktionsseitigen *Economies of Scope* führen, etwa dann, wenn Dienstleistungen erbracht werden, die an mehreren Stellen im zusammengeschlossenen Unternehmen gleichzeitig ohne Einschränkung verwendet werden können. Die Erstellung von Inhalten für Informationsportale im Mobiltelefonbereich kann beispielsweise hierzu angeführt werden. Ferner kann an die mehrmalige Nutzung von Kundeninformationen für unterschiedliche Telekommunikationsprodukte gedacht werden (beispielsweise für Festnetz, Mobilfunk, Internet).

3.3.4 Motiv der Marktmacht

Ein weiteres Argument für internationale M&A-Aktivität im Telekommunikationsmarkt stellt das Bestreben dar, eine Machtbalance zwischen Wettbewerbern wiederherzustellen, indem die M&A-Aktivität eines Wettbewerbers reziprok erwidert wird. Diese Art von M&A-Aktivität kann als Versuch interpretiert werden, die eigene Marktmacht abzusichern und den anderen Marktteilnehmer vor einem zu aggressiven Wettbewerb zu warnen.

Diese Art von M&A-Transaktionen zeigte sich beispielsweise in Asien, nachdem das in Singapur beheimatete Unternehmen Singtel den zweitgrößten Mobilfunkanbieter Australiens, das Unternehmen Optus, erworben hatte: Das ehemalige australische Telekom-Monopolunternehmen Telstra machte bereits einen Monat später ein Angebot für Singapurs zweitgrößten Mobilfunkanbieter M1.[43]

3.3.5 Externer Druck zu M&A aufgrund kundenseitiger Anforderungen

Automobilkonzerne, die chemische Industrie, Banken und Dienstleistungsunternehmen sind aufgrund ihrer Internationalität wichtige Kunden von Telekommunikationsdienstleistungen. Diese Unternehmen agieren heutzutage häufig mit einer weltweiten Konzernstrategie und vereinheitlichten Einkaufsverfahren für Produktionsfaktoren. In diesem Zusammenhang besteht bei multinationalen Unternehmen ein Interesse, auch Telekommunikationsdienstleistungen global von einem Anbieter beziehen zu können.[44] Daher kann die Internationalisierung der Kundenbasis als Grund für M&A-Aktivität im Telekommunikationsmarkt angesehen werden.[45]

3.4 Bisherige Ergebnisse zum Erfolg von M&A im Telekommunikationsmarkt

Trotz der zahlreichen Ereignisstudien zur M&A-Thematik gibt es wenige Studien, die sich auf den Telekommunikationsmarkt im Allgemeinen und auf Telekom-M&A in Europa im Speziellen konzentrieren. Ein wesentlicher Grund dafür ist die Tatsache, dass der Telekommunikationsmarkt, speziell in Europa, erst seit 1998 wirklich einen Markt darstellt, auf dem M&A-Aktivitäten interessant sind. Dies schlägt sich auch in kleinen Stichprobenzahlen bei den wenigen Arbeiten zum Telekommunikationsmarkt nieder. Viele Arbeiten zu M&A im Telekommunikationsmarkt haben außerdem eher den Charakter einer Fallstudie.

---

43 Vgl. Rieck (2002), S. 6.
44 Vgl. Pelzel (2001), S. 31.
45 Vgl. Graack (1997), S. 345.

Lys/Vincent (1995) untersuchen lediglich eine Transaktion in den USA, nämlich die Akquisition von *NCR* durch *AT&T*. Sie kommen dabei zu dem Ergebnis, dass die Transaktion für die Shareholder von *AT&T* Wert vernichtet hat. Diese Wertvernichtung hatte sich schon während der Verhandlungsphase durch negative Reaktionen am Kapitalmarkt abgezeichnet. Dass es dennoch zur Durchführung der Akquisition kam, wird mit dem Fehlverhalten des Managements erklärt, sei es bedingt durch Hybris oder einfach aufgrund von Fehleinschätzungen.

Ernst/Halvey (2000) vergleichen M&A-Aktivitäten mit Allianzen für alle Branchen und kommen dabei zu dem Ergebnis, dass Allianzen im Durchschnitt vom Kapitalmarkt besser bewertet werden als M&A-Aktivitäten. Dies trifft vor allem auf Unternehmen zu, die in einer Branche tätig sind, in der Hochtechnologie oder Medien/Entertainment eine Rolle spielen.

Shusterman/Norsworthy/Bessler (2000) untersuchen im Zeitraum 1996 - 1999 12 Transaktionen im nordamerikanischen Telekommunikationsmarkt. Diese 12 Transaktionen wurden von fünf verschiedenen Käufern durchgeführt: *Bell Atlantic, SBC Communications, AT&T, MCI Worldcom* und *Quest*. Die Autoren kommen zu dem Ergebnis, dass der Kapitalmarkt unterschiedlich auf die Bekanntgabe von *Long-distance*-Mergers versus *Local*-Mergers reagiert. Dieser Unterschied wird allerdings nur für das Käuferunternehmen, nicht jedoch für den Aktienkurs des Zielunternehmens festgestellt. Der Kurs des Käuferunternehmens bei *Local*-Mergers fällt am Bekanntgabetag und bleibt danach konstant, während der Kurs des Käuferunternehmens bei *Long-distance* Mergers auch nach dem Ankündigungstag weiter fällt.[46]

Mit der gleichen Datenstichprobe untersuchen Bessler/Shusterman/Norsworthy (2000) die Veränderung des kombinierten Marktwertes der am Merger beteiligten Unternehmen. Sie kommen zu dem Ergebnis, dass der kumulierte Markwert beider Unternehmen durch die Ankündigung des Mergers nicht steigt, da die positiven

46 Siehe auch Bessler/Shusterman/Norsworthy (2000, 2001).

Effekte auf den Kurs des Zielunternehmens von den negativen Kurseffeffekte auf den Kurs des Käuferunternehmens kompensiert werden. Die Interpretation der Autoren ist, dass die Anleger bei diesen Transaktionen keine Synergieeffekte erwarteten.

Wilcox/Chang/Grover (2001) untersuchen 44 M&A-Transaktionen im US-amerikanischen Telekommunikationsmarkt. Dabei legen sie einen besonderen Fokus auf die Erfolgsfaktoren Diversifikation (Verwandtschaftsgrad der beteiligten Unternehmen) und Firmengröße. Die Autoren kommen zu dem Ergebnis, dass M&A-Aktivitäten einen positiven Einfluss auf den Wert der beteiligten Unternehmen haben. Die Untersuchung unterscheidet jedoch nicht zwischen Käufer- und Zielunternehmen, so dass keine Aussage zu dem Effekt für Käuferunternehmen getroffen wird. Des Weiteren beobachten Wilcox/Chang/Grover (1995), dass Diversifikation in *verwandte* Industrien vom Kapitalmarkt besser bewertet wird als eine Diversifikation in unternehmensfremde Industrien.

In einer weiteren Studie von Besser/Shusterman/Norsworthy (2001) wird der Werteffekt von Telekommunikationsunternehmen in Europa und den USA untersucht. Die Untersuchung ergibt, dass US Mergers im Durchschnitt negativ, europäische Mergers im Gegensatz dazu im Durchschnitt positiv bewertet werden. Ferner wird festgestellt, dass sowohl US-amerikanische als auch europäische Märkte die durch die Ankündigung eines Mergers verbreitete Information effizient, das heißt in kürzester Zeit, verarbeiten. Die Autoren erklären die positiven Ergebnisse für die europäischen Märkte mit der Tatsache, dass die meisten der Merger sowohl mit Cash finanziert werden als auch grenzübergreifend sind, beides Faktoren, die in verschiedenen Arbeiten als positive Erfolgsfaktoren bestätigt werden.[47]

Trillas (2002) ist die erste Arbeit, die sich ausschließlich mit Telekommunikationsunternehmen in Europa beschäftigte, wobei der Autor sich auf die größten Transaktionen beschränkt und somit lediglich eine Stichprobe im Umfang von 12 Fällen untersucht. Trillas (2002) kann keine einheitlichen Ergebnisse für die 12 Fälle

47 Siehe Travlos (1987), Franks/Harris/Meyer (1988).

beobachten und kommt zu dem Schluss, dass Käuferunternehmen im Durchschnitt keinen Wertgewinn an M&A-Transaktionen verzeichnen. Das bedeutet, dass trotz der durch Deregulierung ausgelösten Restrukturierung die Shareholder der Unternehmen, die den Konsolidierungsprozess anführen, keine Zugewinne durch diesen Prozess verzeichnen können.[48]

Rieck (2002) kommt bei einer Untersuchung von 72 internationalen[49] Telekom-Transaktionen zu dem Ergebnis, dass im Durchschnitt keine signifikanten Bewegungen des Marktwertes beobachtet werden können. Die Betrachtung verschiedener Erfolgsfaktoren ergibt, dass eine Transaktion umso erfolgreicher ist, je kleiner der Käufer ist, wenn das Zielunternehmen in einer nahen geographischen Distanz angesiedelt ist oder wenn die Länder der beiden Unternehmen wirtschaftlich eng miteinander verknüpft sind.

Gross (2004) untersucht den branchenspezifischen Erfolg vertikaler und horizontaler Desintegrations- und Integrationsentscheidungen für den US-amerikanischen und europäischen Markt. Für die 37 Transaktionen aus dem Telekommunikationsmarkt im Zeitraum von 1998 bis 2001 kann der Autor positive Kapitalmarktreaktionen auf die Ankündigung der M&A-Transaktion beobachten, wobei horizontale Transaktionen grundsätzlich positiv bewertet werden, vertikale Integrationen jedoch nur, wenn es sich um eine Rückwärts-Integration handelt. Vorwärts-Integrationen werden negativ bewertet.[50] Die positiven Ergebnisse von horizontalen Integrationen erklärt der Autor mit einer positiven Bewertung der aktiven Expansions- und Konzentrationsstrategie, die eine bessere Wettbewerbsposition des Käuferunternehmens bewirkt. Die positiven Ergebnisse für vertikale Rückwärts-Integrationen können damit erklärt werden, dass unter dem Aspekt von relativ hohen technologischen Entwicklungskosten und Kosten zur Erstellung von Infrastruktur eine Akquisition eine besser vorhersehbare Ausgabe

48 Vgl. Trillas (2002), S. 275.

49 Das Käuferunternehmen ist jedoch immer US-amerikanischen Ursprungs und am NYSE oder an der NASDAQ gelistet.

50 Vgl. Gross (2004), S. 140ff.

darstellt als eine Eigenentwicklung. Die negativen Ergebnisse stammen jedoch aus einer sehr kleinen Fallzahl[51], so dass Gross (2004) auf eine weitere Interpretation verzichtet.

[51] N=3.

Autor	Lys/Vincent (1995)	Ernst/Halevy (2000)	Shusterman/Norswor-thy/ Bessler (2000a)	Bessler/Shusterman/ Norsworthy (2000)	Wilcox/Chang/Grover (2001)
Titel	"An analysis of value destruction in AT&T's acquisition of NCR"	"When to think alliance"	"Valuation Effect of Telecommunications Mergers"	Mergers in the U.S. Telecommunications Industry and Market Value"	"Valuation of mergers and acquisitions in the telecommunications industry: a study on diversification and firm size"
Besonderer Fokus	Akquisition von NCR durch AT&T	Alle Branchen, u.a. auch Telecom; Vergleich mit Allianzen	Große Mergers nach Telecommunications Act im Februar 1996	Grosße Mergers nach Telecommunications Act im Februar 1996	
Untersuchte Einflussfaktoren	keine	Akqirierter Anteil (kleiner/größer 50%)	Long-Distance vs. Local	Änderung von Marktwert, Wahrscheinlichkeit der Durchführung	Unternehmensgröße Verwandtschaftsgrad
Datenbestand					
Geographischer Fokus	USA	International	USA	USA	USA
Zeitraum	1991	1996-1998	1996-1999	1996-1999	1997-2000
Anzahl Fälle	1	273 (alle Branchen)	12	12	44
Auswahlkriterien	Spezieller Fall	n/a	Wert > 4 Mrd. USD	Wert > 4 Mrd. USD	Gelistet an AMEX, NYSE, oder NASDAQ
Methodik					
Renditeberechnung	diskret	n/a	n/a	n/a	n/a
Renditebereinigung	Marktmodell	CAPM	Marktmodell	Marktmodell	Marktmodell
Index	keine Marktbereinigung	n/a	US Telecom Sector Index	US Telecom Sector Index	n/a
Schätzperiode	360 Tage (Start 15 Tage vor Verhandlungsbeginn)	n/a	100 Tage (Start 110 Tage vor Event)	100 Tage (Start 110 Tage vor Event)	200 Tage (Start 201 Tage vor Event)
Ereignisperiode		n/a	71 Tage (-10;60)	71 Tage (-10;60)	2 Tage, (-1;0)
Renditeaggregation	CAR	n/a	CAR	CAR	CAR

Autor	Bessler/Shusterman/ Norsworthy (2001)	Akdogu (2003)	Trillas (2002)	Rieck (2002)	Gross (2004)
Titel	"Valuation Effects of Telecommunication Mergers: A Comparison of Europe and the United States"	"Gaining a Competitive Edge Through Acquisitions: Evidence from the Telecom Industry"	"Mergers, acquisitions and conrol of telecommunications firms in Europe"	"Value Creation in International Telecom Acquisitions"	„Branchenspezifischer Erfolg vertikaler und horizontaler Des//Integrationsent-scheidungen"
Besonderer Fokus	Große Mergers		Ausgesuchte mergers in Europa; besonders Ausführliche Fallstudie zu Telefonica	gelistet bei NYSE oder NASDAQ	Verschiedene Branchen, u.a. Telecom
Untersuchte Einflussfaktoren	Geographische Orientierung, Erfolg	Industriezugehörigkeit, Größe, Finanzierungsart, multivariate Analysen	keine, nur Gesamtsicht	Diversifikation, Geographischer Fokus, Firmengröße, Trade level des Landes	Diversifikation, Integrationsrichtung
Datenbestand					
Geographischer Fokus	USA, Europa	International	Europa	International	USA/Europa
Zeitraum	1996-2000	01/1996-12/2001	10/1999-5/2000	n/a	03/1998-06/2001
Anzahl Fälle	57	176	12	72	37 (in Telecombranche)
Auswahlkriterien	Wert > 4 Mrd. USD (USA)		Value > 1 Mrd. USD	an allen Tagen der Schätzperiode gelistet	Mehrheitsbeteiligungen
Methodik					
Renditeberechnung	n/a	n/a	n/a	n/a	n/a
Renditebereinigung	Marktmodell	Marktmodell	Marktmodell	Marktmodell	Marktmodell
Index	US/Europe Telecom Index	S&P 500 Index	n/a	Dow Jones Sector Titan Telecommunications	n/a
Schätzperiode	100 Tage (Start 110 Tage vor Event)	200 Tage (Start 255 Tage vor Event)	250 Tage (Start 290 Tage vor Event)	270 Tage (Start 280 Tage vor Event)	n/a
Ereignisperiode	71 Tage (-10;60)	2 Tage (-1,0)	Je Fall verschieden, Länge von 3 Tagen-3 Monate	21 Tage (-10,10)	4 Tage (-2;1)
Renditeaggregation	CAR	CAR	CAR	CAR	CAR

TAB. 11: Übersicht zu Ereignisstudien mit Fokus auf M&A-Aktivitäten im Telekommunikationsmarkt

3.5 Fallstudien zu M&A-Transaktionen im europäischen Telekommunikationsmarkt

Nachdem im ersten Teil des Kapitels ein Überblick über wesentliche empirische Forschungsarbeiten zur Telekom-M&A gegeben wurde, werden an dieser Stelle nun drei ausgewählte Telekom-M&A-Beispiele in Fallstudien beschrieben, die im Untersuchungszeitraum das Thema M&A im Telekommunikationsmarkt in die öffentliche Diskussion gebracht und dadurch das Interesse an weiterer empirischer Forschung am Untersuchungsobjekt geweckt haben.

3.5.1 Die Übernahme von o.tel.o communications durch die Mannesmann AG

3.5.1.1 Beschreibung des Zielunternehmens o.tel.o

Im Jahr 1997 legten die deutschen Energieunternehmen *RWE AG* sowie *Veba AG* ihre Telekommunikations-Aktivitäten „*RWE Telliance*“ sowie „*Vebacom*“ zusammen und gründeten das Unternehmen *„o.tel.o communications GmbH“*. Die *„o.tel.o communications GmbH“* hatte bei ihrer Gründung drei Gesellschafter: Die *Veba AG* hielt 40% der Anteile, die *RWE AG* 37,5% und der bisherige Partner der *Veba AG* bei *Vebacom*, *Cable&Wireless*, die restlichen 22,5%. Den Energieunternehmen wurde nach der Liberalisierung der Festnetztelephonie in Deutschland eine große Bedeutung für den Wettbewerb zugeschrieben. Hierfür wurde eine Vielzahl von Argumenten angeführt:

- *Existierende Kundenbeziehungen.* Aufgrund ihrer bestehenden Kundenbeziehungen im Energiegeschäft sowohl zu Privat- wie auch zu Geschäftskunden wurde vermutet, dass Energieunternehmen durch Eintritt in die Festnetztelephonie in kurzer Zeit eine kritische Masse von Privat- und Geschäftskunden im Telekommunikationsbereich akquirieren und somit schnell zu einem ernstzunehmenden Konkurrenten für die *Deutsche Telekom* heranwachsen könnten.
- *Finanzkraft der Energieunternehmen.* Deutsche Energieunternehmen wiesen zum Zeitpunkt der Liberalisierung des Festnetzmarktes hohe Rücklagen auf, die

es ihnen ermöglichen würden, die nötigen Investitionen in den Netzaufbau zu tätigen.

Zum Zeitpunkt der Transaktion verfügte *o.tel.o* über eine Glasfasernetz-Infrastruktur von mehr als 11.000 Kilometern. Dieses Glasfasernetz war entlang der bestehenden Stromleitungen der *RWE AG*, von *Preussenelektra* sowie entlang der Gasleitungen des Unternehmens *Wingas* errichtet worden. Außerdem beschäftigte das Unternehmen über 2.800 Mitarbeiter.

Die *o.tel.o communications GmbH* legte den Schwerpunkt der Geschäftsaktivitäten auf die Festnetztelephonie für das Privatkundensegment, erwarb jedoch kurz vor der zu beschreibenden Transaktion eine Mehrheitsbeteiligung am Mobilfunkanbieter *E-Plus*[52] und baute ihre Fähigkeiten im Multimediabereich durch die Übernahme der *Germany-Net*, die bereits 600.000 Kunden im Internetbereich hatte, weiter aus.

Im Jahr 1998 begannen die Gesellschafter der *o.tel.o communications* jedoch, ihr Engagement im deutschen Telekommunikationssektor zu überdenken. *Cable&Wireless* hatte schon früher entschieden, sich nicht weiter bei o.tel.o zu engagieren, sondern sich auf den Telekommunikationsmarkt in Großbritannien zu fokussieren. Die deutschen Energieunternehmen *RWE AG* und *Veba AG* zweifelten aufgrund des starken Preis- und damit auch Margenverfalls auf dem deutschen Festnetztelephoniemarkt an der Refinanzierung ihrer Investitionen auf dem deutschen Telekommunikationsmarkt. Die starken Marktanteilsverluste des ehemaligen Monopolisten *Deutsche Telekom* im Festnetzgeschäft verstärkten die Zweifel der Energieunternehmen an der Diversifikation in den Telekommunikationssektor. Sie fürchteten eine analoge Entwicklung wie in der Festnetztelephonie im Energiemarkt, der ebenfalls liberalisiert wurde. Vor diesem Hintergrund wurde entschieden, sich auf das angestammte Geschäftsfeld Energie zu fokussieren und sich aus dem Telekommunikationsmarkt zu verabschieden.

---

52 Die *o.tel.o communications GmbH* erwarb im August 1998 eine Mehrheitsbeteiligung an dem Mobilfunkanbieter *E-Plus*. Dabei wurde ein Kaufpreis von 2,3 Milliarden DM bezahlt.

3.5.1.2 Beschreibung des Käuferunternehmens Mannesmann AG

Bis 1990 war die *Mannesmann AG* ein diversifizierter Industriekonzern, der seine Ursprünge im Röhrengeschäft hatte und durch M&A-Aktivitäten eine starke Diversifikation in den Maschinen- und Anlagenbau (Übernahme der *Demag AG* sowie der *Krauss Maffei AG*) sowie in den Bereich der Automobilzulieferer (Übernahme der *VDO Adolf Schindling AG*, Übernahme der *Fichtel&Sachs AG*) vorangetrieben hatte.

Durch den Erwerb einer Mobilfunklizenz in Deutschland wurde die *Mannesmann AG* 1990 im Telekommunikationsmarkt aktiv. Diesem Geschäftsfeld wurde damals eine besondere strategische Bedeutung zuteil, und Mannesmann wurde in diesem Geschäftsfeld zu einem ebenso wichtigen Akteur wie das ehemalige Staatsunternehmen *Deutsche Telekom AG.* Einige Jahre nach dem Eintritt ins Mobilfunkgeschäft wurde die *Mannesmann AG* auch im deutschen Festnetzgeschäft aktiv. Im Jahr 1997 gründete *Mannesmann* gemeinsam mit der Deutschen Bahn das Festnetzunternehmen *Mannesmann Arcor AG*, in das die Deutsche Bahn wesentliche Infrastruktur in Form des bahneigenen Telekommunikationsnetzes einbrachte.

Die Liberalisierung der Telekommunikationsmärkte in Europa ermöglichte der *Mannesmann AG* eine weitere Expansion in andere geographische Märkte. In Italien erwarb das Unternehmen 1998 den Mobilfunkanbieter *Omnitel* sowie das Festnetztelephonie-Unternehmen *Infostrada.* Weitere Beteiligungen wurden in Frankreich, Großbritannien und Österreich getätigt. Der Erfolg der *Mannesmann AG* im Telekommunikationssektor führte dazu, dass die ursprünglichen Geschäftsbereiche Röhren sowie Maschinen- und Anlagenbau Ende der 90er Jahre nur noch eine untergeordnete Rolle im Konzern spielten.

3.5.1.3 Beschreibung der M&A-Transaktion

Die *Mannesmann AG* kaufte am 1. April 1999 das Festnetzunternehmen *o.tel.o communications GmbH* zu einem Übernahmepreis von rund 1,2 Milliarden Euro.

Mannesmann finanzierte den Kaufpreis über eine Kapitalerhöhung. Das übernommene Unternehmen o.tel.o wurde in die Festnetztochter *Mannesmann Arcor* integriert.[53]

3.5.1.4 Beschreibung der Transaktionsmotive

Als Motive für diese M&A-Transaktion werden eine Reihe von Argumenten vorgebracht, die im Folgenden kurz dargestellt werden:

- *Synergie-Motiv*: Es wurden bedeutende Synergiepotentiale in verschiedenen Bereichen der Unternehmensaktivitäten, etwa auf der Kundenseite, der Produktseite sowie der Infrastrukturseite angenommen, die erhebliches Einsparpotential vermuten ließen.

    - *Komplementäre Kundenbeziehungen*: Mannesmann *Arcor* war schwerpunktmäßig im Geschäftskundensegment erfolgreich, während *o.tel.o communications* eine starke Stellung im Privatkundengeschäft erarbeitet hatte.

    - *Ergänzende Netzinfrastruktur*: Es wurde erwartet, dass die komplementäre Netzinfrastruktur den zukünftigen Investitionsbedarf reduzieren würde und dass sich auch der bundesweite Netzaufbau beschleunigen würde.

    - *Realisierung von Kostensynergien*: Erhebliche Kostensynergiepotentiale wurden bei Kundeninformations- und Abrechnungssystemen vermutet, die vom Kunden nicht markenspezifisch wahrgenommen werden. Aufgrund der Zusammenlegung von Infrastruktur und Back-Office-Funktionen wurde vermutet, dass rund 1.000 Arbeitsplätze abgebaut werden könnten.

    - *Stärkung des Zukunftsfeldes Internetdienstleistungen*: Die Übernahme von *o.tel.o* steigerte die Zahl der Internetdienstleistungskunden von bestehenden 100.000 (*Mannesmann Arcor*) auf 700.000. Die Erreichung

53 Datenquelle der Angaben: MergerMarket Datenbank.

kritischer Masse im Bereich der Internetdienstleistungen ließ Ertragssynergien für die *Mannesmann AG* in diesem Geschäftsfeld vermuten.[54]

- *Marktmacht-Motiv: Erreichen von kritischer Masse im deutschen Telekommunikationsmarkt*: Durch die Transaktion wurde die *Mannesmann AG* die Nummer zwei im deutschen Telekommunikationsmarkt. Die Übernahme von *o.tel.o* rundete die Telekommunikationsaktivitäten von Mannesmann im deutschen Festnetzgeschäft ab und verbesserte entscheidend die weiteren Möglichkeiten zum Aufbau des Festnetzes. Somit sollte die Transaktion auch der Steigerung der Marktmacht dienen.[55]

3.5.2 Die Übernahme der *Telecom Italia* durch *Olivetti*

3.5.2.1 Beschreibung des Zielunternehmens Telecom Italia

Die *Telecom Italia* wurde 1994 als Zusammenschluss von fünf staatlich betriebenen Telekommunikationsunternehmen als das nunmehr einzige staatliche Telekommunikationsunternehmen gebildet.[56] Im Zuge der Umsetzung der Richtlinien der Europäischen Kommission zur Liberalisierung des Telekommunikationssektors wurde die staatliche *Telecom Italia* im November 1997 mittels eines international organisierten Initial Public Offerings fast vollständig privatisiert. Der Staat behielt mit einer so genannten *goldenen Aktie* ein Vetorecht, das dann aufleben sollte, sobald sich ein anderer Aktionär mit mehr als 3% an der *Telecom Italia* beteiligte.[57] Nach der Privatisierung erwarb sich die *Telecom Italia* jedoch aufgrund andauernder Corporate

---

54 Vgl. Beitel (2002), S. 18 zu Ertragssynergien.

55 Zur Beschreibung der Marktmacht-Hypothese vgl. Scherer (1970), S. 112, sowie Berger/Demsetz/Strahan (1999), S. 144f.

56 Vgl. Baroncelli (1998), S. 378ff; Es existierten fünf nationale Operators für die dezidierten Bereiche lokale Telefonie, nationale Telefonie (long distance), Kommunikation auf See (maritime), Satellitenkommunikation sowie interkontinentale Kommunikation.

57 Daneben war vorgesehen, dass Beschlüsse über eine Fusion, Verlagerung oder auch Aufspaltung der *Telecom Italia* ebenfalls der Genehmigung der Regierung bedürfen; vgl. Bubik (2005), S. 170.

Governance Probleme den Ruf eines führungslosen und chaotischen Unternehmens.[58] Dieser Eindruck wurde durch den mehrfachen Austausch der Führungskräfte noch verstärkt: Die Konzernspitze der *Telecom Italia* wurde nämlich innerhalb von weniger als zwei Jahren dreimal ausgetauscht.[59] Ergebnis dieser Managementsituation war, dass typische Probleme ehemals staatlicher Telekommunikationsunternehmen, wie eine zu hohe Kostenstruktur und mangelnde Kundenorientierung, viel zu langsam angegangen werden konnten.[60]

3.5.2.2 Beschreibung des Käuferunternehmens Olivetti

Die Ursprünge von *Olivetti* gehen auf das Jahr 1908 zurück, als Camillo Olivetti in der Nähe von Turin ein Unternehmen zur Produktion von Schreibmaschinen gründete. In den 80er Jahren wurde *Olivetti* zu einem der bedeutendsten Hersteller von Bürokommunikationsgeräten in Europa. Das Produktspektrum reichte von elektronischen Schreibmaschinen über Faxgeräte, Photokopierer und Drucker bis hin zu Computern. Anfang der 90er Jahre stieg das Unternehmen über die Tochtergesellschaft *Omnitel* in den italienischen Mobilfunkmarkt ein. In der Folge wurde das Telekommunikationsgeschäft weiter ausgebaut. 1997 wurde zu diesem Zweck eine Allianz mit der deutschen *Mannesmann AG* gebildet. Als äußeres Zeichen des stetigen Unternehmenswandels wurde die Computersparte des Unternehmens verkauft, da sie aufgrund sinkender Margen in der Computerindustrie nicht mehr Teil der Wachstumsstrategie des Unternehmens war. Olivetti engagierte sich über das Unternehmen *Infostrada* ab 1998 auch auf dem liberalisierten Markt für Festnetzkommunikation.

---

58 So merkte die Zeitung "The European" ein Jahr nach der Privatisierung an: "Company strategy has repeatedly taken second place to the battle of egos", erschienen am 22. Juni 1998.

59 Im britischen Economist erschien folgender Kommentar: "As Italy gets through governments, so *Telecom Italia* gets through managers", erschienen am 17. Oktober 1998.

60 Vgl. Bubik (2005), S. 170.

3.5.2.3 *Beschreibung der M&A-Transaktion*

Die wesentlichen Schritte des Übernahmeprozesses sind in ABB. 6 dargestellt. Bereits Anfang 1999 kamen in Italien Gerüchte auf, dass der Technologiekonzern Olivetti an der Übernahme der Telecom Italia interessiert sei.

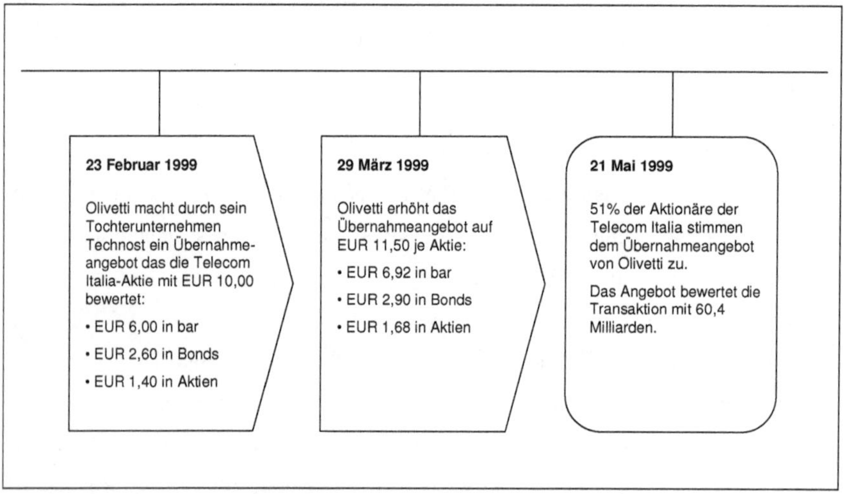

ABB. 6: Chronik der Übernahme der *Telecom Italia* durch *Olivetti/Tecnost*

Das Management der *Telecom Italia* wollte jedoch eine Übernahme durch Olivetti verhindern und schlug deshalb auf der Hauptversammlung eine Reihe von Maßnahmen vor, die das Angebot abwehren und den Übernahmepreis erhöhen sollten. Diese Maßnahmen beinhalteten die volle Übernahme der Mobilfunktochter *TIM* sowie den Vorschlag, eigene Aktien zurückzukaufen. Als weitere Abwehrmaßnahme wurde die Umwandlung stimmrechtsloser Vorzugsaktien in stimmberechtigte Stammaktien diskutiert. Auf der einberufenen außerordentlichen Hauptversammlung konnten allerdings keine ausreichenden Mehrheiten für die Vorschläge erreicht werden. Anzumerken ist bei dieser Transaktion auch, dass im Übernahmeprozess die *Deutsche Telekom* als möglicher alternativer Partner der *Telecom Italia* auftrat. Das von der *Deutschen Telekom* bekannt gegebene Merger-Angebot bewertete die *Telekom Italia*-Aktie mit über €12,00, also höher als das zweite von Olivetti abgegebene Angebot von €11,50 je Aktie. Am 21. Mai 1999 wurde auf der Hauptversammlung jedoch von

Aktionären der *Telekom Italia* die Offerte von *Olivetti*, die die *Telecom Italia* mit €60,4 Milliarden bewertete, mit einer Mehrheit von 51% angenommen.

3.5.2.4 Beschreibung der Transaktionsmotive

Wesentliches Motiv für die Transaktion war das Bestreben *Olivettis*, das neue Kerngeschäft Telekommunikation schnell voranzutreiben und gleichzeitig die nötigen erheblichen Rationalisierungsmaßnahmen beim ehemaligen Staatsunternehmen rasch einzuleiten.

- *Diversifikations-Motiv:* Die Transaktion führte zu einer deutlichen Beschleunigung des Ausbaus der neuen Telekommunikationssparte: Hauptargument aus Sicht von *Olivetti* war das schnelle Erreichen von kritischer Masse auf dem italienischen Telekommunikationsmarkt, da für die Folgejahre erhebliche Wachstumsschübe für den Telekommunikationssektor vorhergesagt wurden.[61]
- *Synergie-Motiv:* Es wurde vermutet, dass durch die Übertragung der schlanken Organisationsstrukturen von *Olivetti* auf die *Telecom Italia* erhebliches Potential für Kosteneinsparungen bestünde. Dieses Argument fällt in den Bereich der Effizienz-Hypothese.[62] In diesem Zusammenhang wurden gerade auch die Fähigkeiten des *Olivetti*-Managements hervorgehoben, die bei der *Telecom Italia* notwendigen Rationalisierungsmassnahmen schnell umzusetzen und das bisher leistungsschwache Management abzulösen.[63]

---

61 Für Olivetti bedeutete diese Transaktion allerdings auch, sich von seinen bisher sehr erfolgreichen italienischen Telekommunikationsunternehmen *Omnitel* sowie *Infostrada* aus kartellrechtlichen Gründen zurückziehen zu müssen.

62 Zur Beschreibung der Effizienz-Hypothese vgl. Banarjee/Cooper (2000), S. 17; ferner siehe Ausführungen in Abschnitt *2.1.3.3 Die Effizienz-Hypothese* in dieser Arbeit.

63 Vgl. Bubik (2005), S. 172. Dieses Argument wird in der M&A-Motivtheorie in den Corporate Control-Hypothesen beschrieben, die auf der Agency-Theorie beruhen und auf Jensen/Ruback (1983) zurückgehen. Siehe auch Abschnitt *2.1.3.7 Die Corporate Control-Hypothesen* in dieser Arbeit.

3.5.3 Die Übernahme der Mannesmann AG durch Vodafone Plc.

3.5.3.1 Beschreibung der weiteren Entwicklung der Mannesmann AG

Durch die bereits beschriebene M&A-Transaktion, die Übernahme der *o.tel.o communications GmbH* durch die *Mannesmann AG*, war die *Mannesmann AG* in Deutschland der wichtigste Konkurrent der *Deutschen Telekom* geworden. Analog zur *Deutschen Telekom*, die in Großbritannien den viertgrößten Mobilfunkanbieter, das Unternehmen *One-2-One*, übernahm, wollte auch *Mannesmann* dort in den Mobilfunkmarkt einsteigen. Vor diesem Hintergrund erwarb das Unternehmen im Oktober 1999 den drittgrößten Mobilfunkanbieter Großbritanniens, *Orange*. *Mannesmann* zahlte damals einen Kaufpreis von 60 Milliarden DM, was bei rund 3,5 Millionen Kunden einem Wert von 17.000 DM je Kunde entsprach. Der Kaufpreis wurde zu 60% in eigenen Aktien abgewickelt. Durch die Übernahme von *Orange* erwarb *Mannesmann* Beteiligungen an Mobilfunkanbietern in Belgien, Israel, Österreich und der Schweiz, so dass sich die europäische Marktabdeckung des Unternehmens weiter verbesserte. Der Kauf von *Orange* wurde auch unter anderen Gesichtspunkten interpretiert: Da die *Mannesmann AG* bereits in Spekulationen von Aktienanalysten als potentielles Übernahmeziel der britischen *Vodafone* gehandelt wurde, machte die Akquisition von *Orange* die *Mannesmann AG* weniger attraktiv für *Vodafone*, da im Heimatmarkt Großbritannien im Falle einer Übernahme erhebliche kartellrechtliche Probleme entstehen würden, die nur durch eine Desinvestition von *Orange* gelöst werden könnten.

3.5.3.2 Beschreibung des Käuferunternehmens Vodafone

Das britische Elektronikunternehmen *Racal Radio Group* gründete 1983 nach Ersteigerung einer analogen Mobilfunklizenz das Tochterunternehmen *Vodafone*, das sich auf den Aufbau eines analogen Mobilfunknetzes konzentrieren sollte. Der analoge Mobilfunk wurde 1985 eingeführt. In den Folgejahren wuchs das Mobilfunkgeschäft national derart an, dass 1991 eine Abspaltung der Telekommunikationsaktivitäten von der *Racal Radio Group* vorgenommen wurde und *Vodafone* sich fortan auch um internationales Wachstum bemühte. Neben weiterer Expansion in Europa (z.B.

Minderheitsbeteiligung an *E-Plus* von 17,25%) schien es das strategische Ziel des Managements zu sein, ein weltweites Mobilfunkunternehmen aufzubauen. Zu diesem Zweck wurde 1999 das zweitgrößte nordamerikanische Mobilfunkunternehmen *Airtouch* übernommen. Der Preis dieser Transaktion betrug rund 61 Milliarden USD. Durch diese Akquisition erlangte *Vodafone* auch eine Beteiligung an der Mannesmann Mobilfunktochter *D2* in Höhe von 35% sowie weitere Beteiligungen an Mobilfunkanbietern in Italien, Portugal und Spanien, die *Vodafone* halfen, die Flächenabdeckung in Südeuropa zu verbessern.

3.5.3.3 Beschreibung der M&A-Transaktion

Die wesentlichen Schritte des Übernahmeprozesses sind in ABB. 7 dargestellt. Am 14. November 1999 wurde dem Vorstand der *Mannesmann AG* durch die britische *Vodafone* ein Übernahmeangebot gemacht, das vorsah, eine Aktie der *Mannesmann AG* gegen 43,7 Aktien von *Vodafone* einzutauschen. Die *Vodafone* Offerte wurde jedoch vom Management der *Mannesmann AG* unter Führung des Vorstandsvorsitzenden Klaus Esser als zu niedrig abgewehrt. *Mannesmann* wollte seine Unabhängigkeit behalten und argumentierte, dass ein integrierter Telekommunikationskonzern, der Festnetztelephonie, Mobilfunk sowie Internetdienste aus einer Hand anbieten kann, stärkeres Ertragswachstum zu erwarten hätte als ein auf Mobilfunk fokussiertes Unternehmen wie Vodafone.[64]

---

64 Vgl. Bubik (2005), S. 160: Klaus Essers Argument, dass der Wertzuwachs einer selbständig agierenden *Mannesmann AG* höher sei als eine Kombination mit *Vodafone*, stützte sich auf Analysen, die besagten, dass durch eine integrierte Strategie der Zusammenführung von Mobil-, Festnetz-, sowie Datenkommunikation auf europäischer Ebene eine jährliche EBITDA-Steigerung von 60% zu erwarten sei. Für eine reine Mobilfunkstrategie wurden jedoch lediglich EBITDA-Steigerungen von unter 30% ausgewiesen.

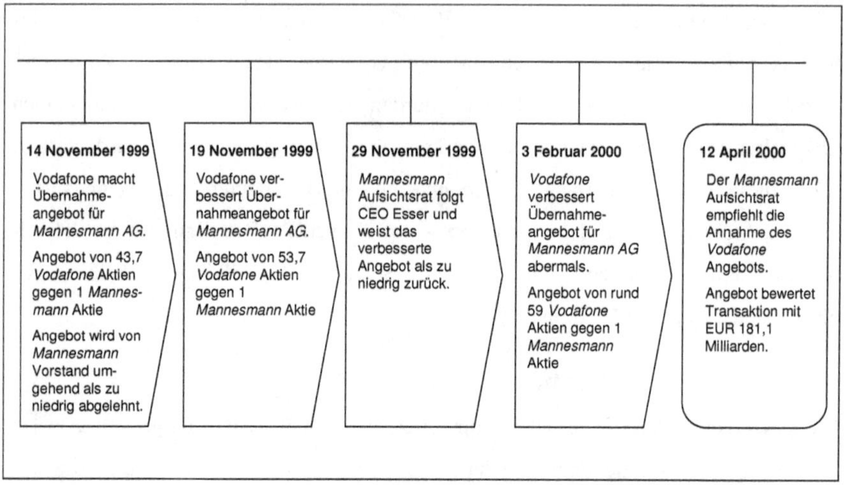

ABB. 7: Chronik der Übernahme der *Mannesmann AG* durch die *Vodafone Plc.*

Am 19. November 1999 richtete *Vodafone* ein verbessertes Übernahmeangebot direkt an die Aktionäre der *Mannesmann AG.* Diese sollten nun statt der ursprünglich 43,7 *Vodafone*-Aktien je *Mannesmann* Aktie 53,7 *Vodafone* Aktien je *Mannesmann* Anteilsschein erhalten, was die *Mannesmann AG* zum damaligen Zeitpunkt mit rund €130 Milliarden bewertete. Die Aktionäre der *Mannesmann AG* hätten bei Annahme dieses Aktientausch-Angebots an der kombinierten Unternehmung einen Anteil von über 47% erhalten.

Nachdem ein letzter Abwehrversuch des *Mannesmann* Managements, der darauf abzielte, die Telekommunikationsaktivitäten mit denen des französischen Mischkonzerns *Vivendi* zusammenzulegen, gescheitert war, trat *Mannesmann* in direkte Verhandlungen mit *Vodafone* ein. Die Vorstände von *Vodafone* und *Mannesmann* präsentierten am 3. Februar 2000, nur wenige Tage vor Ablauf der Umtauschfrist, ein abermals verbessertes Umtausch-Angebot, das ein Tauschverhältnis von rund 59 *Vodafone* Aktien gegen eine *Mannesmann* Aktie vorsah. Die Gesamtbewertung der *Mannesmann AG* belief sich damit auf über €180 Milliarden, und *Mannesmann* Aktionäre würden einen Anteil von 49,5% an dem kombinierten Unternehmen halten.

Am 12. April 2000 empfahl der Aufsichtsrat schließlich den Aktionären, die bisher ihre Aktien nicht gegen *Vodafone* Anteilsscheine eintauschen wollten, die Annahme der Übernahmeofferte. Die Übernahme von *Mannesmann* durch *Vodafone* stellte ein Novum in Deutschland dar, da es sich hierbei um die erste erfolgreiche feindliche Übernahme eines bedeutenden deutschen Unternehmens durch ein ausländisches Unternehmen handelte.

3.5.3.4 Beschreibung der Transaktionsmotive

Wesentlich Argumente für die Transaktion aus Sicht des Käuferunternehmens waren die Verbesserung der europäischen Marktposition sowie die Realisierung von erheblichen Synergien auf Kosten- wie Ertragsseite.

- *Diversifikations-Motiv:* Durch die Übernahme der *Mannesmann AG* konnte *Vodafone* zwei europäische Volumenmärkte, Deutschland und Italien, in denen das Unternehmen bisher lediglich über Beteiligungen aktiv war, in das eigene Netz integrieren und geografisch diversifizieren.[65]

- *Synergie-Motiv:* Realisierung von erheblichen Synergiepotentialen in Höhe von 0,8 Milliarden Euro bis 2003: *Vodafone* vermutete, dass durch die Übernahme der *Mannesmann AG* bedeutende Kosten- und Ertragssynergien realisiert werden könnten.[66] Konkret wurde vermutet, durch die Übernahme bedeutsame Ertragssynergien realisieren zu können, die etwa zu 20% höheren Einnahmen führen sollten. Ferner wurde angenommen, dass die Zusammenlegung von Zentralfunktionen, die Bündelung der Einkaufsaktivitäten sowie ein optimiertes Sachinvestitionsprogramm zu einer Kostenreduktion von rund 40% führen würde.

---

65 Vodafone hielt in Deutschland eine Beteiligung an der *Mannesmann D2* in Höhe von rund 35%, in Italien war das Unternehmen an dem Mobilfunkbetreiber *Omnitel* mit rund 22% beteiligt.

66 Nach der Synergie-Hypothese kann der Unternehmenswert durch M&A-Aktivität gesteigert werden, vgl. Jensen/Ruback (1983), S. 5ff., sowie Abschnitt *2.1.3.2 Die Synergie-Hypothese* in dieser Arbeit.

- *Marktmacht-Motiv:* Die europäische Kundenbasis stieg auf 30 Millionen Mobilfunknutzer an. Somit wurde durch die Transaktion die Marktmacht des Unternehmens gestärkt.[67]

[67] In der M&A-Motivtheorie wird dieses Phänomen auch als Marktmacht-Hypothese beschrieben, vgl. Trautwein (1990), S. 284. Eine Beschreibung der Marktmacht-Hypothese findet sich im Abschnitt *2.1.3.5 Die Redistributions-Hypothesen* dieser Arbeit.

4 Modell- und Hypothesenbildung

Wie in Kapitel 2 beschrieben, wird der Begriff M&A in dieser Arbeit synonym für Strategien verwendet, die den Zusammenschluss oder den Erwerb von Unternehmen und Unternehmensbeteiligungen zum Inhalt haben.[1] In diesem Kapitel wird zuerst festgelegt, was in dieser Arbeit unter Erfolg einer Transaktion zu verstehen ist. Danach werden auf Basis der betriebswirtschaftlichen Theorie Hypothesen zu Erfolgsfaktoren für M&A-Transaktionen aufgestellt, die später in dieser Arbeit empirisch überprüft werden.

4.1 Erfolg und Erfolgsmaßstab

Wie bereits in Kapitel 2.2 dargestellt, existiert eine Vielzahl an Perspektiven zum Erfolg einer M&A-Transaktion. In dieser Arbeit soll der Erfolg der M&A-Transaktion aus Sicht der Aktionäre des Käuferunternehmens betrachtet werden.

Aus deren Sicht ist das vorrangige Ziel der M&A-Transaktion die Steigerung des Unternehmenswertes. Präziser wird hierbei in der angelsächsischen Literatur vom *Shareholder Value* gesprochen, also dem Wert des Eigenkapitals, das die Aktionäre dem Unternehmen zur Verfügung stellen.[2] Eine M&A-Transaktion wird nur dann als erfolgreich angesehen, wenn sie zu einer Steigerung des *Shareholder Values* führt und damit den Wert des von den Aktionären bereitgestellten Eigenkapitals erhöht.

Erfolg wird dabei gemessen, in dem die Steigerung des Aktienkurses des Käuferunternehmens betrachtet wird. Operationalisiert wird der *Shareholder-Value*-Ansatz über die Methode der Ereignisstudie (siehe Kapitel 5 zur Methodik), bei der die Höhe sowie die Geschwindigkeit der außerordentlichen Aktienkursreaktion innerhalb des Beobachtungszeitraumes gemessen werden.

---

1 Vgl. Reicheneder (1992), S. 14.
2 Vgl. Rappaport (1986), S. 138ff.

4.2 Modellüberblick

Bei der Hypothesen-Formulierung werden drei Gruppen von Erfolgsfaktoren berücksichtigt:

- Gruppe 1: Erfolgsfaktoren, die auf Basis der M&A-Motive (vgl. Abschnitt 2.1.3) hergeleitet werden können und die in dieser Arbeit als *Kernfaktoren* beschrieben werden.
- Gruppe 2: Weitere aus der betriebswirtschaftlichen Theorie ableitbare Erfolgsfaktoren (*Erweiterte Kernfaktoren*).
- Gruppe 3: Erfolgsfaktoren, die nicht aus der Theorie abgeleitet werden, die aber in empirischen Arbeiten häufig als Erfolgsvariablen überprüft werden und als *Moderatorvariablen* in diese Untersuchung eingehen.

Dabei werden in der späteren empirischen Analyse (siehe Kapitel 6) für die Erfolgsfaktoren aller drei Gruppen *univariate Analysen* durchgeführt. Aufbauend auf den auf den M&A-Motivtheorien basierenden Erfolgsfaktoren aus Gruppe 1 (den so genannten *Kernvariablen*), werden dann *multivariate Modelle* aufgestellt und empirisch überprüft. Dabei werden die weiteren Erfolgsfaktoren als Kontrollvariablen in die Untersuchung mit einbezogen.

4.3 Erfolgsfaktoren auf Basis der M&A-Motivtheorie

4.3.1 Diversifikation in neue Branchen (Diversifikationsmotiv/ Ressourcen-Theorie)

Das Motiv der *Diversifikation* und die zugrunde liegenden theoretischen Ansätze wurden bereits detailliert in Abschnitt 2.1.3.1 diskutiert. An dieser Stelle sollen daher nur kurz diejenigen Elemente der Theorie wiedergegeben werden, die zur Herleitung der Hypothese erforderlich sind. Die hier im Zusammenhang mit dem *Diversifikationsmotiv* zu überprüfende Hypothese geht auf die Aussagen der *Ressourcen-Theorie* zur Diversifikation zurück. Grundannahme ist dabei, dass

Unternehmen, die über Ressourcenüberkapazitäten verfügen, in neue Geschäftsbereiche diversifizieren werden, um die überschüssigen Ressourcen sinnvoll einzusetzen. Nach Montgomery (1994) sind dabei für das Ausmaß der Diversifikation drei Faktoren ausschlaggebend: die *Spezifität*, der *Verwandtschaftsgrad* sowie mögliche *Effizienzverluste*.[3] Eine Schlussfolgerung aus der *Ressourcen-Theorie* ist dabei, dass Unternehmen versuchen werden, in Produktmärkte mit hoher Ähnlichkeit zu diversifizieren, um die Effizienzverluste gering zu halten. Dies impliziert, dass Diversifikation in branchenfremde Bereiche weniger erfolgreich ist, da sie hohe Effizienzverluste mit sich bringen würde.[4] Folgende Hypothese soll daher empirisch überprüft werden:

Hypothese 1: Diversifikationen in branchenfremde Bereiche sind weniger erfolgreich als Akquisitionen von branchennahen Unternehmen.

Zur Operationalisierung der Hypothese wird der Datensatz in Akquisitionen eingeteilt, die innerhalb des Telekommunikationssektors stattfinden, und in Akquisitionen, die mit einem Zielunternehmen außerhalb des Telekommunikationsmarktes durchgeführt werden.

Diese Hypothese konnte von verschiedenen Arbeiten für andere Datensätze bestätigt werden[5], es gibt jedoch auch empirische Arbeiten, wie Seth (1990) und Brailsford/Knights (1998), die keinen Einfluss von verschiedenen Diversifikationsarten auf den Erfolg einer Akquisition feststellen können.

4.3.2 Geografischer Fokus (Diversifikationsmotiv/Ressourcen-Theorie)

Neben der Diversifikation in andere Industriesektoren wird oft die geographische Diversifikation diskutiert. Es wird argumentiert, dass Unternehmen, die in

---

3 Vgl. Montgomery (1994), S. 168ff.

4 Vgl. Teece (1982), S. 39ff.

5 Siehe beispielsweise Singh/Montgomery (1987), Gerke/Garz/Oerke (1995), Siems (1996); zu weiteren empirischen Arbeiten mit Untersuchungen von verschiedenen Diversifikationsarten siehe Kapitel 2.

internationale Märkte expandieren, ihre Abhängigkeit von einzelnen geographischen Märkten reduzieren können. Auch hier liefert die *Ressourcen-Theorie* die Basis für die Herleitung der Hypothese. Das bereits vorgestellte Konzept des *Verwandtschaftsgrads* der Märkte in Bezug auf den angestammten Markt des Unternehmens sowie der Gedanke des *Effizienzverlusts* können auch hier zur Erklärung herangezogen werden. Penrose (1959) und Shrivastava (1986) weisen darauf hin, dass die Komplexität der Post-Merger-Integration mit zunehmender Entfernung zwischen den beiden zusammengehenden Unternehmen steigt, d.h. mit zunehmender Diversifikation in geografisch entfernt liegende Märkte erhöhen sich die Effizienzverluste. Diese zunehmende Komplexität kann potenziell Anstrengungen zur Rationalisierung und zum Abbau von Doppelfunktionen behindern und somit dazu führen, dass erhoffte Synergiepotentiale nicht in vollem Umfang realisiert werden können. Darüber hinaus wird die Managementaufgabe eines kulturell diversifizierten Unternehmens komplizierter: Manager der Unternehmung müssen nun transnationale Implikationen des Geschäftes mit in ihre Überlegungen und Entscheidungen einbeziehen. Buckley/Casson (1976) weisen auf Sprachbarrieren als ein weiteres Problem der Internationalisierung hin. Vor dem Hintergrund dieser Überlegungen ist zu erwarten, dass nationale Transaktionen (*geografischer Fokus*) erfolgreicher sind als internationale (*cross-border*) Zusammenschlüsse:

Hypothese 2: Nationale Akquisitionen sind erfolgreicher als *cross-border* Transaktionen.

Zur Operationalisierung dieser Hypothese werden die im Datensatz enthaltenen Transaktionen in die zwei Gruppen (1) nationale Transaktionen und (2) internationale Transaktionen eingeteilt.

Bisherige empirische Arbeiten belegen, dass der Effekt von internationalen Transaktionen für die Aktionäre des Käuferunternehmens nicht eindeutig ist.[6] Montgomery/Wernerfelt (1988) zeigen, dass mit zunehmender Diversifikation in

6 Vgl. Lowinski/Schiereck/Thomas (2004), S. 3.

geografisch entfernt liegende Märkte die durchschnittlich erzielten Renditen abnehmen. Bühner (1990a,b) kommt bei der Untersuchung von *grenzüberschreitenden* (*cross-border*) Transaktionen deutscher Unternehmen zu dem Ergebnis, dass diese deutlich positiver abschneiden als inländische Übernahmen. Doukas (1995) untersucht 463 *cross-border* Akquisitionen im Zeitraum von 1975 bis 1989 durch amerikanische Unternehmen und findet geringfügige positiv kumulierte abnormale Renditen für die Aktionäre des Käuferunternehmens. Die Erweiterung des Datensets um nicht-amerikanische cross-border Akquisitionen unterstützt die Hypothese jedoch nicht mehr. Brealey/Cooper/Kaplanis (1998) untersuchen 74 *cross-border* Akquisitionen und können dabei jedoch nur zu vernachlässigende abnormale Renditen für Aktionäre des Käuferunternehmens beobachten. Eckbo/Thornburn (2000) untersuchen 1.846 Akquisitionen kanadischer Unternehmen durch nationale kanadische oder amerikanische Käuferunternehmen. Sie finden lediglich positive abnormale Renditen für nationale Transaktionen. Eine Untersuchung von Rieck (2002) zur *cross-border* M&A-Aktivität im Telekommunikationsmarkt findet keine signifikanten abnormalen Renditen für die Aktionäre des Käuferunternehmens. Park et al (2002) untersuchen 42 Transaktionen im Telekommunikationsmarkt im Zeitraum von 1997 bis 2000. Sie finden heraus, dass internationale Telekom-M&As eine signifikant negative kumulierte abnormale Rendite aufzeigen und schlussfolgern, dass kulturelle Unterschiede und Systemdifferenzen bei Telekommunikationsunternehmen nur schwer zu überwinden sind.

4.3.3 Erreichen von Kontrolle (Kontrollargument/Corporate-Control-Motiv)

Nach der *Corporate-Control-Theorie* kann der Unternehmenswert infolge einer M&A-Transaktion allein durch die Einführung einer neuen Eigentümerstruktur und eines neuen Kontrollsystems geschaffen werden (vgl. Abschnitt 2.1.3.2). Ausgangspunkt dieser Hypothese ist die Überlegung, dass ein Markt für Unternehmenskontrolle existiert, auf dem nach unterbewerteten Unternehmen gesucht wird. Diese angestrebte Kontrolle, die typischerweise bei einer Stimmrechtsquote von über 50% der Anteile unterstellt werden kann, erlaubt es den neuen Eigentümern, umfangreiche

Restrukturierungsmaßnahmen einzuleiten und häufig sogar das alte Management-Team auszutauschen. Dieses Bündel an Maßnahmen ist oft geeignet, die weitere Entwicklung des Unternehmens positiv zu beeinflussen und wird daher vom Kapitalmarkt positiv aufgenommen, so dass in der Folge eine Steigerung des Unternehmenswertes erreicht wird. Vor diesem Hintergrund soll empirisch überprüft werden, inwieweit das Erreichen von Kontrolle für die Beurteilung des Transaktionserfolges relevant ist.

Hypothese 3: Akquisitionen, die zum Erreichen von Kontrolle führen, sind erfolgreicher.

Zur Operationalisierung dieser Hypothese wird angenommen, dass eine effektive Kontrolle ab einer Beteiligung von mehr als 50 Prozent am Zielunternehmen (nach Durchführung der Transaktion) möglich ist. Andere empirische Untersuchungen wie beispielsweise Böhmer/Löffler (1997) verwendeten in ihrer empirischen Untersuchung ebenfalls eine Beteiligung von über 50 Prozent zur Überprüfung der Kontroll-Hypothese.[7]

Diese Hypothese wurde bereits von zahlreichen empirischen Studien für verschiedene Stichproben bestätigt. Mikkelson/Ruback (1985) und Barclay/Holderness (1991) stellen signifikante positive Kursreaktionen des Käufers fest, die immer dann auftreten, wenn eine große Eigenkapitalposition erreicht wird. Kiyamz/Mukherjee (2000) beobachten in einer Stichprobe von Unternehmen des Zeitraums 1982-1991 im US-amerikanischen Markt, dass vollständige Übernahmen sowohl für Käufer- als auch für das Zielunternehmen signifikant besser bewertet werden als Teilübernahmen.[8]

---

7 Vgl. Böhmer/Löffler (1997)

8 Zu weiteren empirischen Arbeiten zum Faktor Kontrolle siehe Kapitel 2.

4.3.4 Relative Profitabilität der Transaktionspartner (Effizienzargument/Corporate-Control-Motiv)

Die Betrachtung des Erfolgsfaktors Profitabilität der Transaktionspartner geht auf das Effizienzargument zurück, das im Rahmen des M&A-Motivs *Corporate-Control* vorgestellt wurde. Das *Effizienzargument* geht davon aus, dass das Käuferunternehmen die Ressourcen, Kundenbeziehungen und internen Abläufe des Zielunternehmens durch Übertragung seines effizienteren Managements besser nutzen kann und damit den Unternehmenswert steigert.[9] Effizienz wird dabei an der Profitabilität der an der Transaktion beteiligten Unternehmen festgemacht. Folgende Hypothesen sollen im Zusammenhang mit der Effizienzhypothese und damit der Profitabilität der Transaktionspartner untersucht werden:

Hypothese 4: Transaktionen, bei denen das Käuferunternehmen relativ profitabler ist, sind erfolgreicher.

Hypothese 5: Transaktionen, bei denen ein relativ profitableres Zielunternehmen übernommen wird, sind erfolgreicher.

Hypothese 6: Transaktionen, bei denen das Käuferunternehmen profitabler arbeitet als das Zielunternehmen, sind erfolgreicher.

Die Operationalisierung der Hypothesen 4 und 5 (relativ profitablere Käufer- und Zielunternehmen) geschieht dabei durch die Betrachtung der Profitabilität des Transaktionspartners relativ zur durchschnittlichen Profitabilität der betrachteten Unternehmen im Datensatz. Käufer- und Zielunternehmen werden bei Verfügbarkeit der Information in zwei relative Kategorien, nämlich *profitabler als der Durchschnitt der betrachteten Unternehmen* und *unprofitabler als der Durchschnitt der betrachteten Unternehmen*, eingeteilt.

---

9 Die Überlegungen, die der Effizienzhypothese zugrunde liegen werden, werden auch im Zusammenhang mit der *Corporate Control-Hypothese* diskutiert.

Hypothese 6 wird operationalisiert, indem die relative Profitabilität zwischen den beiden beteiligten Transaktionspartnern, ausgedrückt im Verhältnis zum Umsatz, für das Käufer- und Zielunternehmen gebildet wird. Auf Basis dieser Analyse werden die Transaktionen dann eingeteilt in die Gruppen *Käuferunternehmen profitabler als Zielunternehmen* und *Käuferunternehmen weniger profitabel als Zielunternehmen.*

Empirisch wurde die Effizienzhypothese von Banerjee/Cooperman (2000) überprüft. Die Autoren bestätigen die Effizienzhypothese: Transaktionen sind für ein Käuferunternehmen dann erfolgreicher, wenn das Käuferunternehmen profitabler als das Zielunternehmen arbeitet.[10] Ebenfalls mit der Effizienzhypothese übereinstimmend kommen eine ganze Reihe von Arbeiten wie beispielsweise Pilloff (1996) oder Houston/Ryngaert (1994) zu dem Ergebnis, dass Akquisitionen erfolgreicher sind, wenn das Zielunternehmen eine unterdurchschnittliche Profitabilität aufweist.[11]

4.3.5 Größenfaktoren (Synergie-Motiv/Ressourcen-Theorie)

In der betriebswirtschaftlichen Literatur werden erwartete Synergien als ein wichtiges Motiv zur Durchführung von M&A-Transaktionen genannt (vgl. auch Kapitel 2.1.3.3). Gemäß der *Synergie-Hypothese* kann der Unternehmenswert nach Durchführung einer M&A-Transaktion durch die Realisierung von Größen- und Verbundvorteilen zwischen den beteiligten Unternehmen gesteigert werden. Unter *Kostensynergien* werden dabei all diejenigen Einsparpotentiale zusammengefasst, die das Unternehmen durch einen Zusammenschluss realisieren kann. Synergien entstehen jedoch auch dann, wenn durch einen Zusammenschluss der Ertrag bei konstanten Kosten gesteigert werden kann (*Ertragssynergien*).[12] Grundlage für die Realisierung von Ertragsynergien ist die Überlegung, dass nur begrenzt teilbare Ressourcen nach einer M&A-Transaktion besser genutzt werden können.

---

10 Vgl. Banerjee/Cooperman (2000), S.17.

11 Siehe auch James/Wier (1987), Hawawini/Swary (1990), DeLong (2001), Madura/Wiant (1994), zu weiteren empirischen Arbeiten zum Erfolgsfaktor Profitabilität siehe Kapitel 2

12 Vgl. Beitel (2002), S. 18.

Nach der *Ressourcen-Theorie*, die auf Überlegungen von Penrose (1959) zurückgeht, kann M&A-Aktivität als Ergebnis von Überkapazitäten einiger strategisch wertvoller Ressourcen angesehen werden.[13] Folglich werden Unternehmen, die ihre Ressourcenkapazitäten nicht ausnutzen können, solange M&A-Transaktionen durchführen, bis die überschüssigen Kapazitäten vollständig abgebaut sind. Auf Basis der *Synergie-Hypothese* sowie der *Ressourcen-Theorie* kann daher angenommen werden, dass große Käuferunternehmen Synergiepotentiale eher realisieren können, da sie nach einer Transaktion ihre eigenen Kapazitäten in verschiedenen Unternehmensbereichen besser auslasten können.

Im Zusammenhang mit dem Erfolgsfaktor Unternehmensgröße sollen zwei Hypothesen überprüft werden. In einem ersten Schritt soll überprüft werden, welche Bedeutung die Größe des Käuferunternehmens für den Transaktionserfolg hat. Dabei wird angenommen, dass ungenutzte Potentiale aufgrund (zu) groß bemessener Funktionen oder Kapazitätsreserven in vielfältigen Bereichen eher bei großen Käuferunternehmen existieren. Wenn diese großen Unternehmen dann M&A-Transaktionen durchführen, ist zu vermuten, dass erhebliche Synergien realisiert werden können.

Hypothese 7: Akquisitionen durch große Unternehmen sind erfolgreicher.

Zur Überprüfung der Hypothese werden die Käuferunternehmen in drei Umsatzgrößenklassen eingeteilt. Die Umsatzgrenzen werden dabei so gewählt, dass sich in jeder Klasse eine ähnlich große Anzahl von Transaktionen findet.

Im zweiten Schritt wird analysiert, welche Rolle das relative Größenverhältnis zwischen Käufer- und Zielunternehmen auf den Unternehmenserfolg hat. Es liegt dabei die Überlegung zugrunde, dass eine Ausnutzung der bestehenden Überkapazitäten am einfachsten durch die Akquisition von - relativ gesehen - kleineren Zielunternehmen erfolgen kann.

13 Vgl. Penrose (1959), S. 68ff.

Hypothese 8: Akquisitionen, bei denen das Zielunternehmen kleiner als das Käuferunternehmen ist, sind erfolgreicher.

Wie bereits in anderen empirischen Untersuchungen, beispielsweise bei Beitel (2002), ausgeführt, werden hierbei zur Operationalisierung der Hypothese die Buchwerte von Ziel- und Käuferunternehmen zueinander ins Verhältnis gesetzt. Danach werden die Transaktionen in zwei Gruppen aufgeteilt: (1) Transaktionen, in denen das Käuferunternehmen ein im Vergleich zu sich großes Zielunternehmen übernimmt, und (2) Transaktionen, in denen das Käuferunternehmen ein (im Verhältnis zu sich) kleines Zielunternehmen übernimmt.

Schließlich wird die Bedeutung des Transaktionspreises, also die Höhe des Kaufpreises, untersucht werden.[14] Die Höhe des Kaufpreises hat direkten Einfluss auf die Renditeentwicklung des Käuferunternehmens und die notwendigen Mindestsynergiepotentiale aus der Transaktion. So ist auf der einen Seite die Höhe des Übernahmepreises ein wesentlicher Erfolgsfaktor dafür, ob bei Akquisitionen die Käuferseite ihre Renditeziele erreichen kann, da bei steigendem Übernahmenpreis auch der jährlich zu erzielende Reingewinn des Akquisitionsobjektes höher angesetzt werden muss, um das eingesetzte Kapital wertschaffend, d.h. zumindest über dem Kapitalkostensatz liegend, zu verzinsen.[15] Auf der anderen Seite wird auch bei einer eher strategisch dominierten Betrachtungsweise die Bedeutung des Übernahmepreises ersichtlich: Die Höhe der Akquisitionsprämie setzt die Messlatte für die zur Wertschaffung erforderliche Mindest-Synergieausnutzung.

Hypothese 9: M&A-Transaktionen mit niedrigem Transaktionspreis sind erfolgreicher als Transaktionen mit hohem Transaktionspreis.

Zur Operationalisierung dieser Hypothese werden drei Größenklassen gebildet: (1) M&A-Transaktionen kleiner als 100 Millionen US Dollar, (2) Transaktionen zwischen

14 Vgl. Finkelstein (1998), S. 8.
15 Vgl. Looser (1998), S. 268.

100 bis 500 Millionen US Dollar sowie schließlich (3) Transaktionen größer als 500 Millionen US Dollar.

Empirisch wird die Bedeutung der *Größe des Käuferunternehmens* auf den M&A-Erfolg in zahlreichen Arbeiten untersucht. Die Analyse von Möller/Schlingemann/Stulz (2003), die 12.023 Akquisitionen in unterschiedlichsten Industriesektoren im Zeitraum von 1980 bis 2001 analysieren, kommt zu dem Ergebnis, dass M&A-Transaktionen dann eher erfolgreich sind, wenn das Käuferunternehmen klein ist.[16] Dieses Ergebnis wird auch in empirischen Arbeiten in anderen Industriesektoren - wie zum Beispiel im Bankensektor - bestätigt: Zollo/Leshchinkskii (2000) untersuchen 579 nordamerikanische M&A-Transaktionen zwischen 1977 und 1998 und kommen zu dem Ergebnis, dass die Größe des Käuferunternehmens einen signifikant negativen Einfluss auf den M&A-Erfolg hat.[17] Auch eine frühere Studie von Hawawini/Swary (1990) kommt zu dem Ergebnis, dass kleinere Käuferunternehmen erfolgreicher sind als große Unternehmen. Auch die Untersuchung von Rieck (2002), der 72 internationale Telekom M&A-Transaktionen analysiert, bestätigt, dass M&A-Transaktionen erfolgreicher sind, wenn das Käuferunternehmen klein ist.[18]

In der Literatur wird auch die Bedeutung der *Größe des Zielunternehmens im Verhältnis zum Käuferunternehmen* untersucht. Franks/Harris/Titman (1991) zeigen, dass Käuferunternehmen, die relativ große Zielunternehmen erwerben, höhere Post-Merger-Renditen aufweisen.[19] Auch Hawawini/Swary (1990) analysieren die Bedeutung der relativen Größe von Ziel- zu Käuferunternehmen. Sie betrachten 123 M&A-Transaktionen im nordamerikanischen Bankensektor im Zeitraum von 1972 und 1987 und kommen zu dem entgegengesetzten Ergebnis, nämlich dass die

16 Vgl. Möller/Schlingemann/Stulz (2003), S. 23.

17 Vgl. Zollo/Leshchinskii (2000), S. 5.

18 Rieck (2002), S. 16: "...this study also shows that M&As are more likely to be successful when the acquiring carrier is small".

19 Vgl. Franks/Harris/Titman (1991), S. 93.

Transaktionen umso vorteilhafter für die Aktionäre des Käuferunternehmens sind, je kleiner die Zielunternehmen relativ zum Käuferunternehmen sind.

4.3.6 Relevanz von Insiderwissen (Unterbewertungs-Motiv/Prinzipal-Agenten-Theorie)

Insiderwissen seitens des Käuferunternehmens über das Zielunternehmen stellt einen weiteren Faktor dar, der im Hinblick auf den Erfolg von M&A-Transaktionen untersucht werden soll. Das Phänomen so genannter partieller Akquisitionen, die zu der ursprünglichen Insiderposition führen, wird in der Literatur unter einer Vielzahl von Aspekten analysiert, und es werden verschiedene Gründe für partielle Akquisitionen diskutiert:

- So können partielle Akquisitionen einen ersten Schritt in Richtung des Erwerbs einer Mehrheitsbeteiligung darstellen.[20]
- Zweitens können partielle Akquisitionen geeignet sein, Agency-Konflikte zu überwinden, weil sie ein geeignetes Instrument zur Überwachung der Aktivitäten des Managements darstellen.[21]
- Partielle Akquisitionen werden durchgeführt, weil das Käuferunternehmen unzureichende finanzielle Mittel besitzt.[22]
- Das Käuferunternehmen möchte sich durch eine partielle Akquisition zunächst eine bessere Informationsbasis über die unsicheren Cash-Flows des Zielunternehmens verschaffen.[23]

Der Erfolgsfaktor *Relevanz von Insiderwissen* kann aus dem *Unterbewertungsmotiv* abgeleitet werden, das auf der *Prinzipal-Agenten-Theorie* basiert.[24] Dabei wird angenommen, dass das Käuferunternehmen über private Information verfügt, von der

20 Vgl. Sudarsanam (1996), S. 311.
21 Vgl. Fraser (1996), S. 316.
22 Vgl. Spencer/Adhigbe/Madura (1998), S. 443.
23 Vgl. Spencer/ Adhigbe/Madura (1998), S. 444.
24 Vgl. Milgrom/Roberts (1992), S. 511ff.

es überzeugt ist, dass sie noch nicht im aktuellen Marktpreis enthalten ist und die einen höheren Preis rechtfertigt.[25] Das Käuferunternehmen nutzt diesen Informationsvorsprung. Nach der Durchführung der M&A-Transaktion kann dann das akquirierende Unternehmen seine private Information offen legen und damit die bestehende Informationsasymmetrie abbauen. Dies führt am Markt zu einer Neubewertung des akquirierten Unternehmens und damit zu einer Steigerung des Unternehmenswertes für das Käuferunternehmen. Auf Basis dieser theoretischen Überlegungen soll die folgende Hypothese überprüft werden:

Hypothese 10: Transaktionen durch Käuferunternehmen, die bereits vorher am Zielunternehmen beteiligt waren, sind erfolgreicher.

Zur Operationalisierung dieser Hypothese wird der Datensatz in zwei Gruppen aufgeteilt:

- Akquisitionen, bei denen Insiderbesitz vor Durchführung der Transaktion vorlag, weil das Käuferunternehmen bereits vor der Akquisition am Zielunternehmen beteiligt war.
- Akquisitionen, bei denen kein Insiderbesitz vor Durchführung der Transaktion vorlag und die deshalb einen kompletten Neukauf für das Käuferunternehmen bedeuten.

McConnell/Servaes (1990) untersuchen 1.176 Firmen und stellen einen signifikanten Einfluss der Performance von der Struktur des Eigenkapitals fest. Loderer/Martin (1997) beobachten bei 867 Akquisitionen von US Firmen signifikante Einflüsse der Kontrollstruktur, wobei die Faktoren Eigentum von Managern, institutionellen Anlegern und Großaktionären untersucht werden. Dabei werden Akquisitionen besser bewertet, wenn dem Käufer zuvor mehr Insiderwissen vorliegt.

---

25 Vgl. Halpern (1983), S. 300.

4.4 Weitere theoretisch herleitbare Erfolgsfaktoren

4.4.1 Akquisitionserfahrung des Käuferunternehmens (Erfahrungskurve)

Die Erfahrung des Managements als Erfolgsfaktor geht auf die Theorie der Erfahrungskurve zurück. Sie beruht auf der lerntheoretischen Erkenntnis, dass Menschen die wiederholte Ausübung einer bestimmten Tätigkeit zunehmend leichter fällt. Diese Lerneffekte führen zu einer effizienteren Leistungserbringung. Eine wesentliche Annahme des Erfahrungskurvenkonzepts ist jedoch, dass eine bestimmte *homogene* (im Sinne von vergleichbare) Aktivität hinreichend *häufig wiederholt* wird und dass dann hieraus gleichsam zwangsläufig eine effizientere Leistungserbringung resultiert.

Akquisitionen stellen jedoch für das Unternehmen ein komplexes und sehr heterogenes Bündel von Aktivitäten dar, die nicht unbedingt regelmäßig wiederholt werden. Käuferunternehmen stehen einer Vielzahl untereinander verbundenen Aktivitäten gegenüber, wenn sie eine M&A-Transaktion durchführen: Diese reichen von der strategischen Beurteilung der Transaktion und des organisatorischen Fits zwischen den beiden Unternehmen, über die technische und psychologische Herausforderung in den Bewertungs- und Verhandlungsprozessen, bis hin zur Planung, Koordinierung und Ausführung des Integrationsprozesses nach Durchführung der Transaktion.[26] Vor diesem Hintergrund wird das Konzept der *Erfahrungskurve* für die Anwendung in M&A-Situationen abgewandelt. Es wird von einer Ansammlung von Wissen und Kompetenz gesprochen, welche durch eine Vielzahl von Erfahrungen in ähnlichen Situation angewachsen ist und die Organisation befähigt, zukünftig effizienter ähnlich komplexe Aufgaben angehen zu können.[27] Daher ist zu erwarten, dass Unternehmen,

---

26 Vgl. Singh/Zollo (1998b), S. 3.

27 Vgl. Singh/Zollo (1998a), S. 9:"Decades of research on the learning curve phenomenon observed in a wide range of production processes, together with theoretical insights drawn from the behavioural theory of the firm and extensions to the organizational level of analysis of cognitive psychology point towards the expectation of a positive impact of experiential learning on the performance of corporate acquisitions."

die bereits mehrere M&A-Transaktionen durchgeführt haben, besser in der Lage sind, wertsteigernde Transaktionen zu betreiben.

Hypothese 11: Käuferunternehmen mit Transaktionserfahrung sind erfolgreicher in Akquisitionen als Käuferunternehmen ohne Transaktionserfahrung.

Um die Akquisitionserfahrung des Käuferunternehmens zu operationalisieren, wird die Häufigkeit von M&A-Transaktionen im Untersuchungszeitraum gemessen. Diese Operationalisierung wurde bereits in früheren Untersuchungen zu Transaktionserfahrung in anderen Branchen gewählt. Die Mindestanzahl von Transaktionen, die ein Käuferunternehmen durchführen muss, um als transaktionserfahren zu gelten, ist allerdings in den bisherigen Studien sehr unterschiedlich. Beitel/Schiereck/Wahrenburg (2002) definieren in ihrer empirischen Analyse von M&A-Transaktionen im europäischen Bankensektor von 1985 bis 2000 ein Unternehmen als transaktionserfahren, wenn es mindestens fünf Transaktionen durchgeführt hat. Eine frühere Studie von Asquith/Bruner/Mullins (1983), die über ein Zeitfenster von 1955 bis 1979 M&A-Transaktionen analysiert, sieht ein Unternehmen bereits nach Durchführung einer Transaktion als transaktionserfahren an. In unserer Analyse, die die M&A-Aktivität über ein deutlich kürzeres Zeitfenster für den europäischen Telekommunikationsmarkt betrachtet, wird eine geringere Anzahl von M&A-Transaktionen als bei Beitel/Schiereck/Wahrenburg, jedoch eine höhere Anzahl als bei Asquith/Bruner/Mullins für die Definition der Transaktionserfahrung zugrunde gelegt. In dieser Untersuchung wird ein Käuferunternehmen dann als transaktionserfahren angesehen, wenn es wenigstens eine Mindestanzahl von zwei Akquisitionen im Untersuchungszeitraum durchgeführt hat.

Die Übertragung des Konzepts der *Erfahrungskurve* auf den Erfolg von M&A-Transaktionen ist empirisch bereits häufig untersucht worden. Beitel/Schiereck/Wahrenburg (2002) zeigen, dass sich die Transaktionserfahrung des Käuferunternehmens positiv auf den M&A-Erfolg auswirkt.[28] Auch DeYoung (1997) findet bei seiner Analyse von M&A-Transaktionen in den Jahren 1987-1988, dass die M&A Erfahrung des Käufers einen positiven Effekt aufweist.[29] Bühner (1990) kommt bei der Untersuchung von *grenzüberschreitenden* (*cross-border*) Transaktionen deutscher Unternehmen zu dem Ergebnis, dass Akquisitionen durch Unternehmen, die bereits ausländische Tochterunternehmen haben und Erfahrungen mit ausländischen Akquisitionen besitzen, vergleichsweise erfolgreicher sind. Dagegen zeigen Möller/ Schlingemann/Stulz (2003), dass Unternehmen vor einer starken Verlust-Transaktion eine Vielzahl von erfolgreichen Transaktionen getätigt haben. Sie vermuten daher, dass das Management des akquirierenden Unternehmens vor dem Hintergrund vorheriger erfolgreicher Akquisitionen und realisierter Synergien dazu neigt, die eigenen Fähigkeiten und Synergiepotentiale zu überschätzen. Eine frühere Studie von Asquith/Bruner/Mullins (1983) analysiert den Einfluss der Akquisitionserfahrung für eine Stichprobe über den Zeitraum 1955 bis 1979. Dazu werden Unternehmen betrachtet, die innerhalb der Stichprobe eine zweite Akquisition durchführen. Die Autoren kommen zu dem Ergebnis, dass die durch die erste Akquisition erworbene Erfahrung keinen Einfluss auf den Erfolg der weiteren Akquisition hatte. Ein weiterer Aspekt, der im Zusammenhang mit dem Scheitern von transaktionserfahrenem Management in späteren M&A-Transaktionen diskutiert wird, ist die Überlegung, dass nach einer Vielzahl von Akquisitionen die optimale Betriebsgröße überschritten wurde.[30]

4.4.2 Offenlegung der Information über den Zahlungsmodus (Prinzipal-Agenten-Theorie)

Der Erfolgsfaktor *Offenlegung der Information über den Zahlungsmodus* kann aus der *Prinzipal-Agenten-Theorie* hergeleitet werden. Zwischen den Aktionären (Prinzipalen) und den die M&A-Transaktion durchführenden Managern (Agenten) bestehen

28 Vgl. Beitel/Schiereck/Wahrenburg (2002), S. 22.
29 Vgl. DeYoung (1997), S. 44. Auch Zollo/Leshchinkstii (2000) bestätigen dieses Ergebnis.
30 Vgl. Franke/Hopp (2005), S. 7.

Informationsasymmetrien, die den Prinzipalen die Beurteilung der Vorteilhaftigkeit der Akquisition erschweren.

Die Offenlegung der Information über den Zahlungsmodus als eine wichtige Determinante der Akquisitionskonditionen kann daher geeignet sein, diese Informationsasymmetrien zu reduzieren, weil sie den Informationsstand der Aktionäre des Käuferunternehmens hinsichtlich der Beurteilung der Vorteilhaftigkeit der Transaktion verbessert. Diese Reduktion der Informationsasymmetrie bedeutet für die Aktionäre eine Verringerung der Kosten, die der Prinzipal aufwenden muss, um sicherzustellen, dass der Agent in seinem Sinne handelt (*Agency-Kosten*). Niedrigere Agency-Kosten bewirken, dass die Prinzipale bereit sind, einen höheren Preis für Anteile des Unternehmens zu bezahlen, was zu einem steigenden Unternehmenswert führt. Vor diesem Hintergrund wird erwartet, dass Transaktionen, bei denen der Zahlungsmodus nicht bekannt gegeben wird (*undisclosed*), weniger erfolgreich sind als Transaktionen, bei denen diese Information offen gelegt wird. Folgende Hypothese soll also überprüft werden:

Hypothese 12: Akquisitionen, bei denen die Information über den Zahlungsmodus offen gelegt wird, sind erfolgreicher als Akquisitionen, bei denen die Information über den Zahlungsmodus nicht offen gelegt wird.

Zur Operationalisierung dieser Hypothese werden die Transaktionen des Datensatzes in zwei Gruppen eingeteilt: (1) Transaktionen, bei denen der Zahlungsmodus offen gelegt wurde (*disclosed*), sowie (2) Transaktionen, bei denen der Zahlungsmodus nicht offen gelegt wurde (*undisclosed*).

4.4.3 Art des Zahlungsmodus (Signaling-Theorie)

Die Nutzung der Information über die Art des Zahlungsmodus geht auf die *Signaling-Theorie* zurück, die erstmals von Spence (1973) beschrieben wurde.[31] Ausgangspunkt der *Signaling-Theorie* ist die von Akerlof (1970) beschriebene

31 Vgl. Spence (1973), S. 374ff.

Informationsasymmetrie am Markt, die zu *Adverse Selection* und dadurch zu *Marktversagen* führen kann. Bei einem von nicht vollständiger Information gekennzeichneten Markt stellt die Existenz von Gütern mit unterschiedlicher Qualität die Anbieter von höherwertigen Produkten vor ein Problem: Da die potenziellen Käufer qualitativ hochwertige Güter nicht von schlechten Gütern unterscheiden können, werden hochwertige Güter im Markt zu einem undifferenzierten Durchschnittspreis bewertet. Es entsteht ein so genanntes *Sammel-* oder *Pooling-Gleichgewicht*, in dem gute Unternehmen nicht von schlechten unterschieden werden können. Die Anbieter höherwertiger Güter können unter diesen Voraussetzungen keinen angemessenen Preis erzielen und werden sich vom Markt zurückziehen. Dieses ökonomische Problem wird in der Theorie auch als *Adverse Selection* beschrieben und kann zu *Marktversagen* führen. Spence (1973) weist darauf hin, dass die Anbieter von höherwertigen Gütern ein Interesse daran haben, dem Markt die wahre Qualität ihrer Güter zu signalisieren, um so die Ineffizienz des Marktes abzubauen. Ziel ist es, dass Käufer auf Basis der Signale die wahre Qualität eines Unternehmens beurteilen können und zuverlässig gute von schlechten Unternehmen unterscheiden. In diesem Fall wird von einem *Trenn-* oder *Separating-Gleichgewicht* gesprochen. Ein *Separating-Gleichgewicht* wird allerdings durch *Signaling* nur dann erreicht, wenn das gewählte Signal folgenden Anforderungen genügt:

- Kosten des Signals: Ein Signal muss Kosten verursachen, um glaubwürdig zu sein.
- Vermeidung von Imitation: Die Kosten für ein Signal, das ein Unternehmen von hoher Qualität beschreibt, müssen für schlechte Unternehmen prohibitiv hoch sein, damit diese keinen Anreiz haben, das Signal zu imitieren.
- Informationsgehalt: Ein Signal muss einen nachweisbaren Informationsgehalt übermitteln.

Ross (1977) ergänzt ferner, dass das Management zusätzlich einen Anreiz haben sollte, wahrheitsgetreue Signale zu übermitteln.[32]

Myers/Majluf (1984) übertrugen die Erkenntnisse aus der *Signaling-Theorie* auf die Bezahlungsalternativen im Rahmen einer M&A-Transaktion. Demnach kommt dem Zahlungsmodus in einer Akquisition eine Signalfunktion für die Beurteilung der Bewertung des Käuferunternehmens bei. Die Zahlungsformen Bargeld, Aktien sowie Kombinationen von Bargeld und Aktien des Käuferunternehmens stellen die wesentlichen Optionen für die Art des Zahlungsmodus dar. Nach der Hypothese von Myers/Majluf bevorzugen die Aktionäre des Käuferunternehmens eine Akquisition durch Bargeld, wenn sie überzeugt sind, dass die Aktien des bietenden Unternehmens unterbewertet sind. Analog deutet die Bezahlung einer Akquisition durch Aktien des Käuferunternehmens auf eine Überbewertung hin.[33]

Aus Sicht des Käufers kann die ganze oder partielle Bezahlung in Aktien allerdings auch als Instrument zur Risikoteilung angesehen werden.[34] Findet der Käufer nach Durchführung der Akquisition heraus, dass der Wert des übernommenen Unternehmens geringer als erwartet ausfällt, wird der daraus resultierende Verlust in dem Aktienpreis des Käufers widergespiegelt und somit zum Teil durch die Anteilseigner des Verkäuferunternehmens getragen.[35] Eine Bezahlung mit Aktien kann daher bei Transaktionen interessant sein, bei denen hohe Informationsdefizite existieren, beispielsweise, wenn das Zielunternehmen nicht börsennotiert ist oder wenn nur eine begrenzte Due Diligence durchgeführt werden konnte.[36] Bei einer Barbezahlung hingegen werden alle Verluste nach der Transaktion allein von den Aktionären des Käuferunternehmens getragen. Auf der anderen Seite kommen allerdings auch alle möglichen positiven Effekte, die über die ursprünglichen

---

32 Vgl. Ross (1977), S. 23ff.

33 Vgl. Myers/Majiluf (1984), S. 218.

34 Vgl. Fuller/Netter/Stegemoller (2002), S. 1769.

35 Vgl. Hansen (1987), S. 76.

36 Vgl. Palepu et al. (1996), S. 10ff, sowie Martin (1996), S. 1242.

Schätzungen hinausgehen, in vollem Umfang den Aktionären des Käuferunternehmens zugute.

Zusammenfassend kann auf Basis der *Signaling-Theorie* erwartet werden, dass Transaktionen, die komplett mit Barmitteln getätigt werden, vom Markt positiv aufgenommen werden, da sie auf eine potenzielle Unterbewertung des Käuferunternehmens hinweisen. Es wird daher folgende Untersuchungshypothese aufgestellt:

Hypothese 13: Akquisitionen, die mit Barmitteln getätigt werden, sind erfolgreicher als Akquisitionen, die nicht mit Barmitteln getätigt werden.

Zur Operationalisierung dieser Hypothese werden alle Transaktionen im Datensatz, für die die Information über den Zahlungsmodus offen gelegt wurde, nach Art des Zahlungsmodus in drei Gruppen unterteilt: (1) Bezahlung mit Barmitteln (*Cash*), (2) Bezahlung mit Aktien (*Stock*) sowie (3) Kombinationen von Barmitteln und Aktien (*Cash und Stock*).

Empirisch ist der Einfluss der *Art des Zahlungsmodus* auf den Transaktionserfolg vielfach untersucht worden. Nach Untersuchungen von Travlos (1987) haben die Aktionäre des Zielunternehmens eine Präferenz für Bargeld-Transaktionen.[37] In den Untersuchungen von Becher (1999)[38] sowie von Kaen/Tehranian (1989)[39] wird gezeigt, dass Transaktionen, die mit Bargeld abgewickelt werden, erfolgreicher sind als Transaktionen, in denen mit Aktien bezahlt wird. Franks/Harris/Titman (1991) finden signifikant negative Reaktionen auf Transaktionen mit Aktien.[40] Vor diesem Hintergrund ist es interessant festzustellen, dass Untersuchungen zu Akquisitionen in den USA zeigen, dass dennoch überdurchschnittlich viele Akquisitionen mit Aktien bezahlt werden. Die ausgehandelten Kaufpreise liegen dabei um bis zu 20 bis 30%

---

37 Vgl. Travlos (1987), S. 960.
38 Vgl. Becher (1999), S. 211-212.
39 Vgl. Kaen/Tehranian (1989), S. 141-156.
40 Vgl. Franks/Harris/Titman (1991), S. 91.

unter jenen Beträgen, die im Falle einer Bargeldbezahlung fällig geworden wären.[41] Als Ursache für diese Preisdifferenz wird die erwartete zukünftige Steigerung des Aktienwertes angeführt.

4.5 Moderatoren

4.5.1 Herkunftsland des Käufer- und Zielunternehmens

Als weiterer Erfolgsfaktor soll das Herkunftsland von Käufer- und Zielunternehmen betrachtet werden. Hintergrund ist die Überlegung, dass nationale Faktoren, wie beispielsweise regulatorische Vorschriften, rechtliche Rahmenbedingungen oder Corporate Governance Vorschriften, Einfluss auf M&A-Aktivität und deren Bewertung durch den Kapitalmarkt haben können.

Zur Überprüfung der Bedeutung des Herkunftslandes von Käufer- oder Zielunternehmen sollen daher folgende Hypothesen analysiert werden:

Hypothese 14: Der Erfolg einer Akquisition hängt auch vom Ursprungsland des Käuferunternehmens ab.

Hypothese 15: Der Erfolg einer Akquisition hängt auch vom Ursprungsland des Zielunternehmens ab.

Zur Operationalisierung beider Hypothesen zum Herkunftsland von Käufer- und Zielunternehmen werden alle im Datensatz befindlichen Transaktionen nach Herkunftsland geordnet. Als weiteres Kriterium wird in einem zweiten Schritt unterschieden, ob es sich bei der Transaktionen um eine nationale oder internationale *cross-border* Transaktion handelt.

Die Ergebnisse bisher durchgeführter empirischer Arbeiten sind sehr unterschiedlich und gelangen zumeist zu dem Schluss, dass eines oder mehrere der im Datensatz

41 Vgl. Looser (1998), S. 269.

vorhandenen Länder signifikant bessere oder schlechtere Bewertungen zeigt, wobei diese Länder von Arbeit zu Arbeit variieren.[42]

4.5.2 Erfolgsfaktor Marktumfeld

Trotz Berücksichtigung der Marktentwicklung in der Berechnung der kumulierten abnormalen Renditen ist in einer Reihe empirischer Arbeiten feststellbar, dass das allgemeine konjunkturelle Marktumfeld Einfluss auf die beobachtbare kumulierte abnormale Rendite haben kann.[43] Vor diesem Hintergrund soll analysiert werden, welchen Einfluss ein positives Marktumfeld (gemessen an der Entwicklung der Marktindizes im Beobachtungszeitraum) auf den Erfolg einer M&A-Transaktion hat. Folgende Hypothese soll dabei empirisch überprüft werden:

Hypothese 16: Akquisitionen in einem positiven Marktumfeld sind erfolgreicher als Akquisitionen in einem negativen Marktumfeld

Zur Operationalisierung der Hypothese wird angenommen, dass das konjunkturelle Marktumfeld auf Basis der Entwicklung von Aktienindizes gemessen werden kann.

Aktienindizes haben sowohl im akademischen Bereich wie auch in der Praxis eine große Bedeutung erlangt. In der empirischen Konjunkturforschung werden Aktienindizes, die die Erwartungen der Marktteilnehmer widerspiegeln, als vorlaufende Konjunkturindikatoren verwendet.[44] Ein wesentlicher Vorteil von Aktienindizes zur Messung der Konjunktur wird in der Einfachheit der Operationalisierung gesehen. Die Preisinformation über Aktienindizes ist in unterschiedlichen Aggregatsstufen (z.B. Wirtschaftsraum, Volkswirtschaft, Branche,

---

42 Zu Arbeiten, die den Einfluss verschiedener Länder untersuchen, siehe beispielsweise Beitel (2002) oder Stratmann (2005).

43 So finden beispielsweise Böhmer/Löffler (1999), dass die signifikant positiven Auswirkungen von Übernahmen auf den Marktwert des Käufers einzig durch Transaktionen in einem positiven konjunkturellen Umfeld erklärt werden.

44 In der Praxis gelten Aktienindizes als „Stimmungsbarometer“ sowohl für einzelne Volkswirtschaften als auch für speziell abgegrenzte Wirtschaftsbereiche oder Gewerbezweige genutzt. Daneben liegt ihre praktische Bedeutung vor allem in der Verwendung als Benchmark und als Underlying für Finanzderivate.

etc.) über nahezu beliebige Zeitfenster vorhanden und leicht zugänglich. Durch die Berücksichtigung von verschiedenen Unternehmen aus unterschiedlichen Branchen können Aktienindizes wie der *Dow Jones EuroStoxx* die Konjunkturerwartungen für einen gesamten Wirtschaftsraum in einer einzigen Zahl abbilden. Ähnlich können die Erwartungen zur konjunkturellen Entwicklung einer gesamten Branche in Indizes wie dem *europäischen Telekom-Index* abgebildet werden. Kritiker führen an, dass Aktienindizes als eindimensionale Indikatoren unzulänglich seien, ein komplexes Phänomen wie die Konjunktur in einer einzigen Zahl zu beschreiben. Ferner weisen sie darauf hin, dass Aktienindizes den Konjunkturzyklus nicht immer korrekt anzeigen und Uneinigkeit über die Dauer des zeitlichen Vorlaufs (Time-Lag) besteht.

Der Vorteil der Einfachheit eines Aktienindex bei der Messung der Konjunktur steht diesen Nachteilen jedoch entgegen. Vor diesem Hintergrund wird das konjunkturelle Umfeld in dieser Arbeit mittels Aktienindizes gemessen.

Grundüberlegung ist dabei, dass die Entwicklung des Aktienindexes im Untersuchungszeitraum in unterschiedliche konjunkturelle Phasen eingeteilt werden kann. Zwei Aktienindizes werden dabei gesondert in dieser Arbeit untersucht: Die Entwicklung des *Dow Jones Eurostoxx* im Untersuchungszeitraum sowie die Entwicklung des europäischen *Telekom-Index*.

Die Bedeutung des konjunkturellen Marktumfelds auf den Transaktionserfolg ist in empirischen Arbeiten bestätigt worden. Böhmer/Löffler (1999) zeigen in einer Analyse von M&A-Aktivität im deutschen Kapitalmarkt, „dass die Überrendite in konjunkturschwachen Jahren signifikant negativ ist“[45]. Coakley/Thomas (2004) untersuchen dieses Phänomen empirisch auf der Basis von 881 Akquisitionen in Großbritannien im Zeitraum von 1995 bis 2000. Sie finden heraus, dass in

45 Böhmer/Löffler (1999), S. 310.

konjunkturell positiven Phasen ein gewisses M&A-Momentum existiert, das sich in höheren abnormalen Renditen gegenüber konjunkturell schwächeren Phasen zeigt.[46]

46 Vgl. Coakley/Thomas (2004), S. 10.

5 Untersuchungsmethodik

Wie bereits ausgeführt soll die empirische Untersuchung des Erfolges von Akquisitionen im europäischen Telekommunikationsmarkt in dieser Arbeit aus Sicht der Aktionäre erfolgen. M&A-Transaktionen sind aus Sicht der Aktionäre erfolgreich, sofern sie Mehrwert schaffen, das heißt, der Wert des Unternehmens, der im Falle eines börsennotierten Unternehmens durch die Marktkapitalisierung gemessen wird, steigt. Ziel des empirischen Teils der Arbeit ist es daher, die M&A-Transaktionen durch Messung der Reaktion des Kapitalmarktes auf die Ankündigung der Transaktionen hinsichtlich ihres Erfolges zu untersuchen.

5.1 Konzeption von Ereignisstudien

5.1.1 Zielsetzungen von Ereignisstudien

Eine der am weitesten verbreiteten Methoden zur Untersuchung der Reaktion des Kapitalmarktes auf neue Information, beispielsweise die Ankündigung einer Transaktion, ist die Methode der Ereignisstudie. Ereignisstudien werden für unterschiedlichste Untersuchungen verwendet, sowohl in Bezug auf die betrachteten Ereignisarten als auch auf das Untersuchungsziel oder die verwendete Methodik:[1]

- Kategorie 1: Untersuchung des Informationsgehalts / der Informationsverarbeitung von Ereignissen
- Kategorie 2: Überprüfung der halbstrengen Informationseffizienzhypothese
- Kategorie 3: Evaluation von Modellen der Erwartungsbildung
- Kategorie 4: Untersuchung metrischer Erklärungsansätze zu Marktreaktionen

1 Zur Einteilung verschiedener Untersuchungsziele von Ereignisstudien siehe Bowman (1983), Coenenberg/Henes (1995), May (1991), Fama (1991).

Für die erste Kategorie von Ereignisstudien ist das Ausmaß beziehungsweise die Höhe sowie die Geschwindigkeit der innerhalb eines Anpassungszeitraumes gemessenen außerordentlichen Kursreaktion von Interesse, und dies gilt als ein Maß des Informationsgehaltes der neuen Information. Es gibt verschiedene Vorgehensweisen, die das Vorhandensein und / oder die Richtung und gegebenenfalls die Stärke der Reaktion betrachten. Diese Vorgehensweisen unterscheiden sich vor allem in der angewandten Methodik, die in diesem Kapitel ausführlicher beschrieben wird. Es wird dabei untersucht, inwieweit und auf welche Weise es bei den Marktteilnehmern zu einer Revidierung ihrer Erwartungshaltung bezüglich der zukünftigen Renditen kommt.[2]

Die zweite Kategorie von Ereignisstudien ist die Überprüfung der halbstrengen Informationseffizienzhypothese der durch Fama (1970) formulierten Theorie zur Informationseffizienz. Bei einem informationseffizienten Markt muss sich die Börse unmittelbar und im Durchschnitt unverzerrt an die neuen Informationen anpassen. Daher interessieren bei dieser Art Test der Zeitpunkt des Anpassungsbeginns sowie der Anpassungsprozess. Die Reihe der Differenzen zwischen beobachteten und erwarteten Renditen lässt Rückschlüsse auf die dynamische Entwicklung des Informationsstandes der Anleger zu.[3]

Die dritte Kategorie von Ereignisstudien betrachtet Modelle, welche die Erwartungen der Marktteilnehmer abbilden sollen. Anhand der ex-post betrachteten Renditen wird evaluiert, welches Erwartungsbildungsmodell die Erwartungsbildung der Investoren realitätsnah widerspiegelt. Tritt neue Information auf, ändern die Investoren ihre Erwartungen und die Differenz zu den ursprünglichen Erwartungen lässt sich an der abnormalen Rendite ablesen. Hierbei ist der Informationsgehalt eines Ereignisses nicht Mittelpunkt der Untersuchung, sondern lediglich ein Maß für die Änderung der

2 Zur Definition von Untersuchungen des Informationsgehalts/ der Informationsverarbeitung siehe May (1991), S. 313, Coenenberg/Henes (1995), S. 973f.

3 Vgl. Neumann/Klein (1982), S. 175.

Erwartungen - beziehungsweise dient zur Überprüfung, inwieweit ein Modell diese Erwartungsänderung abbildet.[4]

Die letzte Kategorie von Ereignisstudien versucht, Variablen zu identifizieren, welche die Marktreaktionen erklären, das heißt die außerordentlichen Renditen, die bei Tests der Effizienzhypothese oder bei Tests des Informationsgehalts/der Informationsverarbeitung beobachtet werden.[5]

Die ersten beiden Typen der Ereignisstudien unterscheiden sich methodisch vor allem durch den relativ zum Ereignis beobachteten Zeitraum. Bei Untersuchungen des Informationsgehaltes werden die Kurse vor, während und nach dem Ereignis untersucht, bei Tests der Markteffizienz werden die Kurse direkt nach dem Ereignis betrachtet. Obwohl sich die verschiedenen Typen von Ereignisstudien in Ziel und Methodik unterscheiden, sind sie teilweise eng miteinander verknüpft. Zur Untersuchung der Informationseffizienz werden Ereignisse mit einem gewissen Informationsgehalt benötigt, zur Untersuchung des Informationsgehaltes wiederum muss ein gewisses Maß an Informationseffizienz gegeben sein.[6]

Die vorliegende Arbeit fällt in die erste Kategorie von Ereignisstudien, für die das Ausmaß beziehungsweise die Höhe der innerhalb eines Anpassungszeitraums gemessenen außerordentlichen Kursreaktion von Interesse ist. Auf Basis der Kursreaktion der Aktien von Käuferunternehmen des Telekommunikationsmarktes um die Bekanntgabe der Akquisition sollen die Einflüsse verschiedener Erfolgsfaktoren untersucht werden.

---

4 Ball/Brown (1968) untersuchen beispielsweise zwei Erwartungsmodelle zu Unternehmensgewinnen; für beide Modelle werden die abnormalen Renditen berechnet und mit den tatsächlichen abnormalen Renditen verglichen.

5 Siehe Bowman (1983), S. 574ff, mit einer ausführlicheren Beschreibung dieses Typs von Ereignisstudien.

6 Vgl. May (1991), S. 314.

5.1.2 Aufbau von Ereignisstudien

Trotz der sehr unterschiedlichen Verwendungsgründe und Freiheitsgrade, vor allem auch im methodischen Bereich, folgen die einzelnen Ereignisstudien einem von der Zielsetzung und der Art des untersuchten Ereignisses unabhängigen Aufbau:[7]

1. Definition des Ereignisses
2. Ermittlung des Ankündigungs-Zeitpunkts und Festlegung der Ereignisperiode
3. Berechnung der abnormalen Renditen
   - Schätzung der normalen erwarteten Renditen mit Hilfe eines Preisbildungsmodells
   - Ermittlung der individuellen abnormalen Renditen als Differenz aus beobachteter und normaler erwarteter Rendite
   - Aggregation der abnormalen Renditen
4. Analyse und Interpretation der Ergebnisse

Bei der Durchführung einer Ereignisstudie wird zunächst das *Ereignis* beziehungsweise werden die Ereignisse definiert, die für die Untersuchung von Interesse sind, und es wird der *Ankündigungszeitpunkt* bestimmt. Die Bestimmung des Ankündigungs-Zeitpunktes ist von wesentlicher Bedeutung für die Wirksamkeit der verwendeten Testverfahren.[8] Eine ungünstige Wahl dieses Zeitpunktes kann zu Fehleinschätzungen bezüglich des Informationsgehaltes führen. Eine Vielzahl der amerikanischen Ereignisstudien wählt als Ankündigungszeitpunkt den Termin der ersten Veröffentlichung im Wall Street Journal.[9] Für den deutschen Markt wird häufig die Veröffentlichung in einer überregionalen Zeitung, der Börsenzeitung oder der Tag

---

7 Zum Aufbau von Ereignisstudien siehe Bowman (1983), Strong (1992), Peterson (1989), MacKinley (1997), Campbell/Lo/MacKinley (1997), S. 150, Dyckman/Philbrick/Stephan (1984).

8 Vgl. Bowman (1983), S. 564, Brown/Warner (1980, 1985) zeigen mit Hilfe von Simulationen, dass die fehlerfreie Festlegung des Ankündigungszeitpunktes von erheblicher Bedeutung für die Wirksamkeit des Testverfahrens ist.

9 Vgl. May/Schweder-Weber (1990), S. 34.

der Veröffentlichung im Bundesanzeiger und in den letzten Jahren die Veröffentlichung als Ad-hoc Meldung, als Ankündigungszeitpunkt, verwendet.[10] Werden länderübergreifende Untersuchungen durchgeführt, so sollten die Informationen möglichst aus einer einheitlichen Daten-Quelle genutzt werden, damit eine konsistente Definition des Ankündigungszeitpunktes im Datensatz gewährleistet ist. Hier können sich aufgrund der jeweiligen länderspezifischen rechtlichen Bedingungen sonst Unterschiede ergeben, so bestehen beispielsweise rechtliche Unterschiede, wie schnell ein Ereignis, das einen Einfluss auf den Aktienkurs haben könnte, öffentlich bekannt gegeben werden muss und wie diese öffentliche Bekanntgabe durchzuführen ist, z.B. durch Bekanntgabe im Internet oder Bekanntgabe in einer überregionalen Zeitung. Alternativen bei der Bestimmung des Ankündigungszeitpunktes bei länderübergreifenden Untersuchungen sind:

- Veröffentlichungen in nationale Medien.
- Besondere Arten der Bekanntgabe auf Basis nationaler gesetzlicher Verpflichtungen, wie beispielsweise in Deutschland Ad-hoc-Meldungen.
- Internationale Quellen, wie beispielsweise Bloomberg.

Bei Wahl der ersten beiden Alternativen ergibt sich zumeist eine höhere Genauigkeit, während die dritte Alternative eine bessere Vergleichbarkeit und einheitliche Handhabung bietet.

Ist der Ankündigungszeitpunkt bestimmt, wird eine *Ereignisperiode* festgelegt, die den Zeitraum darstellt, in dem die durch das Ereignis ausgelösten Kursreaktionen vermutet werden und in dem die Renditen gemessen und auf Abnormalitäten untersucht werden. Hierbei unterscheiden sich verschiedene Untersuchungen in der Wahl der Länge der Ereignisperiode, für die es keine festgelegte Vorgabe gibt.

---

10 Vgl. Röder (1999), S. 18.

Sodann erfolgt die Berechung der *abnormalen Renditen*, wobei dazu zunächst die erwarteten Renditen mit Hilfe eines Modells geschätzt werden. Methodische Alternativen bestehen hierbei in der Wahl des Modells zur Schätzung dieser Renditen. Die abnormale Rendite ergibt sich aus der Differenz zwischen der tatsächlich beobachteten Rendite und der erwarteten Rendite. Das bedeutet, dass die tatsächlich beobachtete Rendite um die erwartete Rendite bereinigt wird, um die abnormale Rendite zu berechnen. Zumeist werden die abnormalen Renditen der einzelnen Tage der Ereignisperiode aufaddiert. Werden verschiedene Erfolgsfaktoren betrachtet, so wird der Durchschnitt der Renditen der Unternehmen gebildet, die die gleiche Ausprägung des Erfolgsfaktors aufweisen. Die *Analyse der Resultate* erfolgt gewöhnlich durch Überprüfung einer oder mehrerer zuvor bestimmter (Null-) Hypothesen mit Hilfe von statistischen Signifikanztests.

Jeder dieser Schritte zur Durchführung einer Ereignisstudie lässt sich durch eine Reihe verschiedener Methoden beziehungsweise verschiedener Vorgehensweisen durchführen, die im Folgenden zunächst allgemein beschrieben werden. Im Anschluss daran erfolgt die Entwicklung der Methodik für die Analyse der M&A-Aktivität im europäischen Telekommunikationsmarkt. Dabei wird aus den in den methodischen Grundlagen aufgeführten methodischen Möglichkeiten die jeweils für die vorliegende Problematik geeignetste Variante ausgewählt.

5.2 Methodische Grundlagen

5.2.1 Die Ermittlung der abnormalen Renditen

Bei Ereignisstudien werden Wertzugewinne und -verluste, die aufgrund des untersuchten Ereignisses für die Anleger entstehen, durch *abnormale Renditen* ausgedrückt.[11] Eine Betrachtung der abnormalen Renditen am Ereignistag und in der

11 Fama/Fisher/Jensen/Roll (1969) verwenden in ihrer Ereignisstudie zu den Auswirkungen von Aktiensplits erstmals abnormale Renditen zur Ermittlung von ereignisbezogenen Preisänderungen.

Ereignisperiode gibt Hinweise auf den Informationsgehalt des Ereignisses und über die damit verbundene Erwartungsänderung am Aktienmarkt. Die abnormale Rendite eines Wertpapiers zum Zeitpunkt der Ereignisankündigung gilt dabei als ein Maß für den Einfluss eines Ereignisses auf den Wert des Unternehmens.[12]

Nachhaltige systematische Über- bzw. Unterrenditen nach einem Ereignis widersprechen der Hypothese, dass Wertpapierpreise alle Informationen widerspiegeln und sich an neue Informationen theoretisch unendlich schnell anpassen. Die durch das Ereignis hervorgerufene Abweichung von einer normalen Durchschnittsentwicklung der Aktienrendite entspricht der abnormalen Rendite $AR_{j,t}$. Um die tatsächlich durch das Ereignis hervorgerufene abnormale Rendite zu bestimmen, muss daher die beobachtete Rendite um die normale erwartete Rendite bereinigt werden.

Es gilt:

(5.1.) $$AR_{j,t} = R_{j,t} - R^*_{j,t}$$

mit: $R_{j,t}$ beobachtete Rendite des Wertpapiers j in t

$R^*_{j,t}$ normale erwartete Rendite des Wertpapiers j in t

Abhängig von dem zur Schätzung der normalen erwarteten Rendite verwendeten Modell werden bei dieser Bereinigung Risikomaße oder allgemeine Markteinflüsse, die alle Wertpapiere betreffen und nicht der ereignisspezifischen Information zuzurechnen sind, mehr oder weniger stark oder nur teilweise mit einbezogen.[13]

In der Literatur werden zur Renditebereinigung eine ganze Reihe unterschiedlicher Modelle verwendet. Einige dieser Modelle enthalten eine Schätzperiode; es handelt sich um den Zeitraum, dessen Renditen zur Schätzung verschiedener Parameter für das jeweilige Modell verwendet werden. Die Länge der Schätzperiode kann je nach Art der verwendeten Kurse variieren. Zumeist wird die Schätzperiode so gewählt, dass das

---

12 Vgl. Brown/Warner (1980), S. 205.
13 Vgl. Brown/Warner (1985), S. 6.

zu beobachtende Ereignis sowie die Ereignisperiode nicht in der Schätzperiode enthalten sind, da sonst die durch das Ereignis ausgelöste abnormale Rendite in die Schätzung der Parameter eingehen und diese verzerren würde (siehe ABB. 8 Schätzperiode I).

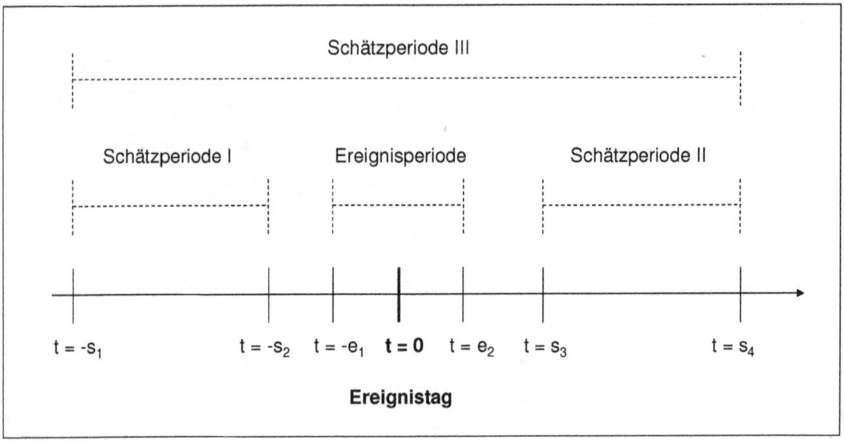

ABB. 8: Zeiträume zur Parameterschätzung

Des Weiteren verwenden manche Arbeiten zwei Schätzperioden (siehe ABB. 8 Schätzperiode I und II), eine vor und eine nach dem Ereignis, um zu überprüfen, ob das betrachtete Ereignis zu einer Veränderung der Modellparameter geführt hat. Das kann zum Beispiel der Fall sein, wenn ein Ereignis das Risiko des jeweiligen Wertpapiers maßgeblich beeinflusst.[14] Ferner gibt es die Möglichkeit der simultanen Schätzung (siehe ABB. 8 Schätzperiode III), wobei hier die schon angesprochene Problematik der möglichen Verzerrung der Parameter entsteht.[15]

---

14 Dies kann beispielsweise bei Übernahmen oder Unternehmenszusammenschlüssen der Fall sein, wenn sich das Risiko des Unternehmens maßgeblich dadurch verändert.

15 Der Begriff *Ereignistag* hat in der Literatur unterschiedliche Bedeutung. Zum einen wird mit Ereignistag der Tag bezeichnet, an dem das betrachtete Ereignis tatsächlich eintritt. Wird beispielsweise eine Akquisition angekündigt, wäre in diesem Fall der Ereignistag der Tag, an dem die Akquisition tatsächlich durchgeführt wird. Zum anderen wird mit dem Begriff *Ereignistag* der Tag bezeichnet, an dem den Marktteilnehmern die Information des Ereignisses zum ersten Mal zur Verfügung stand. Den folgenden Ausführungen wird letztere Begriffsdefinition zugrunde gelegt.

Methodische Alternativen bei der Wahl der Schätzperiode sind in TAB. 12 aufgeführt:

	Beschreibung	Eignung für Ereignisstudien
Alternative 1	Keine Schätzperiode	Nur für bestimmte Renditeschätzmodelle
Alternative 2	Eine Schätzperiode vor der Ereignisperiode	Vor allem, wenn das Unternehmensrisiko nicht durch die neue Information beeinflsst wird.
Alternative 3	Zwei Schätzperioden, eine vor und eine nach der Ereignisperiode	Vor allem, wenn das Unternehmensrisiko durch die neue Information beeinflusst wird.
Alternative 4	Eine Schätzperiode, die die Ereignisperiode mit einschließt.	Vor allem, wenn angenommen wird, dass die neue Information den Kurs nicht wesentlich beeinflussen wird.

TAB. 12: Methodische Alternativen zur Wahl der Schätzperiode

Dabei lässt sich nicht generell sagen, welche der Alternativen für Ereignisstudien am besten geeignet ist. Die Wahl der Schätzperiode sollte stattdessen in Abhängigkeit von der vorliegenden Fragestellung und dem verwendeten Modell der Renditeschätzung getroffen werden.

5.2.1.1 Modelle zur Renditebereinigung

Die zur Renditebereinigung verwendeten Modelle können in *Einfaktorenmodelle*, *Mehrfaktorenmodelle* und *faktorlose Modelle* unterschieden werden. Einfaktorenmodelle sind das wohl am häufigsten verwendete *Marktmodell* ebenso wie das *Capital Asset Pricing Modell* (CAPM). Zu den Mehrfaktorenmodellen zählen dagegen die *Arbitrage Pricing Theorie* (APT) sowie das *Dreifaktorenmodell* von Fama/French (1993). Als faktorlose Modelle zur Renditebereinigung bei Ereignisstudien haben das Modell der *mittelwertbereinigten Renditen* sowie das Modell der *marktbereinigten Renditen* Anwendung gefunden. Es handelt sich dabei teilweise um *statistische*, teilweise um *ökonomische* Modelle.[16] Statistische Modelle folgen keiner ökonomischen Argumentation, sondern basieren auf statistischen Annahmen über das Verhalten von Renditen. Dies sind beispielsweise das Marktmodell sowie das Modell der marktbereinigten und das der mittelwertbereinigten Renditen. Ökonomische Modelle berücksichtigen neben statistischen Annahmen

---

16 Vgl. MacKinley (1997), S. 17.

zusätzlich Annahmen über das Verhalten der Marktteilnehmer.[17] Die bedeutenden klassischen Kapitalmarktmodelle sind das Capital Asset Pricing Model (CAPM) und - darauf aufbauend - die Arbitrage Pricing Theory (APT). Diese beiden Modelle beschreiben die Bewegung des Marktes hin zu einem stabilen Gleichgewicht und werden daher auch Gleichgewichtsmodelle genannt. Das CAPM sowie die APT sind ökonomisch und theoretisch begründbare Gleichgewichtsmodelle.[18]

	Beschreibung	Eignung für Ereignisstudien
Einfaktorenmodelle		
Alternative 1	Marktmodell	Am weitesten verbreitet bei Ereignisstudien; jedoch abhängig von einer Anzahl von Prämissen
Alternative 2	Capital Asset Pricing Modell	In fast allen Fällen dem Marktmodell unterlegen
Mehrfaktorenmodelle		
Alternative 3	Arbitrage Pricing Theorie	Weniger restriktiv als CAPM; jedoch schlechte Vergleichbarkeit verschiedener Studien
Alternative 4	Dreifaktorenmodell	Schlechte Vergleichbarkeit
Faktorlose Modelle		
Alternative 5	Modell der mittelwertbereinigten Renditen	Nur geeignet in „stabilen" Märkten mit geringen Kursschwankungen
Alternative 6	Modell der marktbereinigten Renditen	Wird vor allem in neueren Studien verwendet; besonders geeinget, wenn Unternehmen mehrfach in verschiedenen Fällen der Stichprobe beteiligt sind

TAB. 13: Methodische Alternativen zur Wahl des Modells zur Renditebereinigung

In TAB. 13 sind die methodischen Alternativen zur Wahl des Modells zur Renditebereinigung in einer Übersicht dargestellt, und sie werden in den folgenden Abschnitten detailliert beschrieben.

5.2.1.1.1 Das Marktmodell

Das Marktmodell ist, wie auch das Modell der marktbereinigten und das der mittelwertbereinigten Renditen, im Gegensatz zum CAPM und der APT nicht durch eine Theorie untermauert.[19] Grundlegende Annahme des Marktmodells von Sharpe (1964) ist, dass zwischen der Rendite eines Einzelwertpapiers und der Rendite eines

---

17 Zu einem empirischen Vergleich verschiedener Modelle der Renditebereinigung siehe beispielsweise Döhrmann (1990).

18 Im Folgenden werden die Modelle zunächst kurz beschrieben. Zu einem Vergleich der Vor- und Nachteile der jeweiligen Modelle in Bezug auf ihre Eignung für Ereignisstudien siehe Kapitel 5.2.3.4 Spezifizierte Problembereiche.

19 Vgl. Copeland/Weston (1999), S. 362.

Marktfaktors, des so genannten Marktportfolios, ein linearer Zusammenhang besteht.[20] Andere Erklärungsvariablen werden nicht einbezogen.

Es gilt:

(5.2.) $$R_{j,t} = \alpha_j + \beta_j * R_{m,t} + \varepsilon_{j,t}$$

mit:

$R_{m,t}$ der Rendite des Marktportfolios zum Zeitpunkt t

α_j vom Markt unabhängiger Teil der Wertpapierrendite des Wertpapiers j

β_j Einflusskoeffizient der Marktrendite auf die Wertpapierrendite des Wertpapiers j

$\varepsilon_{j,t}$ Zufallsfehler des Modells im Zeitpunkt t

Die Parameter α_i und β_i werden mit Hilfe einer OLS-Regressionsrechung[21] geschätzt. Zur Schätzung der Parameter dienen Renditen aus der Schätzperiode. Die mit Hilfe des Marktmodells ermittelte abnormale Rendite ergibt sich wie folgt:

(5.3.) $$\hat{u}_{j,t} = AR_{j,t} = R_{j,t} - \left(\hat{\alpha}_j + \hat{\beta}_j R_{m,t}\right)$$

Zur korrekten OLS-Schätzung der Parameter müssen gewisse statistische Annahmen erfüllt sein und daher im Rahmen der Untersuchung überprüft werden. Dazu zählen Annahmetests auf Autokorrelation, Strukturkonstanz und Homoskedastizität sowie Signifikanztests für die geschätzten Parameter. Sind diese Prämissen erfüllt, eignet sich das Marktmodell besonders gut für Ereignisstudien, da es weniger restriktiv als das Capital-Asset-Pricing Modell ist. Dies wurde durch verschiedene Untersuchungen

20 Zur Beschreibung des Marktmodells siehe Steiner/Bruns (1998), S. 37ff.

21 Ordinary Least Squares.

zur Eignung von Modellen für Ereignisstudien bestätigt, darüber hinaus ist es das am meisten verwendete Modell für Ereignisstudien.[22]

5.2.1.1.2 Das Capital Asset Pricing Model (CAPM)

Kern-Aussage des auf Sharpe (1964) und Lintner (1965) zurückgehenden CAPMs ist, dass im Kapitalmarktgleichgewicht der riskante Teil der Portfolios sämtlicher Anleger, unabhängig von ihrer Risikoeinstellung, identisch strukturiert ist. Das riskante Teilportfolio entspricht der Struktur des Marktportfolios. Basis des CAPM bildet die Annahme eines linearen Zusammenhangs zwischen der erwarteten Rendite eines Wertpapiers und dessen systematischen Risiken. Die Wertpapierrendite setzt sich aus einem risikolosen Teil und einer Risikoprämie zusammen.[23] Die erwartete Rendite ergibt sich wie folgt:

(5.4.) $$E\left(R_{j,t}\right)=r_f+\beta_j\left(E\left(R_{m,t}\right)-r_f\right)$$

mit: r_f risikoloser Zins zum Zeitpunkt t

$\beta_j=\frac{\sigma_{j,m}}{\sigma_m^2}$ systematisches Risiko des Wertpapiers j relativ zum Marktportfolio

$E\left(R_{m,t}\right)$ Erwartungswert der Rendite des Marktportfolios

Dabei baut das CAPM auf den zwei Voraussetzungen auf, dass zum einen ein risikoloser Zins existiert, zu dem die Investoren Papiere kaufen und sich verschulden können, zum anderen, dass alle Marktteilnehmer homogene Erwartungen hinsichtlich der erwarteten Renditen, deren Standardabweichungen und der Korrelationen aller Wertpapiere haben.[24]

---

22 Siehe beispielsweise May/Schweder-Weber (1990), S. 47 oder Beitel (2002), S. 76

23 Zur ausführlichen Beschreibung des CAPM siehe Sharpe (1964), Lintner (1965a,b) oder Copeland/Weston (1999), Steiner/Bruns (1998), Tallman (1989).

24 Vgl. Sharpe (1964), S.433 f.

Möchte man die abnormale Rendite mit Hilfe des CAPM berechnen, muss zunächst das β_j des jeweiligen Wertpapiers geschätzt werden. Dazu werden die Daten der Schätzperiode verwendet. Nach Schätzung von β_j ergibt sich für die abnormale Rendite:

$$(5.5.)\qquad AR_{j,t} = R_{j,t} - \left[\left(1-\hat{\beta}_j\right)r_f - \hat{\beta}_j R_{m,t}\right]$$

Um das CAPM anzuwenden, muss zunächst der risikolose Zins ermittelt werden, was die empirische Eignung vermindert.[25] Bei einem empirischen Vergleich der Eignung verschiedener Modelle gelangen Cable/Holland (1996) zu dem Ergebnis, dass das Marktmodell in fast allen Fällen dem CAPM überlegen ist. May/Schweder-Weber (1990) führen als Argument gegen die Verwendung des CAPM bei Ereignisstudien an, dass das CAPM ein Gleichgewichtsmodell ist, das den Gleichgewichtspreis nur zu einem bestimmten Zeitpunkt angibt. Ziel von Ereignisstudien ist es jedoch gerade, den Preisanpassungseffekt über einen zeitlichen Horizont zu erfassen, so dass die Anwendung des CAPMs nicht sinnvoll ist. Des Weiteren bergen die zahlreichen beobachteten Abweichungen[26] der realen Preise von den theoretisch erklärbaren die Gefahr, dass bei ihrer Berücksichtigung bei Ereignisstudien eine Abhängigkeit der Ergebnisse von den spezifischen Restriktionen des CAPM entsteht.[27]

5.2.1.1.3 Die Arbitrage Pricing Theory (APT) und Multifaktorenmodelle

Die von Ross (1976) entwickelte *Arbitrage Pricing Theory* stellt eine empirisch überprüfbare Alternative zum CAPM dar.[28] Im Gegensatz zu dem CAPM, das nur eine einzige relevante Einflussgröße des systematischen Risikos berücksichtigt, die Schwankung der Rendite des Marktportfolios, wird im Rahmen der APT

---

25 Zum Marktmodell siehe Kapitel 5.2.1.1.1.

26 Derartige Abweichungen (Anomalien) sind saisonale Effekte (siehe French (1984)), Frantzmann (1989)), der Firm-Size-Effekt (siehe Banz (1981)), der Winner/Loser-Effekt (siehe DeBondt/ Thaler (1985)).

27 Zu Untersuchungen des CAPM für den deutschen Kapitalmarkt siehe Frantzmann (1989), Möller (1988), Winkelmann (1984).

28 Vgl. Copeland/Weston (1999), S. 219, zu einem Überblick empirischer Tests der APT siehe Kosfeld (1996).

angenommen, dass mehrere Faktoren dem Prozess der Generierung von Anlagerenditen zugrunde liegen.

(5.6.) $$R_j = E(R_j) + \beta_{j1}F_1 + ... + \beta_{jk}F_k + \varepsilon_j$$

mit:	R_j	der zufälligen Rendite des j-ten Wertpapiers
	$E(R_j)$	der erwarteten Rendite des j-ten Wertpapiers
	β_{ji}	der Sensitivität des j-ten Wertpapiers bezüglich des Faktorrisikos i mit $i = 1,...,k$
	F_i	Faktorrisiko
	ε_j	dem unsystematischen Risiko des Wertpapiers j

Die Variablen F_i beschreiben dabei die Ausprägungen gesamtwirtschaftlicher Faktoren, die annahmegemäß die Renditen aller Wertpapiere (jedoch in unterschiedlicher Stärke) beeinflussen. Die APT setzt Arbitragefreiheit voraus. Das bedeutet, dass durch Transaktionen, die per Saldo keinen Nettokapitaleinsatz erfordern und durch die der Anleger weder ein unsystematisches noch ein systematisches Risiko trägt, keine Renditen erzielt werden können. Durch Arbitrageprozesse tendiert der Kapitalmarkt zum Gleichgewicht. Im Gleichgewicht weisen alle Wertpapiere Risiko-Rendite-Kombinationen auf, die durch eine Arbitrage-Pricing-Line erfasst werden.[29] In einem arbitragefreien Markt gilt:[30]

(5.7.) $$E(R_j) = r_f + (E(R_1) - r_f)\beta_{j1} + ... + (E(R_k) - r_f)\beta_{jk}$$

wobei:	r_f	risikoloser Zins
	$E(R_i) - r_f$	Marktprämie für das Faktorrisiko F_i mit $i = 1,...,k$

---

29 Aufgrund der mehrdimensionalen Risikoerfassung hat die Arbitrage-Pricing-Line, genau genommen, die Form einer Ebene.

30 Zur Herleitung siehe z.B. Frantzmann (1989), S.44 ff. oder Copeland/Weston (1999), S. 219 ff.

β_{ji} Risikomenge des Wertpapiers j bezüglich des Faktorrisikos i

Auf Basis der ersten Arbeit von Ross sind eine Vielzahl verwandter Modelle entstanden, wobei die Modellannahmen teilweise stark von dem von Ross gewählten Ansatz abweichen. Die empirische Konstruktion und Analyse dieser *Multifaktorenmodelle* erfolgt grundsätzlich auf der Basis zweier Arten.[31] Einerseits können die Faktoren endogen geschätzt werden, das heißt die Faktoren werden aus den Renditen der Wertpapiere so genannter Basisportfolios geschätzt. Andererseits gibt es empirische Untersuchungen, die Faktoren als exogene Variablen von vorneherein spezifizieren. Dabei handelt es sich vor allem um makroökonomische Faktoren. Frantzmann (1989) stellt zum Beispiel für Deutschland drei bis vier Faktoren fest, die er aus Basisportfolios gewinnt.[32]

Bei der Anwendung der APT werden keine Annahmen über Präferenzfunktionen der Anleger und über die Verteilung zukünftiger Renditen benötigt.[33] Dabei wird eine geringere Anzahl an Daten als bekannt vorausgesetzt, so ist zum Beispiel keine Kenntnis des Marktportfolios notwendig. Daher ist die APT weniger restriktiv als das CAPM und vereinfacht empirische Tests. Trotzdem zeigen sich bei empirischen Untersuchungen der APT erhebliche Schwierigkeiten methodischer Art, so dass Ergebnisse vieler Studien kaum vergleichbar, teilweise sogar widersprüchlich sind. Grund dafür ist eine fehlende konkrete Spezifizierung der ökonomischen Einflussfaktoren sowohl inhaltlich als auch in Bezug auf ihre Relevanz sowie Anzahl. Die APT wird bei Ereignisstudien daher kaum verwendet.

---

31 Vgl. Sauer (1995), S. 94.

32 Zu einer Übersicht über Multifaktorenmodelle sowie über eine empirische Untersuchung von Faktormodellen für den deutschen Markt siehe Sauer (1994); für den US-amerikanischen Markt siehe beispielsweise das Dreifaktorenmodell von Fama/French (1995).

33 Ross (1976), S. 355.

5.2.1.1.4 Das Modell der mittelwertbereinigten Renditen

Das Modell der mittelwertbereinigten Renditen setzt konstante zu erwartende Renditen voraus.[34] Die konstante erwartete Rendite R_j eines Wertpapiers wird in einer Schätzperiode (vor dem Ereignistag) als Mittelwert dieses Zeitraumes erhoben:

(5.8.) $$\overline{R}_j = \frac{1}{s_2 - s_1} \sum_{t=s_1}^{s_2} R_{j,t}$$

mit: $t \in [s_1; s_2]$ Schätzperiode

Die abnormale Rendite ergibt sich bei diesem Modell aus:

(5.9.) $$AR_{j,t} = R_{j,t} - \overline{R}_j$$

Brown/Warner (1980) zeigen anhand von Simulationen, dass dieses Modell in fast allen Situationen genauso gut zur Ermittlung abnormaler Renditen geeignet ist wie komplexere Methoden. Jedoch berücksichtigt das Modell der mittelwertbereinigten Renditen keine externen Faktoren, wie beispielsweise die Entwicklung des gesamten Kapitalmarktes. Gerade wenn die Gesamtmarktstimmung einen wesentlichen Einfluss auf die individuellen Wertpapierrenditen hat, ist diese Methode ungeeignet.[35] Sollen ergebnisverzerrende Einflussgrößen, wie beispielsweise die allgemeine Marktstimmung, kontrolliert werden, sind Modelle, welche die Rendite um Faktoren wie beispielsweise marktbezogene Faktoren bereinigen, geeigneter.[36] Für Ereignisstudien sollte das Modell daher nur in Untersuchungen in einem stabilen Marktumfeld verwendet werden, das heißt in einem Marktumfeld, das keine besonders großen Kursschwankungen aufweist.

---

34 Vgl. Brown/Warner (1985), S. 6.

35 Vgl. Klein/Rosenfeld (1987) mit einer Untersuchung der Eignung verschiedener Modelle in Bull- und Bear-Märkten.

36 Vgl. May (1991), S. 323.

5.2.1.1.5 Das Modell der marktbereinigten Renditen

Das Modell der marktbereinigten Renditen basiert auf der Annahme, dass die erwartete Rendite für alle Wertpapiere gleich ist und der Rendite des Marktportfolios $R_{m,t}$ entspricht. Individuelle Risikoprämien werden nicht in die Berechnung miteinbezogen. Für jedes Wertpapier wird ein konstantes systematisches Risiko gleich eins angenommen. Die abnormale Rendite ergibt sich aus der Differenz der beobachteten Rendite des Wertpapiers j und der beobachteten Rendite des Marktportfolios:

(5.10.) $$AR_{j,t} = R_{j,t} - R_{m,t}$$

Das Marktportfolio ist jedoch, wie bei den meisten der hier vorgestellten Modelle, nicht exakt bestimmbar, es muss durch einen Index, beispielsweise den Marktindex, approximiert werden. Dies kann durch einen gleich- oder einen wertgewichteten Index erfolgen.[37] Die Bereinigung erfolgt durch die gleichzeitig zu dem Ereignis gemessene Marktrendite, so dass dieses Modell im Gegensatz zu den anderen hier vorgestellten Modellen keine Schätzperiode benötigt. Das Modell wird in neueren Arbeiten mit kurzen und langen Ereignisperioden verwendet.[38] Größter Kritikpunkt an dem Modell der marktbereinigten Renditen ist, dass das systematische Risiko für jede Aktie konstant und gleich eins angenommen wird. Das Modell sollte daher nicht für Untersuchungen verwendet werden, die extrem unterschiedliche Unternehmen betrachten, beispielsweise über verschiedene Industrien. Bei der Betrachtung von eher gleichartigen Unternehmen, zum Beispiel Unternehmen innerhalb einer Branche, eignet sich das Modell sehr gut für Ereignisstudien.

---

37 Armitage (1995), S. 27 bezeichnet dieses Modell auch als Index-Modell.

38 Siehe Barber/Lyon (1997) zu einer Übersicht über neuere Arbeiten mit Ereignisperioden von 1-5 Jahren, die das Modell der marktbereinigten Renditen verwenden, und eine Evaluation des Referenzindex (Markt-Index bzw. Rendite eines konstruierten Portfolios).

5.2.1.2 Verwendung von Marktindizes

Zur Berechnung der abnormalen Renditen muss - außer für das Modell der mittelwertbereinigten Renditen - ein Marktindex verwendet werden. Bei der Auswahl des Marktindexes bestehen folgende Möglichkeiten:

- *Kurs- vs. Performance-Index.* Performance-Indizes berücksichtigen zumeist Kapitaleinflüsse, wie beispielsweise Dividendenzahlungen, Aktiensplits oder Kapitalerhöhungen.[39] Kursindizes hingegen spiegeln die tatsächlichen Kurse wider. Zumeist werden bei Ereignisstudien Performanceindizes verwendet, da die Entwicklung der Rendite, nicht aber der eigentliche Kurs, interessiert.

- *Markt- vs. Branchenindex.* Eine Verwendung von Branchenindizes kann sinnvoll sein, wenn Unternehmen verschiedener Branchen betrachtet werden und sich die Entwicklung der einzelnen Branchen stark unterscheidet und in den jeweiligen Branchenindizes eine hinreichend große Anzahl an Unternehmen enthalten ist.[40] Ist ein Branchenindex jedoch durch einzelne Unternehmen stark beeinflusst, ist es sinnvoller, einen Marktindex zu verwenden, da sonst bei der Bereinigung ein Teil der abnormalen Rendite nicht berücksichtigt wird.[41]

- *Gleich- vs. wertgewichteter Index.* Dabei geht es vor allem um mögliche Unterschiede von Renditen in Abhängigkeit zur Unternehmensgröße. Die Untersuchungen, die sich mit dem in der Literatur unter dem Begriff *Small-Firm-Effekt* bezeichneten Phänomen auseinandersetzen, zeigen, dass besonders für kleine Unternehmen höhere Renditen als für große Unternehmen

---

39 Vgl. Strong (1992), S. 539.

40 Zur Eignung von Marktindizes für empirische Aktienmarktuntersuchungen siehe auch Kleeberg (1991).

41 Bestimmt beispielsweise der Wert eines Unternehmens einen Branchenindex maßgeblich, so wird bei der Betrachtung eines Ereignisses dieses Unternehmens bei einer Bereinigung um den Branchenindex bereits ein Teil der Kursreaktion durch die Bereinigung aus der abnormalen Rendite herausgerechnet.

beobachtbar sind.[42] In wertgewichteten Indizes geht das Renditeverhalten von Großunternehmen überproportional ein, so dass es unter Umständen sinnvoll sein kann, einen gleichgewichteten Index zu verwenden. Dadurch werden alle Größenklassen in gleichem Maß berücksichtigt. Wertgewichtete Indizes bilden dagegen die Marktentwicklung genauer ab.

Zumeist werden den Performance-Indizes die Kursindizes und den Marktindizes die Branchenindizes vorgezogen. Bezüglich der Gewichtung lassen sich keine Präferenzen erkennen. Je nach Stichprobe und Untersuchungsziel kann die eine oder andere Variante sinnvoller sein. Die methodischen Alternativen sind zusammenfassend in TAB. 14 dargestellt.

	Beschreibung	**Eignung für Ereignisstudien**
Index-Komponenten		
Alternative 1	Kurs-Index	Wird nur in Sonderfällen verwendet
Alternative 2	Performance-Index	Wird generell für Ereignisstudien verwendet, da zumeist die Rendite, nicht die eigentliche Kurssteigerung interessiert
Index-Zusammensetzung		
Alternative 1	Markt-Index	Wird zumeist verwendet; nur dann nicht sinnvoll, wenn Fälle verschiedener Branchen mit extrem unterschiedlicher Branchenentwicklung betrachtet werden.
Alternative 2	Branchen-Index	Sinnvoll, wenn verschiedene Branchen, die sich sehr unterscheiden, betrachtet werden. Nicht sinnvoll, wenn einzelne Unternehmen den Branchenindex stark beeinflussen.
Index-Berechnung		
Alternative 1	Gleichgewichteter Index	Sollte verwendet werden, wenn es wichtig ist, alle Größenklassen in gleichem Maß zu berücksichtigen.
Alternative 2	Wertgewichteter Index	Bildet Marktentwicklung genauer ab, berücksichtigt jedoch größere Unternehmen stärker.

TAB. 14: Methodische Alternativen zur Auswahl des Marktindizes

5.2.1.3 Verfahren zur Berechnung der Renditen

Zur Berechung der Renditen stehen zwei Varianten zur Verfügung, die diskrete Berechnung und die logarithmierte (stetige) Berechnung.

---

42 Zu der Thematik des Firm-Size-Effekts siehe z.B. Banz (1981), Reinganum (1981) und Zarowin (1989) beziehungsweise Beiker (1993) für den deutschen Kapitalmarkt.

Diskrete Berechnung:

(5.11.) $$R_{j,t}^{D} = \frac{P_{j,t} + D_{j,t} - P_{j,t-1}}{P_{j,t-1}}$$

Logarithmierte Berechnung:

(5.12.) $$R_{j,t}^{L} = \ln\left(\frac{P_{j,t} + D_{j,t}}{P_{j,t-1}}\right)$$

mit: $P_{j,t}$ Preis des Wertpapiers j zum Zeitpunkt t

$D_{j,t}$ Dividendenauszahlungen zum Zeitpunkt t

$P_{j,t-1}$ Preis des Wertpapiers j zum Zeitpunkt $t-1$, bereinigt um Kapitalveränderungen (z.B. Eigenkapitalerhöhungen, Gratisaktien)

Es ist umstritten, welche der beiden Varianten sich am besten für Ereignisstudien eignen. Logarithmierte Renditen sind eher normalverteilt als diskrete Renditen und entsprechen somit den Annahmen statistischer Standardtechniken.[43] Gegen logarithmierte Renditen spricht, dass sie bei der Schätzung der Rendite eines Portfolios systematisch zu niedrigeren Schätzungen führen, so dass sie zu einer Unterschätzung der tatsächlichen durchschnittlichen abnormalen Renditen führen können.[44] Barber/Lyon (1997) zeigen diesen Effekt mit Hilfe des folgenden Beispiels:[45] In einem Markt mit zwei Wertpapieren A und B, die eine jährliche Rendite von 20% und 10% erwirtschaften, ergibt sich ein gleichgewichteter Marktindex von 15%. Die abnormalen Renditen betragen 5% beziehungsweise -5%, die abnormale Rendite eines gleichgewichtigen Portfolios aus den beiden Wertpapieren 0%. Die logarithmierten Renditen der Wertpapiere A und B betragen 18,2% und 9,5%. Ein gleichgewichteter Marktindex ergibt in diesem Fall 14%, die abnormale Rendite für Wertpapier A somit

43 Vgl. Strong (1992), S. 535.
44 Vgl. Barber/Lyon (1997), S. 350.
45 Siehe hierzu auch Röder (1999), S. 14f.

4,2%, die für Wertpapier B -4,5%. Die durchschnittliche abnormale Rendite eines Portfolios aus A und B ist demnach -0,3% und nicht 0% wie bei der Berechnung mit diskreten Renditen. Die diskrete Berechnung der Renditen sollte daher bei Ereignisstudien der stetigen vorgezogen werden.[46]

	Beschreibung	**Eignung für Ereignisstudien**
Alternative 1	Diskrete Renditen	Werden zumeist für Ereignisstudien verwendet, sind jedoch nicht eindeutig als bessere Alternative bestätigt worden.
Alternative 2	Stetige (logarithmierte) Renditen	Können zur Unterschätzung der abnormalen Renditen führen Sind eher normalverteilt als diskrete Renditen

TAB. 15: Methodische Alternativen zur Renditeberechnung

5.2.1.4 Verfahren zur Aggregation der abnormalen Renditen

Sind die individuellen abnormalen Renditen ermittelt, werden diese zumeist zur weiteren Analyse aggregiert. Die Aggregation kann sowohl über den Ereigniszeitraum als auch über betrachtete Portfolios erfolgen. Dabei werden im Wesentlichen zwei Methoden verwendet, die der kumulierten abnormalen Renditen (Cumulative Abnormal Returns) und die des abnormalen Performance Indexes (Abnormal Performance Index).[47]

Die kumulierte Rendite eines Wertpapiers j an einem Tag t, der in der Ereignisperiode $[0,...,T]$ liegt, ergibt sich aus der Summe der abnormalen Renditen der vorausgegangenen Tage:

$$(5.13.) \qquad CAR_{j,t} = \sum_{k=1}^{t} AR_{j,k}$$

mit: $AR_{j,k}$ der abnormalen Rendite des Wertpapiers j am Tag k

---

46 Vgl. Barber/Lyon (1997), S. 350; zu finanzmathematischen Überlegungen stetiger vs. diskreter Renditen siehe auch Dorfleitner (1999), S. 21.

47 Die Methode der kumulierten abnormalen Renditen (CAR) geht zurück auf Fama/Fisher/Jensen/Roll (1969), die Methode des Abnormal Performance Index (API) wurde erstmals von Ball/Brown (1968) verwendet.

Für ein Portfolio P aus N verschiedenen Wertpapieren ergibt sich die kumulierte abnormale Portfoliorendite CAR_t zum Zeitpunkt t durch Aufsummierung der durchschnittlichen Portfoliorenditen der vorangegangenen Tage:[48]

(5.14.) $$CAR_{P,t} = \frac{1}{N}\sum_{j=1}^{N}\sum_{k=1}^{t} AR_{j,k}$$

Der Abnormale Performance Index eines Wertpapiers zum Zeitpunkt t wird durch Multiplikation der Renditen der vorangegangenen Tage berechnet:

(5.15.) $$API_{j,t} = \prod_{k=1}^{t}\left(1 + AR_{j,k}\right) - 1$$

In der Portfoliobetrachtung:

(5.16.) $$API_{P,t} = \frac{1}{N}\sum_{j=1}^{N}\prod_{k=1}^{t}\left(1 + AR_{j,k}\right) - 1$$

Diese Methode impliziert eine Handelsstrategie, bei der in $t = 0$ $\frac{1}{N}$ des Vermögens in jedes Wertpapier investiert und dieses Portfolio bis zum Zeitpunkt T gehalten wird. Das bedeutet, es finden keine Vermögensumschichtungen während der Ereignisperiode statt. Der Anteil eines einzelnen Wertpapiers an der Berechnung des Portfolio-API variiert jedoch je nach Entwicklung des jeweiligen Wertpapiers.

	Beschreibung	**Eignung für Ereignisstudien**
Alternative 1	Kumulierte abnormale Renditen (CAR)	Wird zumeist für Ereignisstudien verwendet
Alternative 2	Abnormaler Performance Index (API)	Nimmt an, dass keine Vermögensumschichtung während der Ereignisperiode vorgenommen wird, was unrealistischer ist als die bei CARs angenommene Umschichtung

TAB. 16: Methodische Alternativen zur Aggregation der Renditen

48 Vgl. Bowman (1983), S. 569.

5.2.2 Statistische Testverfahren

Um den Informationsgehalt und somit die Wertveränderung anhand der durch Ereignisse ausgelösten Kursreaktionen zu untersuchen, werden im Allgemeinen deskriptive und statistische Tests durchgeführt. Zunächst werden Hypothesen formuliert, in denen Erfahrungen, Vermutungen oder theoretische Überlegungen zum Ausdruck kommen. Diese Hypothesen werden als statistisch widerlegt angesehen und abgelehnt, wenn das Stichprobenergebnis in deutlichem (= signifikantem) Gegensatz zu den Hypothesen steht. Solche Signifikanztests lassen unterschiedliche Irrtumswahrscheinlichkeiten zu, die durch das Signifikanzniveau α ausgedrückt werden.[49] Abhängig von dem Untersuchungsziel, der Kenntnis über die Verteilung der Grundgesamtheit und der Anzahl der Stichproben, werden verschiedene Signifikanztests durchgeführt. Im Folgenden werden die zur Untersuchung von Wertpapierrenditen relevanten Verfahren vorgestellt. Zumeist werden parametrische Tests wie der t-Test durchgeführt. Darüber hinaus gibt es Arbeiten, die verteilungsfreie Tests durchführen, lediglich Betrachtungen mit Hilfe deskriptiver Statistik anwenden oder multivariate Analysen miteinbeziehen.

---

[49] Vgl. Bamberg/Baur (1993), S. 173 ff., zu einer Übersicht über Signifikanztests und mit einer ausführlichen Erklärung der geeigneten Wahl von Hypothesen und Signifikanzniveau.

	Beschreibung	Eignung für Ereignisstudien
Alternative 1	Deskriptive Analysen	Werden bei Ereignisstudien oft einführend und für graphische Darstellungen verwendet Lassen keine Schlüsse auf Allgemeingültigkeit der Ergebnisse zu
Alternative 2	Univariate Analysen	Lassen Schlüsse auf die Allgemeingültigkeit der Signifikanz einzelner Faktoren zu
Alternative 2a	Parametrische Verfahren	Sind an bestimmte Verteilungsformen der Strichprobenwerte gebunden; sind jedoch trotz Prämissen zumeist den nicht-parametrischen Verfahren überlegen
Alternative 2b	Nicht-parametrische Verfahren	Tendieren dazu, die Nullhypothese bei Tests auf negative abnormale Rendite zu häufig und auf positive abnormale Rendite nicht oft genug abzulehnen.
Alternative 3	Multivariate Analysen	Lassen zusätzlich zu den Vorteilen univariater Analysen Betrachtung von Interdependenzen verschiedener Faktoren und relative Bedeutung von Faktoren zu

TAB. 17: Methodische Alternativen zu statistischen Testverfahren

5.2.2.1 Univariate Analysen

5.2.2.1.1 Parametrische Verfahren

Der *Einstichproben-t-Test* stellt einen der bekanntesten Signifikanztests dar. Der Test unterstellt, dass die zu testenden Größen unabhängig sind und entweder normalverteilte Stichprobenvariablen oder ein relativ hoher Stichprobenumfang vorliegen.[50] Als Testfunktion gilt:

(5.17.) $$v = \frac{\overline{X} - \mu_0}{s}\sqrt{n}$$

mit: $\overline{X}$ Mittelwert der Stichprobe

μ_0 hypothetischer Mittelwert der Grundgesamtheit

50 Vgl. Bamberg/Baur (1993), S. 205; zumindest für große Stichprobenumfänge ist der t-Test relativ unempfindlich in Bezug auf die Normalverteilungsannahme. Darüber hinaus zeigen Brown/ Warner (1985), dass der Grad der Abweichung von der Normalverteilungsannahme keinen bedeutenden Einfluss auf die Ergebnisse von Ereignisstudien hat. Obwohl tägliche Renditen im Allgemeinen nicht normalverteilt sind, konvergiert die durchschnittliche Portfoliorendite jedoch besonders mit steigendem Stichprobenumfang zur Normalverteilung.

s Standardabweichung

n Stichprobenumfang

Soll nun getestet werden, ob gemessene abnormale Renditen signifikant von Null verschieden sind, ergibt sich folgende Testfunktion:

$$(5.18.)\qquad v = \frac{AR_t}{s_t}\sqrt{n}$$

mit: s_t Stichprobenstandardabweichung der abnormalen Renditen AR_t

Des Weiteren wurden verschiedene Verfahren entwickelt, welche die methodischen Besonderheiten bei der Ermittlung der abnormalen Renditen berücksichtigen.[51] Basiselement dieser parametrischen Testverfahren ist jeweils ein t-Test.

Patell (1976) berücksichtigt bei der *wertpapierspezifischen Standardisierung* einen Anstieg der Varianz im Ereignisfenster. Das auf ihn zurückgehende Testverfahren unterstellt als Gleichgewichtsmodell das Marktmodell, das bedeutet abnormale Renditen werden mit Hilfe von Formel (5.3.) errechnet. Patell unterstellt, dass abnormale Renditen nicht nur auf ereignisinduzierte Abweichungen, sondern auch auf Schätzfehler zurückzuführen sind. Die abnormalen Renditen werden daher zunächst folgendermaßen standardisiert:

$$(5.19.)\qquad u\left(AR_{jt}\right) = \frac{AR_{jt}}{s_j\sqrt{C_{j;t}}}$$

mit: $s_j^2 = \frac{\sum_{t=1}^{T_j}\hat{u}_{jt}^2}{T_j - 2}$ Varianz der Residuen in der Schätzperiode

T Anzahl der Beobachtungen in der Schätzperiode für das j-te Wertpapier

51 Vgl. Bowman (1983), S. 572.

$C_{jt} = 1 + \frac{1}{T_j} + \frac{\left(R_{m,t} - \overline{R}_m\right)^2}{\sum_{k=1}^{T_j}\left(R_{m,k} - \overline{R}_m\right)^2}$ dem Korrekturterm für den Anstieg der Varianz außerhalb der Schätzperiode

$\overline{R}_m$ durchschnittliche Rendite des Marktportfolios während der Schätzperiode

Als Testfunktion ergibt sich:

(5.20.) $$z_t = \frac{u\left(AR_{jt}\right)}{\sqrt{\sum_{j=1}^{N} \frac{T_j - 2}{T_j - 4}}}$$

Die Testfunktion ist mit wachsendem Stichprobenumfang $N(0;1)$ verteilt.

Der *Portfolioansatz* stellt einen weiteren Ansatz zur Standardisierung dar. Bei diesem Ansatz wird eine Standardisierung mit der Standardabweichung der Untersuchungsstichprobe durchgeführt. Die z_t-Statistik wird mit Hilfe der durchschnittlichen abnormalen Rendite des Portfolios und der Varianz dieser abnormalen Rendite aus der Schätzperiode ermittelt.

Das *Querschnittsverfahren* wird standardisiert mit der Standardabweichung innerhalb der Stichprobe. Dieses Verfahren berücksichtigt die geschätzte Varianz aus der Schätzperiode nicht und ist somit nicht auf das Marktmodell als Modell zur Berechnung der abnormalen Renditen festgelegt. Dabei wird für die z_t-Funktion für jeden Tag in der Ereignisperiode die Standardabweichung des Unternehmensquerschnitts berechnet. Die durchschnittliche abnormale Rendite des Portfolios wird durch den Standardfehler des Querschnitts geteilt.

Das *standardisierte Querschnittsverfahren* von Böhmer/Masumeci/Poulson (1991) verbindet das wertpapierspezifische Verfahren mit dem Querschnittsverfahren. Dabei werden neben der Varianz der Schätzperiode Informationen über die Varianz in der Ereignisperiode berücksichtigt. Analog zu dem wertpapierspezifischen Verfahren setzt dieses Verfahren das Marktmodell als Preisbildungsmodell voraus.[52] Brown/Warner (1985) kommen mit Simulationsstudien zu dem Ergebnis, dass eine Standardisierung mit der Standardabweichung innerhalb der Stichprobe in den meisten Fällen nicht notwendig und mit erheblichem Mehraufwand verbunden ist.

Obwohl sie über restriktivere Annahmen verfügen, sind parametrische Tests mit standardisierten Daten verteilungsfreien Tests zumeist überlegen.[53] Brown/Warner (1980) zeigen, dass verteilungsfreie Tests die Nullhypothese bei Tests auf negative abnormale Performance zu häufig, dagegen bei Tests auf positive abnormale Performance nicht oft genug ablehnen.

5.2.2.1.2 Nicht-parametrische Verfahren

Anders als die parametrischen Verfahren, die entweder normalverteilte Stichprobenvariablen oder relativ hohe Stichprobenumfänge fordern, treffen die nicht-parametrischen Verfahren keine Verteilungsannahmen. Zu den verteilungsfreien Verfahren zählen der Vorzeichentest, der Vorzeichenrangtest nach Wilcoxon und der Rangtest nach Corrado (1989).

Der einfache *Vorzeichentest* prüft, ob die beobachteten Werte $x_1,...,x_n$ symmetrisch um den Median X_{Med} schwanken.[54] Bei der Untersuchung von abnormalen Renditen wird auf $X_{Med} = 0$ getestet.[55] Bezüglich des Skalenniveaus der beobachteten Werte wird nur vorausgesetzt, dass festgestellt werden kann, ob diese kleiner, größer oder gleich X_{Med} ist, wobei zunächst folgende Transformation vorgenommen wird:

$$(5.21.) \qquad y_i = \begin{cases} 0, & \text{falls } x_i < 0 \\ 1, & \text{falls } x_i > 0 \end{cases}$$

---

52 Zur formalen Darstellung des Portfolioansatzes, des Querschnittsverfahrens und des standardisierten Querschnittsverfahrens siehe Oerke (1999), 80 ff.

53 Brown/Warner (1980) zeigen, dass der t-Test mit transformierten Daten eine bessere Annäherung an die eigentliche Verteilung darstellt als der Vorzeichen- oder Wilcoxon-Test.

54 Zu einer ausführlichen Beschreibung des Vorzeichentests siehe Bamberg/Baur (1993), S. 205 ff.

55 Anstelle eines Tests auf $X_{Med} = 0$ können beliebige Werte $X_{Med} = \xi_0$ getestet werden. Dementsprechend ist dann die Gleichung (5.21.) anzupassen.

Liegt eine ausreichend große Anzahl an Beobachtungen ($n > 20$) vor, kann die approximativ standardnormalverteilte Prüfgröße z folgendermaßen berechnet werden:

$$(5.22.) \qquad z = \frac{\sum_{i=1}^{n} y_i - \frac{n}{2}}{\frac{1}{2}\sqrt{n}}$$

Wegen der Transformation geht ein Großteil der Information, die aufgrund der Beobachtungen vorliegt, verloren. Der Vorzeichentest kann daher zu Fehlinterpretationen führen, ist jedoch einfach durchzuführen.

Der *Vorzeichenrangtest nach Wilcoxon* berücksichtigt neben dem Vorzeichen der beobachteten Werte deren Höhe.[56] Die Hypothesen über das Symmetriezentrum ζ_0 einer Grundgesamtheit werden anhand von Rangzahlen getestet, die den einzelnen Beobachtungen zugeordnet werden. Die vorliegenden Beobachtungen $x_1,...,x_n$ werden zunächst transformiert:

$$(5.23.) \qquad x'_i = x_i - \zeta_0$$

Dabei erhält man die Rangzahlen, indem ohne Berücksichtigung des Vorzeichens den Werten Ränge zugeordnet werden, beginnend mit dem kleinsten Wert. Den Rangzahlen werden die Vorzeichen der zugehörigen Werte $x'_i,...,x'_n$ zugewiesen. Es ergibt sich eine Rangstatistik $\tilde{R}_i$. Dabei berechnet sich die Teststatistik aus:

$$(5.24.) \qquad T^+ = \sum_{i=1}^{n} c_i \tilde{R}_i \quad \text{mit} \quad c_i = \begin{cases} 0, & \text{falls } \tilde{R}_i < 0 \\ 1, & \text{falls } \tilde{R}_i > 0 \end{cases}$$

Es wird annahmegemäß getestet, ob die Beobachtungen symmetrisch um den Wert ζ_0 liegen. Die Hypothese wird verworfen, falls $T^+ < W_{n;1-\alpha}$.[57] Für große Stichproben-

---

[56] Zu einer ausführlichen Beschreibung des Vorzeichenrangtests nach Wilcoxon siehe beispielsweise Hartung (1998), S. 242 f.

[57] Siehe Hartung (1998), S. 245 mit einer Tabelle der kritischen Werte des Vorzeichentests nach Wilcoxon.

umfänge mit $n > 20$ lässt sich eine Approximation durch die Standardnormalverteilung verwenden, deren Statistik wie folgt lautet:

$$(5.25.) \qquad T^* = \frac{T^+ - n(n+1)/4}{\sqrt{n(n+1)(2n+1)/24}}$$

Der *Rangtest von Corrado* (1989) ist ein weiterer nicht-parametrischer Test, der speziell der Untersuchung von Renditen dient. Bei diesem Test werden die abnormalen Renditen AR_{it} für jeden Handelstag der Ereignis- und der Schätzperiode in Rangplätze C_{it} umgewandelt. Es gilt, dass aus $AR_{it} \geq AR_{is}$ folgt $C_{it} \geq C_{is}$, wobei $C_{it} \in \{1;2;...;T\}$ mit T gleich der Anzahl der in die Untersuchung eingehenden Renditen des Ereignisses i ist.[58] Der durchschnittliche Rang beträgt $\frac{1}{2}T$. Von dem tatsächlichen Rang der abnormalen Rendite wird der durchschnittliche Rang subtrahiert und durch die Standardabweichung geteilt. Als Teststatistik ergibt sich:

$$(5.26.) \qquad z_t = \frac{\frac{1}{N}\sum_{i=1}^{N}\left(C_{it} - \frac{T}{2}\right)}{\sqrt{\frac{1}{T}\sum_{t=1}^{T}\left(\frac{1}{N}\sum_{i=1}^{N}\left(C_{it} - \frac{T}{2}\right)\right)}}$$

Die Teststatistik ist approximativ N(0;1) verteilt. Nach Corrado (1989) entspricht bei Unabhängigkeit der abnormalen Renditen die relative Effizienz dieses Tests 95,5% der Effizienz des t-Tests.

5.2.2.2 Multivariate Analysen

Bei den bisher vorgestellten univariaten statistischen Verfahren wird jeweils der Einfluss *eines* Faktors auf die abnormale Rendite geprüft. Nicht berücksichtigt werden Interdependenzen zwischen den einzelnen Faktoren. Die kombinierte Wirkung verschiedener Erfolgsfaktoren lässt sich mit Hilfe multivariater Analysen untersuchen.

---

58 Gleiche Ausprägungen $AR_{it} = AR_{is}$ führen dazu, dass beiden Renditen das arithmetische Mittel der Ränge zugewiesen wird, die sie bei verschiedenen Ausprägungen erhalten hätten.

Zur Durchführung von multivariaten Analysen, das bedeutet zur Untersuchung der Abhängigkeit einer Variablen von einer oder mehreren Variablen, werden strukturprüfende Verfahren eingesetzt.[59] Da in der Regel die Variablen zunächst in abhängige und unabhängige Variablen eingeteilt werden müssen, ist eine *a priori* Vorstellung des Kausalzusammenhangs zwischen den Variablen Voraussetzung für die Anwendung von strukturprüfenden Verfahren. TAB. 18 zeigt die grundlegenden strukturprüfenden Variablen, eingeteilt nach dem Skalenniveau der zu verwendenden Variablen.

		UNABHÄNGIGE VARIABLE	
		nominales Skalenniveau	metrisches Skalenniveau
ABHÄNGIGE VARIABLE	nominales Skalenniveau	Kontingenzanalyse	Diskriminanzanalyse, Logistische Regression
	metrisches Skalenniveau	Varianzanalyse	Regressionsanalyse

TAB. 18: Strukturprüfende Verfahren[60]

Die *Kontingenzanalyse* wird zur Untersuchung von Beziehungen zwischen ausschließlich nominal skalierten Variablen eingesetzt. Somit kann beispielsweise der Zusammenhang zwischen Rauchen (ja/nein) und Krebserkrankungen (ja/nein) analysiert werden. Die *Diskriminanzanalyse* wird vor allem zur Analyse von Gruppenunterschieden sowie zur Klassifizierung von Elementen eingesetzt. Sie findet Anwendung, wenn die abhängige Variable nominal skaliert ist und die unabhängigen Variablen metrisches Skalenniveau haben. Die Diskriminanzanalyse wird zum Beispiel zur Analyse von Wählerverhalten oder bei Kreditwürdigkeitsprüfung (Einstufung von Kunden in verschiedene Risikoklassen) eingesetzt. Die *Varianzanalyse* wird zumeist zur Analyse von Experimenten verwendet, wobei die unabhängigen Variablen auf nominalem Skalenniveau, die abhängigen auf metrischem Skalenniveau gemessen werden.

59 Zu einer Übersicht der verschiedenen multivariaten Analysemethoden und ihrer Anwendung siehe Backhaus et al. (2000), S. XXII.

60 Quelle: Backhaus et al (2000), S. XXII.

Die *Regressionsanalyse* ist das am häufigsten angewendete Verfahren der multivariaten Analysemethoden. Sie ist ein sehr flexibles Verfahren, das zur Erklärung von Zusammenhängen, aber auch zur Durchführung von Prognosen verwendet wird. Regressionsmodelle werden auch in der Finanzanalyse häufig verwendet, sowohl zur Prognose als auch zur Erklärung von Renditen. Es werden dabei Zeitreihenregressionen (time series regressions) und Querschnittregressionen (cross sectional regressions) unterschieden. Zeitreihenregressionen werden vor allem zur Erstellung von Prognosemodellen verwendet. Sie versuchen dabei, ein Untersuchungsmerkmal *eines Beobachtungsobjekts*, beispielsweise die Rendite eines Unternehmens, zu *verschiedenen Zeitpunkten* durch eine Variable oder mehrere Variablen zu erklären:[61]

(5.27.) $$y_t = \beta_0 + \beta_1 x_{1t} + \beta_2 x_{2t} + ... + \beta_k x_{kt} + \varepsilon_t$$

mit:

y_t	Wert der zu erklärenden Größe (Regressand) in t
x_{jt}	Wert der j-ten erklärenden Größe (Regressor) in t
β_0	Regressionskonstante
β_j	Regressionskoeffizient der j-ten erklärenden Größe
ε_t	Wert der Störvariablen (Residuum) in t

Wird eine lineare Regression als Prognoseinstrument eingesetzt, wird die zu erklärende Größe y nicht mehr zum aktuellen Zeitpunkt t, sondern zum zukünftigen Zeitpunkt $t+1$ betrachtet und die Gleichung (5.27.) dementsprechend modifiziert:

(5.28.) $$y_{t+1} = \beta_0 + \beta_1 x_{1t} + \beta_2 x_{2t} + ... + \beta_k x_{kt} + \varepsilon_{t+1}$$

Im Gegensatz dazu versuchen Querschnittsregressionen ein Untersuchungsmerkmal von *verschiedenen Beobachtungsobjekten*, zum Beispiel die Renditen verschiedener Unternehmen, zu *einem bestimmten Zeitpunkt* durch eine oder mehrere Variablen zu erklären:

61 Vgl. Poddig/Dichtl/Petersmeier (2000), S. 202.

(5.29.) $y_i = \beta_0 + \beta_1 x_{1i} + \beta_2 x_{2i} + ... + \beta_k x_{ki} + \varepsilon_i$

mit:

y_i	Wert der zu erklärenden Größe des Objekts i
x_{ji}	Wert der j-ten erklärenden Größe bezüglich des Objekts i
β_0	Regressionskonstante
β_j	Regressionskoeffizient der j-ten erklärenden Größe
ε_t	Wert der Störvariablen des Objekts i

Anstatt des Zeitindexes t wird sinnvollerweise ein Index i verwendet, der ausdrückt, dass es sich um ein Beobachtungsmerkmal beziehungsweise einen Einflussfaktor des i-ten Untersuchungsobjektes handelt. Mit Hilfe von Querschnittsregressionen werden Erklärungsmodelle gewonnen.[62]

5.2.3 Problembereiche von Ereignisstudien

5.2.3.1 Bestimmung des Ankündigungszeitpunktes

Nach Brown/Warner (1980) können Unsicherheiten bei der Bestimmung des Ankündigungszeitpunktes beziehungsweise des Ereignistages die Stärke eines Tests maßgeblich beeinflussen. Ist beispielsweise kein genaues Datum für ein Ereignis festlegbar, so werden Ergebnisse möglicherweise verzerrt oder falsch interpretiert. Ganz besonders betroffen von dieser Problematik sind Ereignisarten, bei denen das Ereignis und die Veröffentlichung des Ereignisses weit auseinander liegen. Unternehmensübernahmen sind sehr wahrscheinlich einem gewissen Personenkreis schon über einen längeren Zeitraum bekannt, bevor sie letztendlich öffentlich bekannt gegeben werden. Daher sollte auf jeden Fall ein gewisser Zeitraum vor dem Ereignis mit in die Betrachtung einbezogen werden. Des Weiteren ergeben sich methodische Schwierigkeiten, wenn ein Ereignis zwar öffentlich bekannt ist, jedoch eine gewisse

62 Zu Regressionsmodellen in der Finanzanalyse vgl. Poddig/Dichtl/Petersmeier (2000), S.201 ff.

Zeit verstreicht, bis alle Investoren Zugang zu der Information haben. Elektronische Medien verbessern die Verbreitung von Nachrichten erheblich und tragen somit dazu bei, dass die Problematik einer verzögerten Verbreitung von Ankündigungen vermindert wird.[63] Obwohl die Problematik der genauen Feststellung des Ankündigungszeitpunktes damit verringert wird, sollten Ereignisstudien dennoch davon ausgehen, dass es Abweichungen zwischen dem als Ankündigungszeitpunkt verwendeten Datum oder verwendeter Uhrzeit und dem Zeitpunkt, zu dem die neue Information den Marktteilnehmern bekannt ist, gibt. Es ist daher anzuraten, die Ereignisperiode so zu wählen, dass sie einen ausreichenden Zeitraum vor und nach dem Ereignistag mit einbezieht. Die Länge dieser Periode ist abhängig von dem untersuchten Ereignis. Wird beispielsweise der plötzliche Tod eines Top-Managers untersucht, kann man eine kurze Periode vor Bekanntgabe wählen, bei der Untersuchung von Akquisitionen, deren Verhandlungen sich oft über einen längeren Zeitraum hinziehen, sollte dagegen eine längere Periode gewählt werden. Für die vorliegende Fragestellung sollte daher ein nicht unerheblicher Zeitraum vor dem Ereignistag betrachtet werden.

5.2.3.2 "Thin Trading"

Werden bei Betrachtung von Renditen tägliche Kurse verwendet, kommen vor allem bei niedrigem Handelsvolumen die Schlusskurse teilweise gar nicht oder nicht am Handels-Ende zustande, eine Problematik, die insbesondere durch das deutsche "order driven" Handelssystem offensichtlich ist.[64] Die Kurse kommen zum Teil gar nicht oder ohne zugrunde liegenden Umsatz zustande. Resultat davon ist, dass die Rendite eines

---

63 Zum Einfluss elektronischer Medien auf die Verbreitung von Information am Aktienmarkt siehe Röder (1998).

64 Vgl. Röder (1999), S. 37 ff.

Wertpapiers unter Umständen über ein anderes Zeitintervall gemessen wird als die des Marktindexes.[65]

Bei der OLS-Schätzung der Parameter des Marktmodells kommt es zu Verzerrungen, wenn die Rendite eines Wertpapiers über ein anderes Zeitintervall gemessen wird als die Rendite des Marktindexes. Scholes/Williams (1977) zeigen, dass das tatsächliche β bei Wertpapieren mit niedrigem Handelsvolumen unterschätzt, bei Wertpapieren mit hohem Handelsvolumen überschätzt wird.[66]

Um die durch diesen asynchronen Handel auftretende Verzerrung zu vermindern, schlagen eine Reihe von Arbeiten alternative Techniken der Parameterschätzung vor.[67] Brown/Warner (1985) kommen nach umfangreichen Simulations-Tests verschiedener Verfahren jedoch zu dem Ergebnis, dass kein erheblicher Vorteil der Verfahren gegenüber der herkömmlichen OLS-Schätzung zu erkennen ist.[68]

Im Umgang mit fehlenden Kursen/asynchronem Handel werden folgende Techniken verwendet:[69]

- Entfernen der Wertpapiere, bei denen im Untersuchungszeitraum (Ereignis- und/oder Schätzperiode) Kurse fehlen oder aufgrund fehlenden Umsatzes nicht zustande kommen
- Entfernen der Ereignisse, bei denen Perioden ohne Kurse in der Ereignis- und/oder Schätzperiode auftreten

---

65 Kommt beispielsweise der Kurs einer Aktie in t=1 zustande, dann aber erst wieder am Tag t=5, so wird die Rendite von Tag 4 auf 5 auf Basis der Tage 1 und 5 berechnet. Für den Marktindex, der täglich zustande kommt, wird die Rendite am Tag t=5 aber auf Basis des wirklichen Kurses in t=4 und in t=5 berechnet. Damit wird die Rendite der Aktie über 4 Tage, die des Marktindex über einen Tag berechnet

66 Vgl. Scholes/Williams (1977), S. 320.

67 Siehe z.B. Scholes/Williams (1977) oder Dimson (1979).

68 Vgl. Brown/Warner (1985), S. 18.

69 Zum Umgang mit nicht verfügbaren oder fehlenden Kursen siehe Peterson (1989), S. 52, Brown/Warner (1985), S.5.

- Schätzen der fehlenden Rendite durch Aufteilen der Rendite der Folgeperiode auf die Periode mit fehlendem Kurs und die Folgeperiode
- Entfernen der Periode mit fehlendem Kurs und der Folgeperiode

Bei der ersten Variante ergibt sich das Risiko eines *Selection Bias*, das heißt es ist anzunehmen, dass vor allem kleine Unternehmen aus der Datenstichprobe entfernt werden. Die zweite Variante vermindert dieses Risiko, es werden nur einzelne Ereignisse jedoch nicht alle Ereignisse eines Wertpapiers ausgeschlossen. Die dritte Variante führt möglicherweise zu einer falschen Schätzung der Rendite. Die letzte Variante führt zu der größten Stichprobengröße, die mit Hilfe tatsächlicher Daten erreicht werden kann. Ein Ausschluss einzelner Tage aus der Ereignisperiode eines Ereignisses führt jedoch bei einer Portfoliobetrachtung dazu, dass die einzelnen Renditen der Tage der Ereignisperiode mit unterschiedlichem n ermittelt werden. Wie aus der Beschreibung der verschiedenen Alternativen klar wird, gibt es keine optimale Vorgehensweise für Ereignisstudien. Bei Ereignisstudien, die vor allem kleine Unternehmen, die wenig gehandelt werden, betrachten, sollten jedoch Modelle wie das Marktmodell vermieden werden.

5.2.3.3 Überlappende Ereignisse

Die Problematik der überlappenden Ereignisse (*Confounding Events*) stellt eine weitere Schwierigkeit bei Ereignisstudien dar. Darunter versteht man Ereignisse, bei denen sich Ereignis- und/oder Schätzperioden überschneiden. Tritt beispielsweise innerhalb der Ereignisperiode eines Ereignisses ein weiteres auf, das in keinem Bezug zu ersterem steht, und von dem man ebenfalls erwarten kann, dass es zu abnormalen Renditen führt, ist es schwierig, die beiden Einzeleinflüsse zu identifizieren.[70] Gleiches gilt für die Schätzperiode: Tritt während der Schätzperiode eines Ereignisses ein weiteres Ereignis auf, kann dieses die Schätzung der Parameter des Gleichgewichtsmodells beeinflussen.

---

70 Vgl. May (1991), S. 321.

Foster (1980) unterscheidet fünf Varianten des Umgangs mit überlappenden Ereignissen:

- *Test von Ereignisgruppen, um herauszufinden, welche Typen besonders problematisch sind.* Dabei werden die Ereignisse in verschiedene Ereigniskombinations-Kategorien eingeteilt. Eine Kategorie kann beispielsweise Ereignisse enthalten, die ausschließlich über Gewinne berichten, eine weitere Kategorie Ankündigungen, die ausschließlich über Dividenden berichten und eine dritte Kategorie solche, die über Gewinne und Dividenden berichten. Die Variante eignet sich bei der gleichzeitigen Bekanntgabe unterschiedlicher Inhalte, ist jedoch nur bei einer entsprechend großen Stichprobe anwendbar.

- *Ausschluss von Unternehmen, für die innerhalb der Testperiode überlappende Ereignisse vorliegen.* Diese Variante eignet sich nur, wenn die Ereignis- und Schätzperiode klein ist und wenn die Ereignisse nicht regelmäßig wiederkehren, da ansonsten die Stichprobe zu sehr reduziert wird.

- *Streichung von Zeiträumen, die von überlappenden Ereignissen betroffen sind.* Bei der Schätzung der Parameter wird hierbei der Zeitraum ausgeschlossen, der durch ein überlappendes Ereignis betroffen ist. Die Stichprobe wird durch diese Variante nur wenig reduziert. Unklar ist, wie lange dieser Ausschluss-Zeitraum zu sein hat. Für überlappende Ereignisse während der Ereignisperiode ist diese Variante nicht relevant.

- *Bereinigung der Daten um den geschätzten Einfluss des überlappenden Ereignisses.* Da es keine geeigneten Methoden gibt, den jeweiligen Einfluss eines überlappenden Ereignisses zu schätzen, ist diese Methode momentan nicht anwendbar.

- *Annahme, dass überlappende Ereignisse keinen oder nur einen minimalen Einfluss haben und daher vernachlässigt werden können.* Da sich wenige

Arbeiten der Problematik überlappender Ereignisse widmen, kann angenommen werden, dass eine große Anzahl von Arbeiten diese Variante gewählt hat.[71]

Methoden zur Renditeschätzung, die keine Schätzperiode benötigen, sind vor dem Hintergrund überlappender Ereignisse vorteilhaft, da die Wahrscheinlichkeit des Auftretens überlappender Ereignisse niedriger ist als bei anderen Methoden. Gerade wenn Datensätze untersucht werden, in denen dieselben Unternehmen mehrfach für verschiedene Fälle betrachtet werden (wie auch in der vorliegenden Arbeit), sollten daher Modelle der Renditeschätzung verwendet werden, die keine Schätzperiode benötigen. So wird der Zeitraum möglicher Überlappungen minimiert.

5.2.3.4 Spezifische Problembereiche der verschiedenen Modelle zur Renditeschätzung

Unabhängig davon, welches Modell zur Bereinigung der Renditen ausgewählt wird, unterliegt jede Ereignisstudie von vorneherein dem konzeptionellen Problem der *Joint-Hypothesis*. Das heißt jede Untersuchung der Informationsverarbeitung und/oder Informationseffizienz ist zugleich eine Untersuchung des jeweils verwendeten Modells zur Bestimmung der Renditen. Je nachdem welches Modell der Renditebereinigung verwendet wird, haben zusätzlich die oben erwähnten Problembereiche des *Thin Trading* und der überlappenden Ereignisse mehr oder weniger starken Einfluss auf die Untersuchung. Darüber hinaus gibt es verschiedene modellspezifische Problembereiche, die bereits in Kapitel 5.2.1.1 bei der Darstellung der einzelnen Modelle angesprochen wurden. In TAB. 19 sind die jeweiligen Problembereiche der einzelnen Modelle zusammenfassend in einer Übersicht dargestellt.

Alle Untersuchungen, welche die Renditebereinigung mit einem Modell vornehmen, das zur Bereinigung einen Marktindex verwendet, unterliegen dem Problem des asynchronen Handels beziehungsweise *Thin Trading*. Das heißt, dass alle Modelle - außer dem der mittelwertbereinigten Renditen - von diesem Problem betroffen sind.

---

71 Vgl. McWilliams/Siegel (1997), S.635 mit einer kritischen Auseinandersetzung über den Umgang mit überlappenden Ereignissen.

Das Problem der *überlappenden Ereignisse* betrifft jede Analyse, unabhängig davon, welches Modell ausgewählt wird. Analysen auf Basis von marktbereinigten Renditen sind jedoch weniger stark betroffen, da bei diesem Modell ohne Schätzperiode gearbeitet wird und somit das Problem der überlappenden Ereignisse nur für die Ereignisperiode, nicht aber für eine oder mehrere Schätzperioden berücksichtigt werden muss.

Jede Analyse auf Basis des *Marktmodells* ist darüber hinaus davon abhängig, dass die erforderlichen Annahmen bezüglich Autokorrelation, Strukturkonstanz und Homoskedastizität erfüllt sind. May/Schweder-Weber (1990) stellen fest, dass nur wenige Untersuchungen über derartige Annahmetests Auskunft geben. Bei Verwendung des *CAPM* muss als zusätzliche Information der risikofreie Zins ermittelt werden. Werden die Parameter des CAPM auf Basis des Marktmodells ermittelt, so gelten die gleichen Annahmeprobleme wie bei dem Marktmodell.

Das CAPM setzt zusätzlich als Annahme halbstrenge Informationseffizienz voraus. Werden in einer Untersuchung keine abnormalen Renditen festgestellt, so kann damit nicht unbedingt davon ausgegangen werden, dass der betrachtete Markt effizient ist, da das CAPM die Realität möglicherweise falsch abbildet. Das CAPM ist ein Gleichgewichtsmodell, das den Preis zu einem gewissen Zeitpunkt abbildet, jedoch nicht zur Betrachtung des Informationsverarbeitungsprozesses geeignet ist.

Modell	Problembereiche
Marktmodell	– Thin Trading – Überlappende Ereignisse (Schätz- und Ereignisperiode) – Annahmetests (Autokorrelation, Strukturkonstanz, Homoskedastizität)
CAPM	– Thin Trading – Überlappende Ereignisse (Schätz- und Ereignisperiode) – Ermittlung des risikofreien Zins – Halbstrenge Informationseffizienz ist Annahme – Zeitpunktbezogenes Gleichgewichtsmodell
APT/(weitere Multifaktorenmodelle)	– Thin Trading – Überlappende Ereignisse (Schätz- und Ereignisperiode) – Anzahl und Art der Faktoren umstritten – Zeitpunktbezogenes Gleichgewichtsmodell
Mittelwertbereinigte Renditen	– Überlappende Ereignisse (Schätz- und Ereignisperiode) – Keine Berücksichtigung des Markteinflusses, daher extrem instabil bei Bull-/Bear-Märkten
Marktbereinigte Renditen	– Thin Trading – Überlappende Ereignisse (Ereignisperiode) – Keine Berücksichtigung des wertpapierindividuellen Risikos

TAB. 19: Modellspezifische Problembereiche im Überblick

Die *APT* ist ebenfalls zeitpunktbezogen. Des Weiteren ist die Anzahl und Art der zu verwendenden Faktoren umstritten. Unter den Multifaktorenmodellen gibt es bisher keines, das sich uneingeschränkt durchgesetzt hat. Die Tatsache, dass das Modell der *mittelwertbereinigten Renditen* keine Markteinflüsse berücksichtigt, führt zwar dazu, dass die Problematik des *Thin Trading* nicht auftritt; jedoch ist seine Anwendung problematisch, wenn die Gesamtmarktstimmung einen wesentlichen Einfluss auf die individuellen Wertpapierrenditen hat, da dies im Modell nicht berücksichtigt werden kann. Das Modell der *marktbereinigten Renditen* wiederum berücksichtigt zwar Markteinflüsse, lässt jedoch individuelle Wertpapierrisiken außer Acht.

5.3 Entwicklung der Methodik zur Untersuchung von Akquisitionen im europäischen Telekommunikationsmarkt

5.3.1 Datenbasis

Als Datenbasis dienen europäische Transaktionen im Zeitraum 1998-2003, zu deren Identifikation im Wesentlichen die Quellen Bloomberg und Thomson Financial SDC[72] genutzt werden.

Es werden dabei M&A-Transaktionen ausgewählt, die die folgenden Kriterien erfüllen:

- Die Transaktion wurde zwischen 1.1.1998 und 30.6.2003 angekündigt.[73]
- Auf Käuferseite befindet sich ein europäisches Telekommunikations-Unternehmen.
- Der Käufer ist im Zeitraum von 20 Tagen vor und nach dem Ankündigungstag börsennotiert, und es sind an den Handelstagen Kurse festgestellt worden.

Wie von Pilloff/Santomero (1998) vorgeschlagen und in verschiedenen anderen Arbeiten nachvollzogen[74], werden keine Transaktionen aus dem Datensatz entfernt, wenn das Unternehmen innerhalb des Untersuchungszeitraumes in mehr als eine Transaktion involviert war. Des Weiteren wird keine Rücksicht darauf genommen, welche weiteren kursbeeinflussenden Nachrichten im Zeitraum bekannt gegeben wurden.

---

72 Die SDC (Securities Data Company) Mergers and Acquisitions Database wird durch Thomson Financial Securities Services bereitgestellt.

73 Eine Transaktion wird dem Jahr zugeordnet, in dem sie angekündigt wurde, auch wenn die eigentliche Transaktion in einem späteren Jahr erfolgt.

74 Vgl. Cybo-Ottone/Murgia (2000), S. 836.

5.3.2 Ermittlung des Ankündigungszeitpunktes und Festlegung der Ereignisperiode

Der Ereignistag $t = 0$ wird auf Basis des Ankündigungszeitpunktes bestimmt. Als Ankündigungstag wird für die vorliegende Arbeit der bei Bloomberg als *Announcement Date* festgehaltene Tag verwendet. Es wird davon ausgegangen, dass die Marktteilnehmer die Ankündigung sofort erhalten und schnellstmöglich reagieren. Da die Marktteilnehmer jedoch nur reagieren können, wenn gehandelt wird, wird der Tag als Ereignistag gewählt, an dem zum ersten Mal nach Veröffentlichung des Ereignisses ein Kurs betrachtet wird. Bei Transaktionen, die an einem Tag veröffentlicht werden, an dem nicht gehandelt wird, ist der darauf folgende Tag der Ereignistag *t=0*.

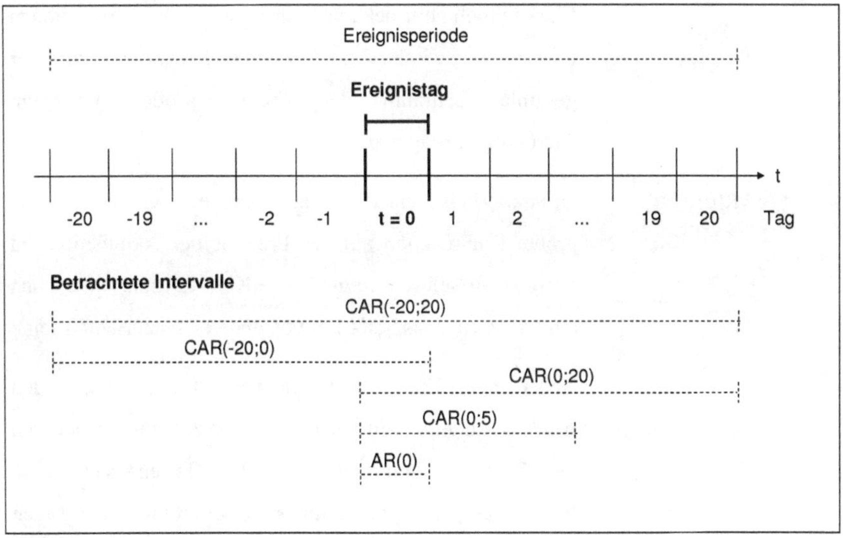

ABB. 9: Ereignisperiode und betrachtete Intervalle

Die Ereignisperiode wird im Allgemeinen als ein Zeitraum um den Ereignistag definiert. Die Ereignisperiode sollte lang genug sein, um den signifikanten Effekt eines Ereignisses zu erfassen, jedoch auch kurz genug, um überlappende Ereignisse zu vermeiden.[75] Ein Großteil der Studien zu Akquisitionen und Zusammenschlüssen wählt einen Ereignisraum von 20 Tagen vor und nach dem Ereignis.[76] Als Ereignisperiode wird ein Intervall von $t \in [-20;20]$ gewählt, um somit die Vergleichbarkeit mit anderen Studien zu vereinfachen. In diesem Zeitraum wird eine Reaktion des Aktienmarktes auf die Transaktion erwartet. Darüber hinaus werden Teilintervalle betrachtet, um noch differenziertere Untersuchungen durchführen zu können:

CAR (-20;0)	Der Zeitraum vor Bekanntgabe der Akquisition wird gesondert betrachtet. Diese Betrachtung ist vor allem bei Ereignisstudien interessant, die Ereignisse untersuchen, die schon vor dem Ankündigungszeitpunkt einer Anzahl von Marktteilnehmern bekannt sein können. Da Akquisitionen über einen gewissen Zeitraum verhandelt werden, wird der gesamte Zeitraum der Ereignisperiode vor dem Ankündigungstag betrachtet.
AR(0)	Grundsätzlich kann davon ausgegangen werden, dass die größte Kursreaktion auf das Ereignis der Akquisition am Ereignistag selbst erfolgt. Diese Kursreaktion sollte auch am „reinsten", das heißt frei von anderen Nachrichten sein.
CAR (0;5)	Neben dem Ereigniszeitraum von 20 Tagen um den Ankündigungszeitraum betrachtet eine Anzahl von Studien die Reaktion unmittelbar in den Tagen nach dem Ereignistag. Dabei wird zumeist ein Zeitraum von 5 Tagen gewählt. Die vorliegende Arbeit wählt diesen Zeitraum daher ebenfalls, um die Vergleichbarkeit mit anderen Studien zu ermöglichen.

75 Vgl. McWilliams/Siegel (1997), S.636.
76 Vgl. Beitel (2002), S. 160.

CAR (0;20)	Dieser Zeitraum betrachtet den Teil der Ereignisperiode, der nach Ankündigung liegt, das heißt den Zeitraum, in dem die Information *allen* Marktteilnehmern zur Verfügung steht.

5.3.3 Ermittlung der abnormalen Renditen

5.3.3.1 Das Bewertungsmodell

In Kapitel 5.2.1.1 wurden verschiedene ökonomische und statistische Modelle zur Renditebereinigung vorgestellt, die nun im Folgenden auf ihre Eignung für die vorliegende Untersuchung von M&A-Aktivitäten im Telekommunikationsmarkt diskutiert werden.

Bei dem *CAPM* handelt es sich um ein Gleichgewichtsmodell, das den Gleichgewichtspreis zu einem bestimmten Zeitpunkt angibt. Da in der vorliegenden Untersuchung jedoch gerade die Anpassung des Aktienpreises und die neue Information der jeweiligen Strategieentscheidung erfasst werden soll, ist die Anwendung des CAPMs nicht sinnvoll. Auch das zweite ökonomische Modell, das in Kapitel 5.2.1.1 vorgestellt wurde, die *APT*, ist für Ereignisstudien wenig geeignet. Die Annahmen der APT sind zwar weniger restriktiv als die des CAPM, dafür sind die ökonomischen Einflussfaktoren jedoch nicht konkret spezifiziert. Da weder allgemeine Anzahl noch Art der Einflussfaktoren spezifiziert sind, müssten diese erst entwickelt werden und würden so die Vergleichbarkeit der Ergebnisse erheblich verschlechtern.

In Simulationsstudien zeigen Brown/Warner (1980), dass das Modell der *mittelwert-bereinigten Renditen* in fast allen Situationen ebenso gut zur Ermittlung abnormaler Renditen geeignet ist wie komplexere Methoden. Hingegen stellen Klein/Rosenfeld (1987) fest, dass die Methode der mittelwertbereinigten Renditen in Phasen, in denen die Gesamtmarktstimmung einen wesentlichen Einfluss auf die individuellen Wertpapierrenditen hat (also in so genannten „*Bull-*" oder „*Bear Markets*") zu verzerrten Ergebnissen führt. Gerade im Telekommunikationsmarkt sind erhebliche periodische Schwankungen zu beobachten, denen auch die Kurse der einzelnen

Wertpapiere ausgesetzt sind. Ein Verfahren, das diese Marktschwankungen mit einbezieht, ist daher für die Fragestellung dieser Arbeit vorzuziehen.

Das am häufigsten verwendete Modell bei Ereignisstudien ist das Marktmodell.[77] Es wird in einer großen Zahl von Simulationsstudien sogar zum Vergleich der Eignung der Bewertungsmodelle als das am besten geeignete vorgeschlagen.[78] Es muss allerdings sichergestellt sein, dass die erforderlichen Annahmen erfüllt sind, um eine korrekte Schätzung der Parameter durchführen zu können. Vor allem die Stationaritätsannahme bei der Schätzung der Parameter kann problematisch werden. Probleme treten vor allem bei stark wachsenden Unternehmen auf, wie es Telekommunikationsunternehmen zumeist sind. Hier zeigen die *Betas* oft sehr große Volatilitäten, so dass Strukturbrüche, das heißt fundamentale Veränderungen des Unternehmensrisikos, sogar innerhalb eines kurzen Zeitraumes nicht ausgeschlossen werden können. Die empirische Analyse des systematischen Risikos einzelner Wertpapiere von Telekommunikationsunternehmen ist daher für die vorliegende Fragestellung nicht vorteilhaft.

Gerade neuere Arbeiten verwenden häufig die Methode der marktbereinigten Renditen.[79] Das Modell der marktbereinigten Renditen benötigt im Gegensatz zu den anderen vorgestellten Modellen keine Schätzperiode. Die Renditen der einzelnen Tage der Ereignisperiode werden jeweils um die Marktrendite, das heißt einen Marktindex desselben Tages, bereinigt. Das heißt, dass sich die Annahme über den Renditeprozess nur auf ein kurzes Zeitintervall bezieht. Aufgrund der Restriktionen der oben aufgeführten Modelle, wird die Untersuchung in der vorliegenden Arbeit mit Hilfe dieses *Modells der marktbereinigten Renditen* nach Formel (5.10) vorgenommen. Ein Nachteil des Modells der marktbereinigten Renditen ist, dass das individuelle

---

77 Nach May/Schweder-Weber (1990) verwenden ca. 60% der Ereignisstudien das Marktmodell als Bewertungsmodell zur Renditebereinigung.

78 Vgl. Cable/Holland (1996), Brown/Warner (1980,1985).

79 Siehe Michaely/Thaler/Womack (1995), Asquith/Bruner/Mullins (1983), beziehungsweise für den deutschen Markt Röder (1999), Grunert/Schiereck (2002).

Wertpapierrisiko nicht berücksichtigt wird. Dieser Nachteil wird auf Kosten der oben aufgeführten Vorteile bewusst in Kauf genommen.

5.3.3.2 Der Marktindex

Da die vorliegende Untersuchung Unternehmen betrachtet, die an verschiedenen europäischen Börsen notiert sind, müssen verschiedene Marktindizes verwendet werden. In TAB. 20 ist der Marktindex für das jeweilige Land aufgeführt. Alternativ könnten die jeweiligen Telekomindizes der einzelnen Länder verwendet werden oder ein europäischer Telekombranchenindex. Die erstere Vorgehensweise ist, wie zu Anfang des Kapitels erläutert, jedoch problematisch, wenn einzelne Unternehmen den jeweiligen Branchenindex maßgeblich bestimmen. Ist dies der Fall, wird ein Teil der Reaktion auf das Ereignis eines Falles, an dem eines dieser großen Unternehmen beteiligt ist, bereinigt und nicht in der abnormalen Rendite widergespiegelt. Da im Telekommunikationsmarkt der Branchenindex eines jeweiligen Landes zumeist von einigen wenigen Unternehmen dominiert wird, ist eine Verwendung von Branchenindizes für die vorliegende Fragestellung nicht geeignet.

Die alternative Wahl eines europäischen Branchenindex ist ebenfalls wenig geeignet, da die Integration auf europäischer Ebene im gewählten Zeitraum noch nicht weit fortgeschritten war und somit die Kurse der jeweiligen Unternehmen mehr durch den jeweiligen Marktverlauf der landeseigenen Börse als durch den Marktverlauf der europaweiten Branche geprägt war.

Land	Index
Belgien	Bel20 Index
Dänemark	KFX Copenhagen Share
Deutschland	Dax Index
Finnland	HEX General Index
Frankreich	CAC 40
Griechenland	ASE General Index
Großbritannien	FTSE All Share
Irland	Irish Overall Index
Italien	MIB 30
Luxemburg	Luxembourg LuxX Index
Niederlande	Amsterdam Exchange Index
Norwegen	OBX Stock Index
Polen	Polish Traded Index
Portugal	Lisbon BVL General Index
Russland	Russian Traded Index
Schweden	OMX (Stockholm) Index
Schweiz	Swiss Market Index
Spanien	Spain MA Madrid Index
Ungarn	Budapest Stock Exchange

TAB. 20: Übersicht über die verwendeten Marktindizes

5.3.3.3 Aggregation der Renditen

Zur Aggregation der abnormalen Renditen können die in Kapitel 5.2.1.4 dargestellten Methoden, kumulierte abnormale Renditen CAR oder abnormaler Performance Index API, verwendet werden. Der API unterstellt eine Aufteilung des Investitionsvolumens zum Beginn der Ereignisperiode, die bis zum Ende der Ereignisperiode nicht angepasst wird (das heißt eine *buy, hold and sell*-Strategie). Dies führt zu dem Nachteil, dass das Produkt der Renditedifferenzen zwischen der beobachteten Rendite des Wertpapiers und der Marktrendite nicht der Differenz der Renditeprodukte entspricht, die ein Investor bei Kauf der Aktie und Verkauf eines Kontrollportfolios erzielt.[80] Für die vorliegende Untersuchung werden daher kumulierte abnormale Renditen nach Formel (5.13) sowie für Portfolios nach Formel (5.14) berechnet. Diese Methode unterstellt eine gleichmäßige Aufteilung des Investitionsbetrages auf N Wertpapiere. Nach jeder Periode wird das Portfolio verkauft und erneut mit gleichmäßiger Aufteilung des aktuellen Vermögens reinvestiert.

80 Vgl. Ball/Brown (1968), S. 172.

5.3.4 Statistische Tests

Zusätzlich zu einer Reihe von *deskriptiven Analysen* werden zur statistischen Analyse *univariate und multivariate Analysen* durchgeführt. Dabei werden auf Basis der theoretischen Grundlagen sowie der Ergebnisse bisheriger empirischer Arbeiten Hypothesen formuliert. Zu diesen Hypothesen werden zur statistischen Überprüfung formale Hypothesenpaare aus Null-Hypothese H_0 und Gegenhypothese H_1 gebildet. Bei den durchgeführten *univariaten* Tests handelt es sich um Einstichproben, bei denen der Mittelwert der Zufallsvariablen gegen einen hypothetischen Wert geprüft wird, sowie um Zweistichprobentests, bei denen die Mittelwerte zweier Stichproben, beispielsweise der Gruppe von kleinen Unternehmen und der Gruppe von großen Unternehmen, verglichen werden.

Aufgrund der Auswahl des Modells der marktbereinigten Renditen für die Durchführung der Ereignisstudie, sind von den in Kapitel 5.2.2 vorgestellten statistischen Methoden diejenigen ungeeignet, die für ihre Anwendung das Marktmodell als Bewertungsmodell voraussetzen. Das bedeutet, dass das Verfahren der wertpapierspezifischen Standardisierung und das standardisierte Querschnittsverfahren für die vorliegende Fragestellung ungeeignet sind. Da ein vergleichsweise kurzes Ereignisfenster von 40 Tagen für die Untersuchung gewählt wird, kann auf eine Berücksichtigung der Veränderung der Varianzen in der Ereignisperiode verzichtet werden. Als parametrisches Verfahren bietet sich daher der *t-Test* an.

Je nach Fragestellung werden bei den *t-Tests* eines oder mehrere der folgenden Hypothesenpaare überprüft:

$$H_0 : E(X) = \mu_0 \qquad H_1 : E(X) \neq \mu_0$$

$$H_0 : E(X) < \mu_0 \qquad H_1 : E(X) \geq \mu_0$$

$$H_0 : E(X) > \mu_0 \qquad H_1 : E(X) \leq \mu_0$$

Testfunktion ist Formel (5.17.) beziehungsweise (5.18.). Die Untersuchung erfolgt für Signifikanzniveaus von $\alpha = 0,01$, $\alpha = 0,05$ und $\alpha = 0,1$.

Werden zwei Stichproben beziehungsweise zwei Teilportfolios miteinander verglichen, so lauten die jeweiligen Hypothesenpaare dann für den t-Test:

$$H_0 : E(X) = E(Y) \qquad H_1 : E(X) \neq E(Y)$$

$$H_0 : E(X) < E(Y) \qquad H_1 : E(X) \geq E(Y)$$

$$H_0 : E(X) > E(Y) \qquad H_1 : E(X) \leq E(Y)$$

Auch hier werden Signifikanzniveaus von $\alpha = 0,01$, $\alpha = 0,05$ und $\alpha = 0,1$ überprüft.

Zusätzlich zu den univariaten Analysen werden als *multivariate Analysen* Regressionsanalysen durchgeführt, welche die Einflussfaktoren von Akquisitionen auf die abnormale Rendite des Käufers untersuchen sollen. Dabei werden verschiedene Erklärungsmodelle konstruiert und auf ihre Signifikanz untersucht. Bei der Durchführung von Regressionsanalysen ist die Überprüfung verschiedener Annahmen notwendig. Im Folgenden werden die Verfahren und Kennzahlen vorgestellt, die zur Analyse der Ergebnisse und der Güte der Regressionsanalyse verwendet werden.

Verschiedene Annahmen können die Aussagekraft von linearen Regressionsmodellen beeinflussen, soweit sie nicht erfüllt sind. *Mulitkollinearität*, das heißt lineare Abhängigkeit zwischen den unabhängigen Variablen ist dann problematisch, wenn es sich um eine starke Abhängigkeit handelt, dann kommt es nämlich zu Ineffizienzen bei den Schätzwerten. Diese Ineffizienzen führen dazu, dass der Standardfehler der Regressionskoeffizienten größer wird und damit die Schätzung der Koeffizienten ungenauer. Multikollinearität untersucht man zumeist durch Betrachtung der Toleranz oder des *Variance Inflation Factors* (VIF). Zur Bestimmung der Toleranz wird das Bestimmtheitsmaß r_j^2 berechnet, das sich durch Regression der j-ten unabhängigen

Variablen auf die übrigen unabhängigen Variablen ergibt. Toleranz und VIF ergeben sich wie folgt:[81]

(5.30.) $$TOL_j = 1 - r_j^2$$

(5.31.) $$VIF_j = \frac{1}{TOL_j} = \frac{1}{1 - r_j^2}$$

Enthält eine Variable keine zusätzlichen Informationen, so bedeutet das, dass sie aus den anderen unabhängigen Variablen erzeugt werden kann. Das ist dann der Fall, wenn $r_j^2 = 1$ ist. Daher sprechen Toleranzen nahe 1 für eine geringe Mulitkollinearität, Werte von $VIF > 10$ weisen auf nachhaltige Multikollinearitätsprobleme hin.[82]

Die *Unahängigkeit der Residuen* ist eine weitere Annahme der linearen Regression, die zu Ineffizienzen führen kann. Eine Korrelation der Störgrößen wird mit Autokorrelation bezeichnet und tritt vor allem bei Zeitreihen auf. Autokorrelation kann mit Hilfe des Durbin-Watson-Tests überprüft werden. Gegenstand des Tests ist die Reihenfolge der Residuen.[83] Bei einem Signifikanzniveau von 5% wird die Nullhypothese, die besagt, dass die Residuen nicht korreliert sind, für Werte $d \notin [1{,}76;2{,}24]$ abgelehnt.

Eine Regressionsfuntion kann mit Hilfe des *Bestimmtheitsmaßes* (R Quadrat) und der *F-Statistik* auf ihre Güte hin untersucht werden. Das Bestimmtheitsmaß misst, wie gut sich die Regressionsfunktion an die beobachteten Daten anpasst, das heißt es misst die Güte der Anpassung der Regressionsfunktion and die empirischen Daten. Dabei gibt das Bestimmtheitsmaß an, welcher Anteil der Varianz durch die Faktoren des Regressionsmodells erklärt wird. Das Bestimmtheitsmaß ist eine normierte Größe, deren Wertebereich zwischen Null und Eins liegt und zumeist in Prozent angegeben

---

81 Zur Überprüfung der Annahmen und der Güte von linearen Regressionen siehe Backhaus et al. (2000), S.33 ff.

82 Vgl. Poddig/Dichtl/Petersmeier (2000); S.368.

83 Zur Durchführung des Durbin-Watson-Tests vgl. Backhaus et al. (2000), S. 52.

wird.[84] Die F-Statistik liefert ein Maß dafür, inwieweit das ermittelte Regressionsmodell über die Stichprobe hinaus für die Grundgesamtheit aussagekräftig ist. In die Berechnung der F-Statistik gehen die Streuungskomponenten, der Stichprobenumfang und die Anzahl der Regressoren ein.[85]

5.4 Zusammenfassung

Zur empirischen Untersuchung des Erfolges von M&A-Aktivitäten im europäischen Telekommunikationsmarkt bietet sich die Methodik der Ereignisstudie an, die nicht nur für derartige Fragestellungen, sondern auch für empirische Untersuchungen der Informationsverarbeitung und –effizienz verwendet wird. Ereignisstudien untersuchen die Kursreaktion auf das Bekanntwerden von Ereignissen und haben dabei einen zumeist einheitlichen Aufbau, dessen einzelne Komponenten jedoch verschiedene Freiheitsgrade zulassen. Vor allem die Renditebereinigung kann auf verschiedene Arten erfolgen, die in Simulationsstudien schon mehrfach verglichen und auf ihre Eignung für verschiedene Betrachtungsgegenstände untersucht wurden.

Als Datenbasis werden M&A-Aktivitäten von europäischen Käuferunternehmen im Zeitraum 1.1.1998 bis 30.6.2003 verwendet, wobei nur Unternehmen betrachtet werden, für die die jeweiligen Kurse im Betrachtungszeitraum verfügbar sind. Als Ereignisperiode wird ein Zeitfenster von 20 Tagen vor bis zu 20 Tagen nach dem Ankündigungszeitpunkt gewählt. Die Renditebereinigung erfolgt mit dem Modell der marktbereinigten Renditen, wobei als Index zur Bereinigung der jeweilige Marktindex des Käuferlandes verwendet wird. Die aggregierte Betrachtung erfolgt auf Basis von kumulierten abnormalen Renditen, deren Verteilung mit *t-Tests* untersucht wird, um die jeweiligen Hypothesen zu bestätigen oder zu verwerfen. Darüber hinaus werden verschiedene Regressionsmodelle in multivariaten Analysen betrachtet.

---

84 Zur Ermittlung des Bestimmtheitsmaßes vgl. Poddig/Dichtl/Petersmeier (2000), S. 240.

85 Zur Berechung der F-Statistik siehe Backhaus et al. (2000), S. 26.

6 Empirische Analyse

In den nachfolgenden Abschnitten sollen die Determinanten des Transaktionserfolgs im europäischen Telekommunikationssektor identifiziert werden. Basis hierfür bilden die im Vorangegangenen hergeleiteten Hypothesen. Wie aus *Kapitel 4* ersichtlich, wurden dabei drei Gruppen von Hypothesen unterschieden:

- *Gruppe 1: Kernfaktoren - Erfolgsfaktoren, die auf Basis der M&A-Motive hergeleitet werden können*
- *Gruppe 2: Erweiterte Kernfaktoren - Weitere aus der betriebswirtschaftlichen Theorie ableitbare Erfolgsfaktoren*
- *Gruppe 3: Moderatorfaktoren - Erfolgsfaktoren, die nicht aus der Theorie abgeleitet werden, aber in empirischen* Arbeiten häufig als Erfolgsvariablen überprüft werden und als *Moderatorvariablen* in diese Untersuchung eingehen

Auf Basis aller Hypothesen werden *univariate Analysen* durchgeführt, und es werden außerdem auf Basis der aus der M&A-Theorie hergeleiteten Kernfaktoren *multivariate Modelle* aufgestellt und empirisch überprüft. Das Kapitel beginnt mit deskriptiven Analysen über den gesamten Datensatz. Danach wird auf Basis des gesamten Datensatzes der Frage des Erfolgs von M&A-Transaktionen im Telekommunikationssektor nachgegangen. Anschließend werden die Ergebnisse der univariaten Analysen präsentiert. Daraufhin wird auf die Resultate der multivariaten Modellanalysen eingegangen.

6.1 Deskriptive Analysen

Insgesamt werden 219 Transaktionen untersucht, die dem Zeitraum 1.1.1998 bis 30.6.2003 zuzuordnen sind. Dabei zeigt sich ein beachtlicher Anstieg der Anzahl von Transaktionen im Telekommunikationsmarkt in Europa innerhalb des Beobachtungszeitraumes. Während in den Jahren 1998-1999 lediglich die Ankündigung von insgesamt vier Transaktionen in der Datenstichprobe vorhanden ist, nimmt die

Aktivität im Jahr 2000 rapide zu, wobei hier die Anzahl der Ankündigungen im zweiten Halbjahr mehr als das Vierfache der Ankündigungen im ersten Halbjahr ausmacht. Den Höhepunkt der Konsolidierung stellt das Jahr 2001 mit insgesamt 107 Transaktionen dar, wobei in der zweiten Hälfte des Jahres 2001 bereits ein leichter Rückgang der Konsolidierungsaktivität zu verzeichnen ist. Im Jahr 2002 wurden weniger als die Hälfte an Transaktionen des Jahres 2001 angekündigt. Und im zweiten Halbjahr 2002 ist noch einmal ein Anstieg an Transaktionen zu beobachten, wobei sich dieser Trend im Jahr 2003 nicht fortsetzt

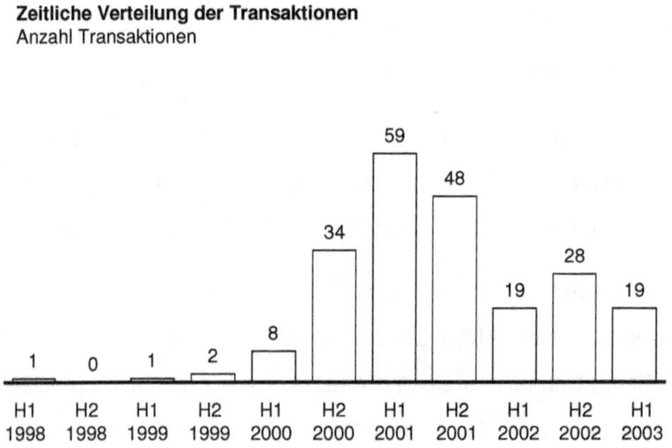

ABB. 10: Zeitliche Verteilungen der Transaktionen

Betrachtet man die Entwicklung der Transaktionsvolumina über die Zeit, so fällt der hohe Wert für das zweite Halbjahr 1999 von über 186 Milliarden USD auf. Für diesen enormen Anstieg des M&A-Volumens ist die erstmals im November 1999 angekündigte Übernahme der *Mannesmann AG* durch *Vodafone* verantwortlich. Während im Jahr 2000 das durchschnittliche Transaktionsvolumen noch ungefähr 2 Milliarden USD beträgt, ist hier für die folgenden zwei Jahre 2001 – 2002 eine deutliche Reduzierung der durchschnittlichen Transaktionsvolumina zu beobachten, und erst Anfang 2003 werden wieder größere Akquisitionen mit einem durchschnittlichen Transaktionsvolumen von 1,6 Milliarden USD durchgeführt.

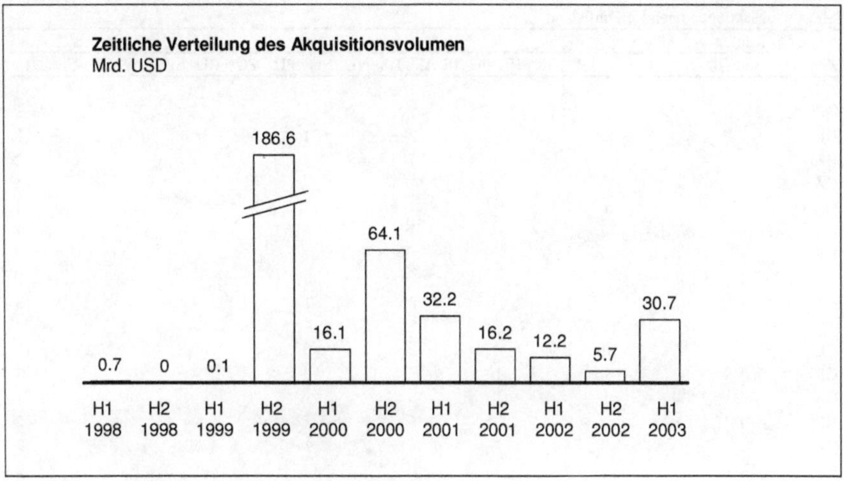

ABB. 11: Zeitliche Verteilung des Akquisitionsvolumens

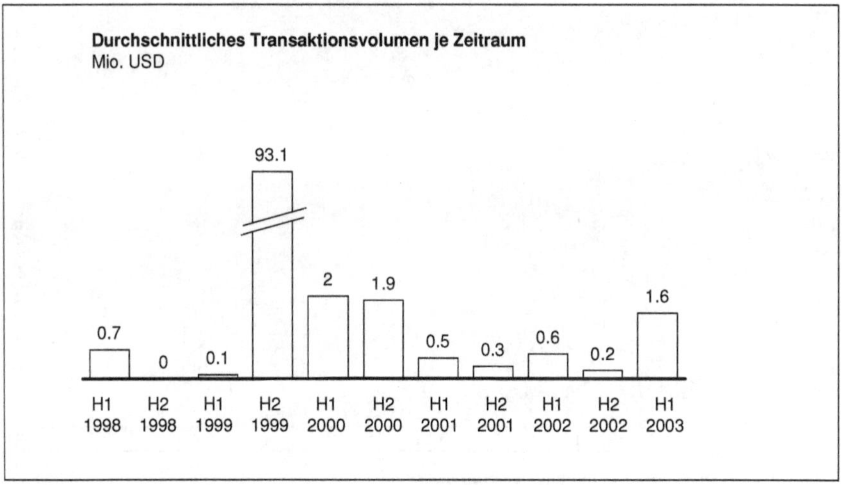

ABB. 12: Durchschnittliches Transaktionsvolumen je Zeitraum

M&A Transaktionen nach Herkunftsland																					
	Käufer																				
Ziel	AS	DE	FI	FR	GB	GE	GR	HU	IC	IR	IT	LX	NE	NO	PD	PO	RU	SP	SW	SZ	Gesamt
AS											1										1
AU					2																2
BE											2			1							3
BZ											1							1			2
CA				1																	1
CH					1																1
CL											1										1
DE		1	1																1		3
FI	1	1	4																3		9
FR	1			3	3	2					3			1							13
GB					21						2								1		24
GE					10	3					2		2							2	19
GR					1		3	1			2										7
GS					1																1
HR	1					1															2
HU								1						1							2
IC									2												2
IR					1																1
IT	1										10							1			12
JN					5																5
MA														1							1
MX					1													1			2
NE	1			1	2	1					2		1								8
NO														1					1		2
NZ					1																1
PD		1													4						5
PO					1											2					3
RO							1														1
RU																	10				10
SA					1																1
SP				1	4						1										6
SV	2																				2
SW		1	1		1									1							4
SZ		3																			3
UK														2			4				6
US			1	2	2	2						1				1					9
unbek.	1		1	2	13	3	4		1	1	3		6	1		1		4	2	1	44
Gesamt	8	7	8	10	71	12	8	2	3	1	30	1	9	9	4	4	14	7	8	3	219

TAB. 21: Geographische Verteilung der Transaktionen[1]

TAB. 21 gibt einen Überblick über die regionale Verteilung der M&A-Aktivität. Zu den Ländern mit einer überdurchschnittlichen Transaktionsaktivität (ausgedrückt

1 Abkürzungen siehe Anhang

durch die Anzahl der bekannt gegebenen M&A-Transaktionen) gehören Großbritannien, Italien, Russland, Deutschland und Frankreich.

Im Hinblick auf die Ziele von Akquisitionen sind diese fünf Länder ebenfalls die wichtigsten Länder für Transaktionen in Europa. Das wichtigste Zielunternehmens-Land für Transaktionen außerhalb Europas stellen die USA dar. Auf der Seite der Zielunternehmens-Länder dominiert Großbritannien deutlich weniger als auf der Seite der Käufer-Länder.

TAB. 22 gibt einen Überblick über die im Datensatz enthaltenen Nationalitäten der Käuferunternehmen. Dabei ist die Reihenfolge der Nationalitäten nach der Anzahl der durchgeführten Transaktionen geordnet. Als weitere Information ist das kumulierte Transaktionsvolumen von Käuferunternehmen mit einer bestimmten Nationalität über den Analysezeitraum sowie eine Information über die jeweils niedrigste, höchste und durchschnittliche Größe des Kaufpreises je Transaktion dargestellt.

		Transaktionsvolumen			
Käuferherkunftsland	N	Gesamt	Durchschnitt	Min	Max
Großbritannien	71	239.003,50	336,20	0,20	185.066,10
Italien	30	43.573,30	1.452,40	0,70	28.023,00
Russland	14	637,90	45,60	3,10	96,00
Deutschland	12	34.799,40	2.899,90	0,50	27.075,90
Frankreich	10	15.139,40	1.513,90	0,90	10.707,80
Niederlande	9	4.954,80	550,50	1,70	1.346,80
Norwegen	9	1.958,80	217,60	0,90	1.097,10
Österreich	8	268,40	33,60	0,30	130,20
Finnland	8	500,50	62,60	3,20	252,70
Griechenland	8	777,40	97,20	0,50	317,90
Schweden	8	9.005,10	1.125,60	4,50	8.649,20
Dänemark	7	1.618,30	231,20	0,60	662,10
Spanien	7	5.282,20	754,60	54,20	1.800,00
Polen	4	38,10	9,50	0,30	25,70
Portugal	4	335,10	83,80	2,30	283,10
Island	3	75,40	25,10	0,20	74,00
Schweiz	3	572,30	190,80	24,40	289,60
Ungarn	2	1.212,70	606,40	323,60	889,10
Irland	1	8,60	8,60	8,60	8,60
Luxemburg	1	4.634,80	4.634,80	4.634,80	4.634,80

TAB. 22: Verteilung des Tranksaktionsvolumens nach Herkunftsland des Käuferunternehmens

Auf der Seite der Käuferherkunftsländer ist Großbritannien das bei weitem bedeutendste europäische Land. Über ein Drittel der im Datensatz betrachteten

Transaktionen (71 bei 219 betrachteten Transaktionen) werden von Unternehmen aus Großbritannien durchgeführt. Danach folgt Italien mit 30 Transaktionen. Deutschland folgt auf Rang vier nach der Anzahl der Transaktionen, stellt jedoch nach Transaktionsvolumen das drittwichtigste Käuferherkunftsland im Datensatz dar.

6.2 Analyse der Schaffung von Unternehmenswert durch M&A-Aktivität

Eine zentrale Fragestellung dieser Arbeit ist, ob durch die M&A-Aktivität europäischer Telekommunikationsunternehmen der vergangenen Jahre Wert für die Aktionäre geschaffen wurde.

Die empirische Analyse der *gesamten Datenstichprobe* führt zu dem Ergebnis, dass Akquisitionen durch Telekommunikationsunternehmen im Durchschnitt vom Aktienmarkt als wertvernichtend für die Aktionäre des Käuferunternehmens angesehen werden (vgl. ABB. 13). Es werden durchschnittliche kumulierte abnormale Renditen von –6,58% über den Beobachtungszeitraum festgestellt, und dieses Ergebnis ist stark signifikant von Null verschieden.

Um jedoch bei der Beurteilung des Transaktionserfolgs im Telekommunikationsmarkt die allgemeine Konjunkturentwicklung und die Entwicklung des Telekommunikationssektors in den Kapitalmärkten differenzierter berücksichtigen zu können, wird der Einfluss dieser Marktfaktoren auf den Transaktionsverlauf später in diesem Kapitel separat analysiert.

	N	CAR(-20;20)	CAR(-20;0)	AR(0)	CAR(0;5)	CAR(0;20)
Akquisitionen						
Gesamtsample	219	-6.58% ***	-3.43% ***	-0.26% *	-0.66% *	-3.42% ***

Signifikanzniveaus: * $\alpha = 0.1$ + $\alpha = 0.25$; ** $\alpha = 0.05$; *** $\alpha = 0.01$

TAB. 23: Kumulierte abnormale Renditen verschiedener Zeitfenster für die Gesamtstichprobe

Des Weiteren ist zu bemerken, dass mehr als die Hälfte der Reaktion der Aktionäre bereits vor dem eigentlichen Ankündigungszeitpunkt in den Wertpapierpreis des

Käuferunternehmens eingepreist wird, das heißt, dass der Markt die Transaktion bereits in großem Umfang antizipierte.

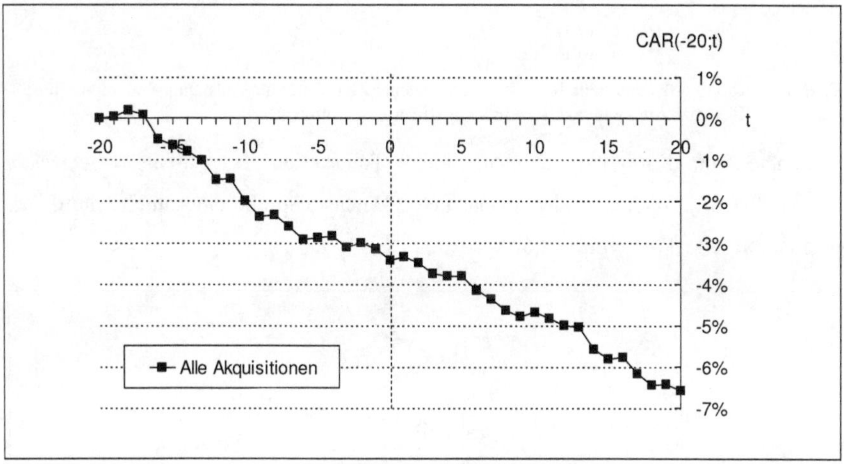

ABB. 13: Kumulierte abnormale Renditen von Akquisitionen CAR (-20; t)

Bei der Betrachtung der Gesamtstichprobe werden die durchschnittlichen kumulierten abnormalen Renditen aller Unternehmen gebildet. Dadurch werden die Reaktionen von Akquisitionen, die insgesamt als *erfolgreich* angesehen werden, durch jene, die als *nicht-erfolgreich* bewertet werden, ausgeglichen. Um jedoch klarer positive und negative Reaktionen nach der Transaktion unterscheiden zu können, werden daher in der nachfolgenden Analyse die Transaktionen ex-post in grundsätzlich erfolgreiche und grundsätzlich nicht-erfolgreiche Transaktionen eingeteilt. Ex-post bedeutet in diesem Fall, dass die kumulierte abnormale Rendite zum *Ende der Ereignisperiode*, das heißt in t=20, betrachtet wird. Handelt es sich dabei um einen Wert, der gleich Null oder positiv ist, so wird die Transaktion als grundsätzlich *erfolgreich* klassifiziert, handelt es sich um einen negativen Wert, so wird die Transaktion als grundsätzlich *nicht-erfolgreich* eingeordnet.

	N	CAR(-20;20)	CAR(-20;0)	AR(0)	CAR(0;5)	CAR(0;20)
Akquisitionen						
Ex-post negativ	132	-19.28% ***	-10.35% ***	-0.73% **	-2.40% ***	-9.65% ***
Ex-post positiv	87	12.67% ***	7.08% ***	0.44% +	1.98% ***	6.03% ***
Signifikanzniveaus	*	α = 0.1	+ α = 0.25			
	**	α = 0.05				
	***	α = 0.01				

TAB. 24: Kumulierte abnormale Renditen verschiedener Zeitfenster für Teilstichproben mit ex-post Klassifizierung von positiven und negativen Akquisitionen

Aktionäre von Käuferunternehmen, deren Transaktion ex-post als *erfolgreich* eingestuft wird, konnten in der beobachteten Datenstichprobe eine durchschnittliche positive Marktreaktion von +12,67% erwarten.

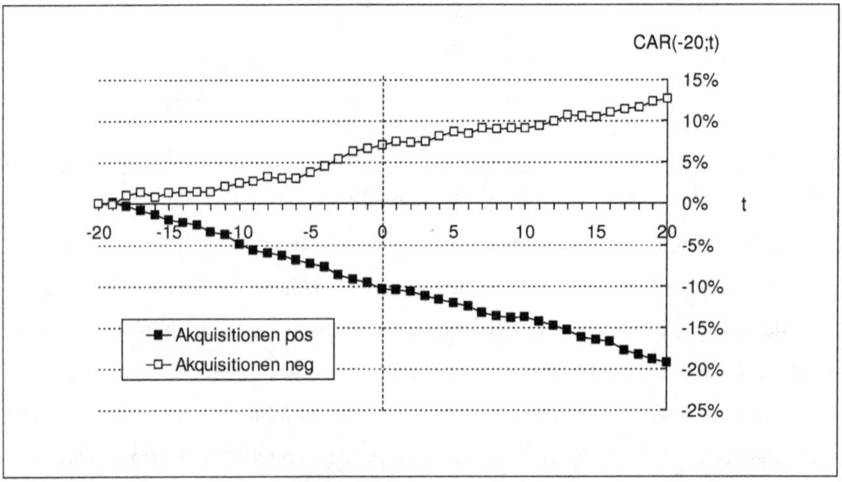

ABB. 14 Kumulierte abnormale Renditen von Akquisitionen CAR (-20; t) mit ex-post klassifiziertem Erfolg (positiv/negativ)

Demgegenüber hatten Aktionäre von Käuferunternehmen, deren Transaktion ex-post als *nicht-erfolgreich* beurteilt wurde, eine negative Kursreaktion von über 19% zu verbuchen. Beide Ergebnisse sind dabei stark signifikant von Null verschieden.

6.3 Univariate Analysen

In diesem Abschnitt werden für jede Hypothese *univariate Analysen* durchgeführt, um die Relevanz der einzelnen Erfolgsfaktoren für M&A-Transaktionen im

Telekommunikationsmarkt herauszuarbeiten. Neben der Analyse aller Transaktionen des Datensatzes werden dabei auch getrennte Analysen für bereits im vorangehenden Abschnitt vorgestellte Gruppen der ex-post *erfolgreichen* und *nicht-erfolgreichen* Transaktionen durchgeführt. Nachfolgende Tabelle gibt einen Überblick über die in der Analyse berücksichtigten Erfolgsfaktoren und fasst die Ergebnisse der univariaten Analyse zusammen.

	N	Durchschn. Transaktions-Vol. (Mio. USD)	CAR (-20;20)	Pos.	Neg.
Kernfaktoren (aus M&A-Motiven abgeleitet)					
Diversifikation					
Untersch. Ind.	64	241	-9,41%	20	44
Gleiche Ind.	155	2.903	-5,42%	67	88
Geographischer Fokus					
International	153	2.075	-5,55%	62	91
National	66	710	-8,99%	25	41
Erreichen von Kontrolle					
Keine Kontrolle	36	696	-7,15%	13	23
Neu-Kontrolle	135	2.172	-7,38%	54	81
Sonstige	48	960	-3,94%	20	28
Überdurchn. Profitabilität Käufer					
Margin < Average	67	970	-9,24%	25	42
Margin > Average	152	1.944	-5,41%	62	90
Überdurchschn. Profitabilität Ziel					
Margin < Average	16	4.275	-9,71%	7	9
Margin > Average	25	7.830	-6,72%	5	20
Relative Profitabilität					
Käufer profitabler	12	2.811	-14,19%	4	8
Ziel profitabler	30	8.632	-5,92%	8	22
Größe Käufer					
>30 Mrd USD	70	4.615	-5,33%	26	44
1<x<30 Mrd USD	74	451	-4,18%	32	42
<1 Mrd USD	75	106	-10,13%	29	46
Relative Größe Ziel zu Käufer					
<20%	27	1.860	-8,22%	9	18
>=20%	14	17.311	-7,24%	3	11
Dealgröße					
>500 Mio $	51	6.933	-5,39%	18	33
100<x<500 Mio $	36	220	-6,29%	13	23
<=100 Mio $	132	22	-7,13%	56	76
Insiderwissen des Käufers					
Neukauf	171	1.861	-7,33%	67	104
Aufstockung	48	960	-3,94%	20	28
Erweiterte Kernfaktoren (aus anderen betriebswirtschalftlichen Theorien ableitbar)					
Akquisitionserfahrung					
Keine Erfahrung	112	2.637	-10,36%	39	73
Erfahrung	107	646	-2,63%	48	59
Transparenz Zahlungsmodus					
Information n. offen gelegt	61	332	-5,75%	24	37
Information offen gelegt	158	2.178	-6,91%	63	95
Zahlungsmodus					
Cash	100	921	-2,04%	46	54
Stock	32	6.798	-14,19%	8	24
Cash and Stock	26	1.328	-16,68%	9	17

TAB. 25: Zusammenfassung der Erfolgsfaktoren

6.3.1 Analyse der auf der M&A-Motivtheorie basierenden Erfolgsfaktoren (*Kernfaktoren*)

6.3.1.1 Erfolgsfaktor Diversifikation in neue Branchen

Als erster Erfolgsfaktor von Akquisitionen im Telekommunikationsmarkt wird untersucht, ob Akquisitionen aus dem Telekommunikationssektor erfolgreicher sind als Akquisitionen von Unternehmen aus anderen Industriesektoren. Zur Operationalisierung dieses Erfolgsfaktors wird der Datensatz in Akquisitionen, die innerhalb des Telekommunikationssektors stattfinden und in solche Akquisitionen, die mit einem Zielunternehmen außerhalb des Telekommunikationsmarktes durchgeführt werden, unterteilt.

	Zeitraum											Gesamt
	98/H1	98/H2	99/H1	99/H2	00/H1	00/H2	01/H1	01/H2	02/H1	02/H2	03/H1	
Untersch. Ind.	0	0	1	0	3	12	20	18	7	2	1	64
Gleiche Ind.	1	0	0	2	5	22	39	30	12	26	18	155
Gesamt	1	0	1	2	8	34	59	48	19	28	19	219

TAB. 26: Zeitliche Verteilung der Transaktionen – Erfolgsfaktor Diversifikation

Wie in TAB. 26 zu sehen, werden nahezu zwei Drittel der Transaktionen mit Unternehmen innerhalb des Telekommunikationsmarktes durchgeführt.

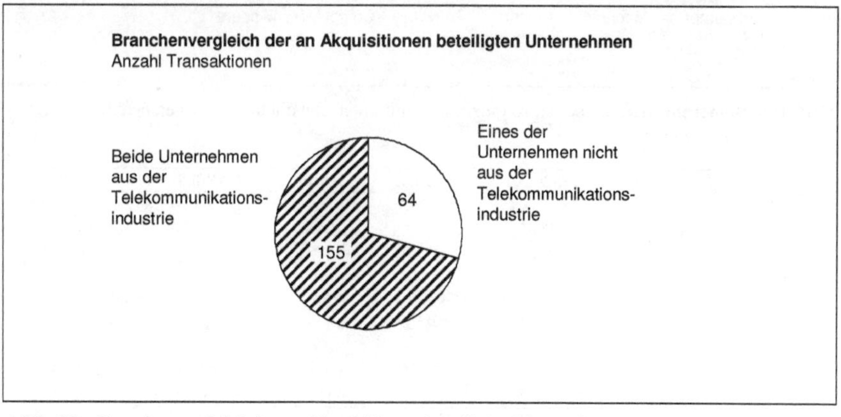

ABB. 15: Branchenvergleich der an Akquisitionen beteiligten Unternehmen

In der Datenstichprobe können 155 Akquisitionen innerhalb des Telekommunikationssektors identifiziert werden sowie 64 Transaktionen, bei denen

Unternehmen aus anderen Industriesektoren akquiriert werden. Die ABB. 16 zeigt eine Analyse der wichtigsten Industriesektoren außerhalb des Telekommunikationsmarktes. Nahezu zwei Drittel der branchenfremden Akquisitionen (32 Transaktionen) werden mit Unternehmen aus der Branche *Internet* getätigt. Dieses Ergebnis verwundert nicht, da dieser Bereich gerade in dem Zeitraum des Datensatzes als Schlüsselbranche für weiteres Wachstum im Telekommunikationsmarkt gehandelt wurde. Weitere Branchen sind die Medienbranche (10), der Dienstleistungsbereich sowie Software mit jeweils sieben Transaktionen.

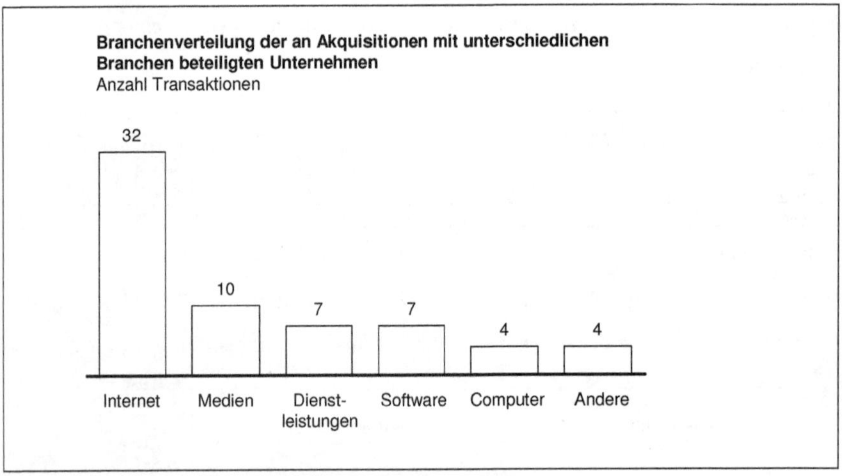

ABB. 16: Branchenverteilung der an Akquisitionen mit unterschiedlichen Branchen beteiligten Unternehmen

	N	CAR(-20;20)	CAR(-20;0)	AR(0)	CAR(0;5)	CAR(0;20)
Alle Akq.						
Unt. Ind.	64	-9,41% ***	-5,37% **	0,24%	-0,28%	-3,79% **
Gl. Ind.	155	-5,42% ***	-2,62% **	-0,47% **	-0,82% *	-3,27% ***
Negative Akq.						
Unt. Ind.	44	-21,86% ***	-11,68% ***	-0,34%	-1,38% +	-10,52% ***
Gl. Ind.	88	-17,98% ***	-9,69% ***	-0,92% ***	-2,91% ***	-9,22% ***
Positive Akq.						
Unt. Ind.	20	18,00% ***	8,50% **	1,53% **	2,16% *	11,02% ***
Gl. Ind.	67	11,08% ***	6,66% ***	0,12%	1,93% ***	4,54% ***

Signifikanzniveaus
* α = 0.1 + α = 0.25
** α = 0.05
*** α = 0.01

TAB. 27: Kumulierte abnormale Renditen verschiedener Zeitfenster – Erfolgsfaktor Diversifikation

TAB. 27 und TAB. 28 fassen die Ergebnisse der Analyse für die Gesamtheit der Transaktionen sowie nach ex-post *erfolgreichen* (positive Akquisitionen) und ex-post *nicht-erfolgreichen* (negative Akquisitionen) Transaktionen zusammen.

Zweistichprobentests						
	Alle Akquisitionen		**Negative Akquisitionen**		**Positive Akquisitionen**	
	Unt. Ind.	Gl. Ind.	Unt. Ind.	Gl. Ind.	Unt. Ind.	Gl. Ind.
CAR(-20;20)	-9,41%	-5,42%	-21,86%	-17,98%	18,00%	11,08%
t-Wert		-1,060 +		-1,051 +		1,696 *
CAR (-20;0)	-5,37%	-2,62%	-11,68%	-9,69%	8,50%	6,66%
t-Wert		-1,041 +		-0,663		0,508
AR(0)	0,24%	-0,47%	-0,34%	-0,92%	1,53%	0,12%
t-Wert		1,242 *		0,794 +		1,674 *
CAR(0;5)	-0,28%	-0,82%	-1,38%	-2,91%	2,16%	1,93%
t-Wert		0,456		1,007 +		0,138
CAR(0;20)	-3,79%	-3,27%	-10,52%	-9,22%	11,02%	4,54%
t-Wert		-0,205		-0,451		2,111 **

Signifikanzniveaus * α = 0.1 + α = 0.25
** α = 0.05
*** α = 0.01

TAB. 28: Ergebnisse Zweistichproben-t-Tests – Erfolgsfaktor Diversifikation

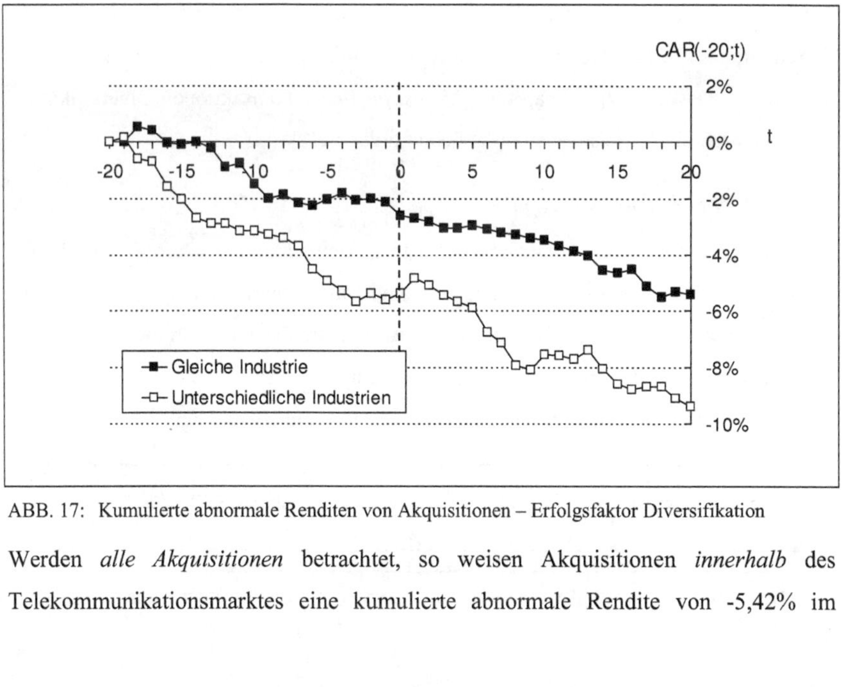

ABB. 17: Kumulierte abnormale Renditen von Akquisitionen – Erfolgsfaktor Diversifikation

Werden *alle Akquisitionen* betrachtet, so weisen Akquisitionen *innerhalb* des Telekommunikationsmarktes eine kumulierte abnormale Rendite von -5,42% im

Analysezeitfenster [-20; 20] auf. Dem steht eine kumulierte abnormale Rendite von -9,41% für Akquisitionen von Unternehmen *aus anderen Industriesektoren* gegenüber.

Die Überprüfung dieses Ergebnisses auf Signifikanz mittels des Zweistichprobentest zeigt jedoch lediglich schwache Signifikanz (α=0,25) für die Unterschiede der abnormalen Rendite über das gesamte Analysefenster [-20; 20].

Werden allerdings nur die *ex-post positiven Transaktionen* betrachtet, kommt man zu einer anderen Aussage: Hier zeigen Akquisitionen mit Unternehmen aus einem anderen Industriesektor über alle untersuchten Analysezeitfenster eine höhere kumulierte abnormale Rendite als Transaktionen innerhalb des Telekommunikationssektors. Insbesondere im Zeitfenster nach Bekanntgabe der Akquisition [0; 20] sind Akquisitionen von Unternehmen aus einem anderen Industriesektor signifikant (Zweistichprobentest Signifikanz von α=0,05) erfolgreicher und zeigen eine durchschnittliche abnormale Rendite von 11,02% auf (vs. lediglich 4,54% für Transaktionen innerhalb des Telekommunikationssektors).

Es kann somit bei Betrachtung *aller Akquisitionen* keine allgemeine Aussage über die Vorteilhaftigkeit von Diversifikation in andere Branchen gemacht werden. Es zeigt sich jedoch, dass der Kapitalmarkt bei *ex-post positiven* Transaktionen Diversifikation höher bewertet als Akquisitionen im gleichen Industriesektor.

6.3.1.2 Erfolgsfaktor geographischer Fokus

An dieser Stelle soll untersucht werden, ob nationale Akquisitionen im Telekommunikationssektor erfolgreicher sind als internationale *cross-border*-Transaktionen. Hierzu werden die im Datensatz enthaltenen Transaktionen in die zwei Gruppen (1) nationale und (2) internationale Transaktionen eingeteilt und für beide Transaktionsgruppen die abnormalen kumulierten Renditen berechnet.

	Zeitraum											Gesamt
	98/H1	98/H2	99/H1	99/H2	00/H1	00/H2	01/H1	01/H2	02/H1	02/H2	03/H1	
International	1	0	1	2	5	30	46	31	10	16	11	153
National	0	0	0	0	3	4	13	17	9	12	8	66
Gesamt	1	0	1	2	8	34	59	48	19	28	19	219

TAB. 29: Zeitliche Verteilung der Transaktionen – Erfolgsfaktor geographischer Fokus

Wie in TAB. 29 zu sehen, weist der Datensatz 66 nationale und 153 internationale Transaktionen auf. Dabei nimmt der Anteil nationaler Transaktionen an der Gesamtheit an Transaktionen eines Jahres zu. Beträgt der Anteil an nationalen Transaktionen im Jahr 2000 noch 20%, in 2000 etwas weniger als ein Viertel, so macht er seit dem zweiten Halbjahr 2001 mehr als die Hälfte aus.

	N	CAR(-20;20)	CAR(-20;0)	AR(0)	CAR(0;5)	CAR(0;20)
Alle Akq.						
International	153	-5,55% ***	-3,43% ***	-0,57% **	-0,50% +	-2,69% **
National	66	-8,99% ***	-3,43% *	0,44% +	-1,04% +	-5,12% ***
Negative Akq.						
International	91	-17,73% ***	-9,55% ***	-1,14% ***	-2,53% ***	-9,32% ***
National	41	-22,72% ***	-12,14% ***	0,18%	-2,11% **	-10,40% ***
Positive Akq.						
International	62	12,33% ***	5,56% ***	0,27%	2,49% ***	7,04% ***
National	25	13,52% ***	10,84% ***	0,86% *	0,71%	3,54% **

Signifikanzniveaus * α = 0.1 + α = 0.25
** α = 0.05
*** α = 0.01

TAB. 30: Kumulierte abnormale Renditen verschiedener Zeitfenster – Erfolgsfaktor geographischer Fokus

TAB. 30 und TAB. 31 fassen die Ergebnisse der Analyse für die Gesamtheit der internationalen und nationalen Transaktionen sowie getrennt nach ex-post *erfolgreichen* (positive Akquisitionen) und ex-post *nicht-erfolgreichen* (negative Akquisitionen) Transaktionen zusammen.

Zweistichprobentests						
	Alle Akquisitionen		**Negative Akquisitionen**		**Positive Akquisitionen**	
	International	National	International	National	International	National
CAR(-20;20)	-5,55%	-8,99%	-17,73%	-22,72%	12,33%	13,52%
t-Wert	0,908 +		1,163 +		-0,405	
CAR (-20;0)	-3,43%	-3,43%	-9,55%	-12,14%	5,56%	10,84%
t-Wert	0,003		0,826 +		-1,895 **	
AR(0)	-0,57%	0,44%	-1,14%	0,18%	0,27%	0,86%
t-Wert	-2,128 **		-2,154 **		-0,805 +	
CAR(0;5)	-0,50%	-1,04%	-2,53%	-2,11%	2,49%	0,71%
t-Wert	0,548		-0,348		1,123 +	
CAR(0;20)	-2,69%	-5,12%	-9,32%	-10,40%	7,04%	3,54%
t-Wert	1,039 +		0,354		1,460 *	

Signifikanzniveaus * α = 0.1 + α = 0.25
** α = 0.05
*** α = 0.01

TAB. 31: Ergebnisse Zweistichproben-t-Tests – Erfolgsfaktor geographischer Fokus

Betrachtung aller Akquisitionen: Die kumulierte abnormale Rendite für nationale Akquisitionen beträgt -8,99% im Analysezeitfenster [-20; 20] und ist stark signifikant von Null verschieden. Dem steht eine stark signifikante kumulierte abnormale Rendite von -5,55% für internationale Akquisitionen gegenüber. Allerdings scheinen diese Unterschiede in der Marktreaktion nicht durch unterschiedliche Kursreaktionen im Vorfeld der Bekanntgabe der Akquisition verursacht zu sein, denn beide Kategorien weisen für das Analysezeitfenster [-20; 0] eine kumulierte abnormale Rendite von -3,43% auf.

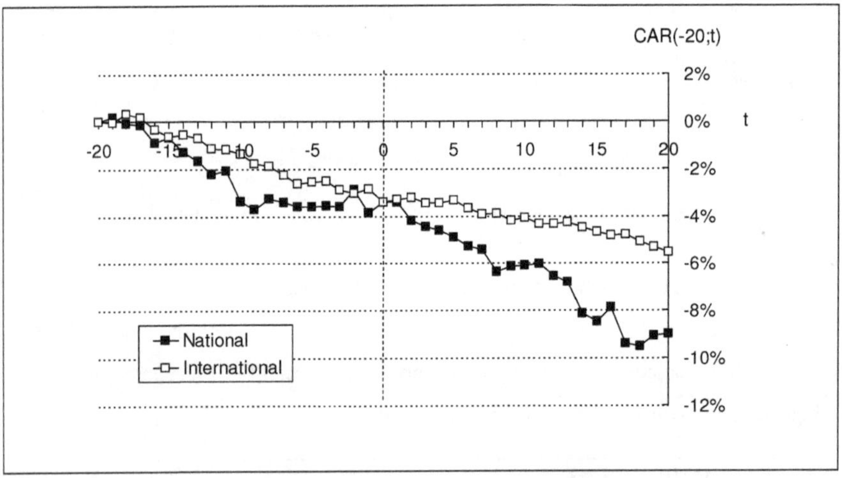

ABB. 18: Kumulierte abnormale Renditen von Akquisitionen – Erfolgsfaktor geographischer Fokus

Nach Bekanntgabe der Transaktion weisen internationale Akquisitionen eine kumulierte abnormale Rendite von -2,69% auf gegenüber -5,12% für nationale Transaktionen, und die Unterschiede in der Marktreaktion sind nach dem Zweistichprobentest (vgl. TAB. 31) schwach signifikant. Für den gesamten Beobachtungszeitraum kann festgehalten werden, dass internationale Akquisitionen erfolgreicher sind als Transaktionen, die den nationalen Heimatmarkt stärken. Eine Besonderheit ist allerdings für den Tag der Bekanntgabe der Akquisition feststellbar (AR[0]): Zu diesem Zeitpunkt wird die Akquisition eines internationalen Zielunternehmens negativer beurteilt. Demnach werden nationale Transaktionen, die im Wesentlichen eine Stärkung im Heimatmarkt bedeuten und eher als defensive Transaktionen charakterisiert werden können, vom Kapitalmarkt kurzfristig positiver bewertet als internationale Transaktionen, die Wachstumsoptionen außerhalb des angestammten geographischen Aktivitätsfokus eröffnen.

Die Analyse der ex-post negativen Transaktionen zeigt, dass die abnormale kumulierte Rendite nationaler Transaktionen über den gesamten Untersuchungszeitraum schlechter im Sinne von niedriger als bei internationalen Transaktionen (-22,72% vs. -17,73%) ist. Diese Unterschiede zwischen den beiden Gruppen sind jedoch nur schwach signifikant. Betrachtet man allerdings nur den Zeitraum nach Ankündigung der Transaktion, so unterscheiden sich die kumulierten abnormalen Renditen nicht stark voneinander. Nationale Transaktionen weisen im Analysezeitfenster [0; 20] eine CAR von -10,4% auf, internationale Transaktionen von -9,32%.

Bei der Betrachtung der ex-post positiven Transaktionen ist auffallend, dass im Zeitfenster [-20; 0], also vor Bekanntgabe der Akquisition, nationale Transaktionen mit +10,84% eine deutlich höhere abnormale kumulierte Rendite aufweisen als internationale Transaktionen (lediglich +5,56%). Dabei sind die Unterschiede in den Renditen zwischen den beiden Gruppen signifikant. Im Zeitfenster [0; 20] nach Bekanntgabe der Akquisition kehrt sich das Bild um: Hier werden internationale Transaktionen vom Kapitalmarkt positiver beurteilt (+7,04%) als nationale Akquisitionen (+3,54%). Die Unterschiede in den Renditen sind dabei schwach signifikant.

Insgesamt beurteilt der Kapitalmarkt internationale Transaktionen positiver und lehnt eine nationale Fokussierung ab. Diese Reaktion kann mit dem Argument der Risikoreduktion erklärt werden. Im Telekommunikationsmarkt stellt die nationale Regulierung einen wesentlichen Risikofaktor dar, weil sie erheblichen Einfluss auf die nationale Konkurrenzsituation hat. Durch internationale Transaktionen können Telekommunikationsunternehmen dieses nationale Risiko diversifizieren.

Dieses Ergebnis widerspricht einer früheren Untersuchung von Park et al (2002), bei der 42 Transaktionen im Telekommunikationsmarkt im Zeitraum von 1997 bis 2000 untersucht wurden.[2]

6.3.1.3 Erfolgsfaktor Erreichen von Kontrolle

An dieser Stelle soll die strategische Bedeutung des Erreichens einer Kontrollmehrheit am Zielunternehmen untersucht werden. Dabei werden diejenigen Transaktionen aus dem Datensatz berücksichtigt, bei denen vor der Transaktion noch keine Kontrollmehrheit besteht (also keine oder eine Beteiligung kleiner 50 Prozent existiert) und diese erst nach Durchführung der Akquisition erlangt wird (d.h. nach der Transaktion wird eine Beteiligung größer 50 Prozent am Zielunternehmen gehalten), und solche Transaktionen, bei denen keine Kontrolle erreicht wird.

	Zeitraum											Gesamt
	98/H1	98/H2	99/H1	99/H2	00/H1	00/H2	01/H1	01/H2	02/H1	02/H2	03/H1	
Keine Kontrolle	0	0	0	0	2	3	11	10	3	4	3	36
Neu-Kontrolle	1	0	0	2	4	20	45	20	11	19	13	135
na*	0	0	1	0	2	11	3	18	5	5	3	48
Gesamt	1	0	1	2	8	34	59	48	19	28	19	219

TAB. 32: Zeitliche Verteilung der Transaktionen – Erfolgsfaktor Erreichen von Kontrolle (* es besteht schon Kontrolle)

Basis für die Untersuchung bilden 135 Transaktionen, bei denen nach der Transaktion eine Kontrolle erreicht wird sowie 36 Transaktionen, bei denen nach der Transaktion eine Beteiligung kleiner 50 Prozent („keine Kontrolle“) gehalten wird. Wie in TAB. 32 zu sehen, war der Anteil an Transaktionen, bei denen keine Kontrolle erlangt wurde, im Jahr 2001 am größten. TAB. 33 und TAB. 34 fassen die Ergebnisse der Ereignisstudie zusammen:

---

2 Myeoung-Ceol Park et al (2002) finden signifikant negative kumulierte abnormale Renditen für internationale Transaktionen und folgern hieraus, dass kulturelle Unterschiede und Systemdifferenzen bei Telekommunikationsunternehmen nur schwer zu überwinden seien.

	N	CAR(-20;20)	CAR(-20;0)	AR(0)	CAR(0;5)	CAR(0;20)
Alle Akq.						
Keine Kontr.	36	-7,15% **	-4,15% *	-0,28%	-0,23%	-3,28% *
Neu-Kontr.	135	-7,38% ***	-3,82% ***	-0,44% *	-1,28% **	-4,00% ***
Negative Akq.						
Keine Kontr.	23	-16,94% ***	-9,09% ***	-0,53% +	-1,26% +	-8,38% ***
Neu-Kontr.	81	-19,82% ***	-10,71% ***	-0,93% **	-3,06% ***	-10,04% ***
Positive Akq.						
Keine Kontr.	13	10,18% ***	4,58% +	0,16%	1,59% *	5,76% **
Neu-Kontr.	54	11,29% ***	6,53% ***	0,30%	1,39% *	5,06% ***

Signifikanzniveaus * α = 0.1 + α = 0.25
** α = 0.05
*** α = 0.01

TAB. 33: Kumulierte abnormale Renditen verschiedener Zeitfenster – Erfolgsfaktor Erreichen von Kontrolle

Transaktionen, bei denen Kontrolle erreicht wird, zeigen sowohl für das Zeitfenster [-20; 20] sowie für [-20; 0] leicht niedrigere kumulierte abnormale Renditen auf.

Diese Beobachtung wird durch die Analyse der kumulierten abnormalen Renditen über die Zeit ebenfalls unterstützt: Die CAR-Linie für Akquisitionen, bei denen Kontrolle erreicht wird, verläuft fast über das gesamte Analysezeitfenster unterhalb der CAR-Linie der Transaktionen, bei denen keine Kontrolle erlangt wird. Allerdings sind die Unterschiede minimal und nicht signifikant.

Zweistichprobentests									
	Alle Akquisitionen			**Negative Akquisitionen**			**Positive Akquisitionen**		
	Keine Kontr.		Neu-Kontr.	Keine Kontr.		Neu-Kontr.	Keine Kontr.		Neu-Kont
CAR(-20;20)	-7,15%		-7,38%	-16,94%		-19,82%	10,18%		11,29%
t-Wert		0,054			0,598			-0,318	
CAR (-20;0)	-4,15%		-3,82%	-9,09%		-10,71%	4,58%		6,53%
t-Wert		-0,107 +			0,450			-0,396	
AR(0)	-0,28%		-0,44%	-0,53%		-0,93%	0,16%		0,30%
t-Wert		0,303			0,560			-0,184	
CAR(0;5)	-0,23%		-1,28%	-1,26%		-3,06%	1,59%		1,39%
t-Wert		0,800 +			0,984 +			0,134	
CAR(0;20)	-3,28%		-4,00%	-8,38%		-10,04%	5,76%		5,06%
t-Wert		0,283			0,557			0,214	

Signifikanzniveaus * α = 0.1 + α = 0.25
** α = 0.05
*** α = 0.01

TAB. 34: Ergebnisse Zweistichproben-t-Tests – Erfolgsfaktor Erreichen von Kontrolle

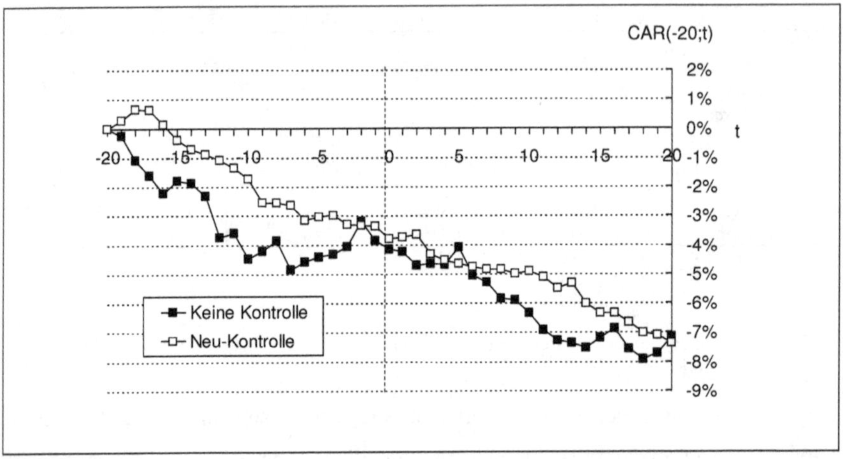

ABB. 19: Kumulierte abnormale Renditen von Akquisitionen – Erfolgsfaktor Erreichen von Kontrolle

Eine generelle Aussage, dass Transaktionen erfolgreicher sind, bei denen das Käuferunternehmen eine Kontrollmehrheit am Zielunternehmen erwirbt, kann auf Basis der statistischen Analyse nicht getroffen werden. Das Erreichen einer Kontrollmehrheit ist somit aus Sicht der Kapitalmärkte kein wesentlicher Erfolgsfaktor für Akquisitionen im Telekommunikationsmarkt.

6.3.1.4 Erfolgsfaktor Profitabilität der Transaktionspartner

6.3.1.4.1 Überdurchschnittliche Profitabilität des Käuferunternehmens

Im Folgenden soll der Einfluss der Profitabilität des Käuferunternehmens auf den Erfolg von Akquisitionen im Telekommunikationssektor überprüft werden. Als Messgröße für überdurchschnittliche Profitabilität dient die Profitabilität des Käuferunternehmens im Akquisitionsjahr im Verhältnis zur durchschnittlichen Profitabilität der Unternehmen im Datensatz. Die Transaktionen werden daher eingeteilt in Akquisitionen durch Unternehmen mit *überdurchschnittlicher* und Akquisitionen durch Unternehmen mit *unterdurchschnittlicher* Profitabilität. Basis der Analyse sind 152 Transaktionen durch überdurchschnittlich profitable

Käuferunternehmen und 67 Transaktionen durch unterdurchschnittlich profitable Käuferunternehmen.

	Zeitraum											Gesamt
	98/H1	98/H2	99/H1	99/H2	00/H1	00/H2	01/H1	01/H2	02/H1	02/H2	03/H1	
Mgn.<Avg.	0	0	1	1	2	10	17	14	7	8	7	67
Mgn.>Avg.	1	0	0	1	6	24	42	34	12	20	12	152
Gesamt	1	0	1	2	8	34	59	48	19	28	19	219

TAB. 35: Zeitliche Verteilung der Transaktionen – Erfolgsfaktor überdurchschnittliche Profitabilität des Käuferunternehmens

TAB. 35 zeigt die zeitliche Verteilung der Transaktionen in den beiden Teildatensätzen. Insgesamt ist auffallend, dass Transaktionen in der Mehrzahl von überdurchschnittlich profitablen Unternehmen durchgeführt werden.

	N	CAR(-20;20)	CAR(-20;0)	AR(0)	CAR(0;5)	CAR(0;20)
Alle Akq.						
Mgn.<Avg.	67	-9,24% ***	-3,85% **	-0,04%	-1,19% +	-5,43% **
Mgn.>Avg.	152	-5,41% ***	-3,24% ***	-0,36% **	-0,43% +	-2,53% **
Negative Akq.						
Mgn.<Avg.	42	-25,10% ***	-13,05% ***	-0,46% +	-2,54% **	-12,51% ***
Mgn.>Avg.	90	-16,56% ***	-9,09% ***	-0,85% **	-2,34% ***	-8,32% ***
Positive Akq.						
Mgn.<Avg.	25	17,40% ***	11,62% ***	0,67%	1,08%	6,44% **
Mgn.>Avg.	62	10,77% ***	5,25% ***	0,35% +	2,34% ***	5,87% ***

Signifikanzniveaus * α = 0.1 + α = 0.25
** α = 0.05
*** α = 0.01

TAB. 36: Kumulierte abnormale Renditen verschiedener Zeitfenster – Erfolgsfaktor überdurchschnittliche Profitabilität des Käuferunternehmens

Zweistichprobentests	Alle Akquisitionen			Negative Akquisitionen			Positive Akquisitionen		
	Mgn.<Avg.		Mgn.>Avg.	Mgn.<Avg.		Mgn.>Avg.	Mgn.<Avg.		Mgn.>Avg.
CAR(-20;20)	-9,24%		-5,41%	-25,10%		-16,56%	17,40%		10,77%
t-Wert		-0,986 +			-2,210 **			1,843 **	
CAR (-20;0)	-3,85%		-3,24%	-13,05%		-9,09%	11,62%		5,25%
t-Wert		-0,221			-1,283 +			2,047 **	
AR(0)	-0,04%		-0,36%	-0,46%		-0,85%	0,67%		0,35%
t-Wert		0,572			0,623			0,293	
CAR(0;5)	-1,19%		-0,43%	-2,54%		-2,34%	1,08%		2,34%
t-Wert		-0,656 +			-0,137			-0,705 +	
CAR(0;20)	-5,43%		-2,53%	-12,51%		-8,32%	6,44%		5,87%
t-Wert		-1,122 *			-1,348 *			0,180	

Signifikanzniveaus * α = 0.1 + α = 0.25
** α = 0.05
*** α = 0.01

TAB. 37: Ergebnisse Zweistichproben-t-Tests – Erfolgsfaktor überdurchschnittliche Profitabilität des Käuferunternehmens

Zuerst wird die Gruppe *aller Akquisitionen* analysiert. Die Betrachtung der Akquisitionen, die von unterdurchschnittlich profitablen Unternehmen durchgeführt werden, ergibt eine deutlich negative kumulierte abnormale Rendite: Diese beträgt im Analysezeitfenster [-20, 20] -9,24%. Weist das Käuferunternehmen eine überdurchschnittliche Profitabilität auf, so beträgt die kumulierte abnormale Rendite lediglich -5,41%.

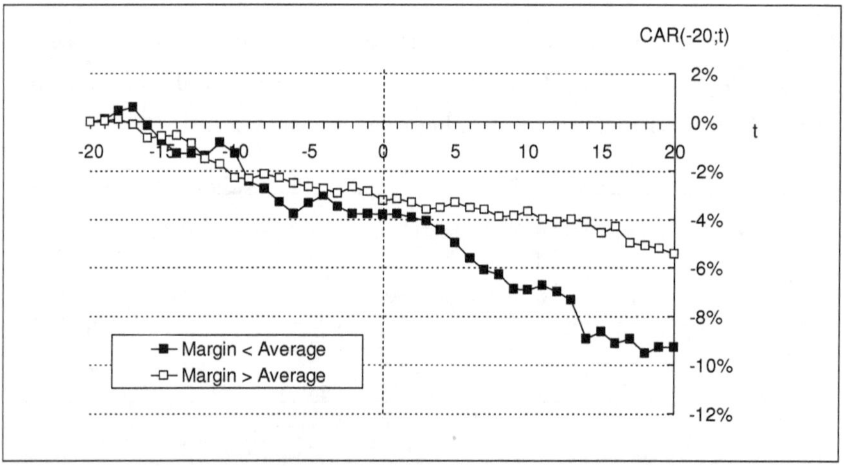

ABB. 20: Kumulierte abnormale Renditen von Akquisitionen – Erfolgsfaktor überdurchschnittliche Profitabilität des Käuferunternehmens

Die Analyse der kumulierten abnormalen Rendite für den Erfolgsfaktor überdurchschnittliche Profitabilität des Käuferunternehmens über die Zeit zeigt, dass die CAR-Linie für Käuferunternehmen mit unterdurchschnittlicher Profitabilität über das Analysezeitfenster kontinuierlich abfällt. Interessanterweise wird vor Bekanntgabe der Transaktion über die Hälfte des Kursverlustes bereits realisiert, was auf negative Reaktionen von Insidern auf die Akquisition hindeutet.

Die weitere Analyse mittels *Zweistichprobentest* bestätigt die Hypothese, dass Akquisitionen, die von überdurchschnittlich profitablen Käuferunternehmen durchgeführt werden, erfolgreicher sind. Wie aus dem Zweistichprobentest in TAB. 37 ersichtlich, ist dieses Ergebnis für den Zeitraum [0; 20] schwach signifikant. Die relative Profitabilität des Käuferunternehmens ist demnach eine signifikante Bestimmungsgröße für den Erfolg der Akquisition.

Auffallend ist, dass die überdurchschnittliche Profitabilität des Käuferunternehmens als Erfolgsfaktor bei der Betrachtung in der Gruppe *aller Akquisitionen* signifikant ist, dass er jedoch bei getrennter Betrachtung in den Kategorien der ex-post *erfolgreichen* (*positiven*) und *nicht-erfolgreichen* (*negativen*) Transaktionen widersprüchliche Aussagen auftreten. Während in der Gruppe der ex-post *negativen Akquisitionen* für den Betrachtungszeitraum [-20; 20] Transaktionen durch überdurchschnittlich profitable Käuferunternehmen signifikant erfolgreicher sind (α=0,05), sind in der Gruppe der ex-post *positiven Akquisitionen* Transaktionen durch Unternehmen mit unterdurchschnittlicher Profitabilität signifikant erfolgreicher (ebenfalls α=0,05).

Insgesamt kann aber festgestellt werden, dass die überdurchschnittliche Profitabilität des Käuferunternehmens signifikanten Einfluss auf den Erfolg von M&A-Transaktionen im Telekommunikationsmarkt hat. Dieses Ergebnis erstaunt nicht, da es das in der wissenschaftlichen Theorie diskutierte *Effizienzargument* bestätigt, das Grundlage für die Formulierung der Hypothese war. Nach dem Effizienzargument sind Akquisitionen durch überdurchschnittlich profitable Unternehmen erfolgreicher, da diese durch Übertragung ihres effizienteren Managements die Ressourcen des Zielunternehmens besser nutzen können.

Die Marktreaktion für Unternehmen mit unterdurchschnittlicher Profitabilität, die in dieser Situation Akquisitionen durchführen, könnte über das veränderte Risikoprofil des Unternehmens nach Durchführung der Transaktion erklärt werden: Investoren könnten der Auffassung sein, dass das unternehmerische Risiko und damit die Kapitalkosten durch die M&A-Aktivität angestiegen sind. Ein weiteres Argument ist, dass nur ein geringer Teil der Managementkapazität für den notwendigen Turnaround des bestehenden Unternehmens verwendet werden kann, da ein Teil der Zeit des Managements für Integrationsaufgaben aufzuwenden ist. Die deutlich negative kumulierte abnormale Rendite könnte darauf hinweisen, dass der Markt diese

Erhöhung der Managementkomplexität angesichts der im Unternehmen anstehenden Turnaround-Aufgaben nicht befürwortet und steigende Kapitalkosten erwartet.

6.3.1.4.2 Überdurchschnittliche Profitabilität des Zielunternehmens

Analog zur vorhergehenden Analyse soll nun der Einfluss der überdurchschnittlichen Profitabilität des Zielunternehmens auf den Erfolg von Akquisitionen im Telekommunikationssektor überprüft werden. Als Messgröße für überdurchschnittliche Profitabilität dient, wie bereits bei Analyse der relativen Profitabilität des Käuferunternehmens, die Profitabilität des Zielunternehmens im Akquisitionsjahr im Verhältnis zur durchschnittlichen Profitabilität der Unternehmen im Datensatz. Es werden zwei Gruppen von Akquisitionen gebildet: Transaktionen von Zielunternehmen mit *überdurchschnittlicher* und Akquisitionen von Zielunternehmen mit *unterdurchschnittlicher* Profitabilität.

	Zeitraum											Gesamt
	98/H1	98/H2	99/H1	99/H2	00/H1	00/H2	01/H1	01/H2	02/H1	02/H2	03/H1	
Mgn.<Avg.	0	0	0	0	0	3	7	5	1	0	0	16
Mgn.>Avg.	0	0	0	1	2	7	6	1	2	1	5	25
na*	1	0	1	1	6	24	46	42	16	27	14	178
Gesamt	1	0	1	2	8	34	59	48	19	28	19	219

* Zieljahresergebnis nicht verfügbar

TAB. 38: Zeitliche Verteilung der Transaktionen – Erfolgsfaktor überdurchschnittliche Profitabilität des Zielunternehmens

Diese Information ist für 41 Zielunternehmen im Datensatz bekannt. Bei 25 Transaktionen ist die Profitabilität des Zielunternehmens überdurchschnittlich, bei 16 Transaktionen weist das Zielunternehmen eine unterdurchschnittliche Profitabilität auf.

	N	CAR(-20;20)	CAR(-20;0)	AR(0)	CAR(0;5)	CAR(0;20)
Alle Akq.						
Margin<Average	16	-9,71% *	-8,10% *	-1,42% *	-0,49%	-3,03%
Margin>Average	25	-6,72% ***	-3,77% **	-0,95% +	-1,80% *	-3,90% **
Negative Akq.						
Margin<Average	9	-26,92% ***	-20,09% ***	-1,72% +	-1,10%	-8,56% +
Margin>Average	20	-9,33% ***	-5,58% ***	-0,98% +	-2,37% *	-4,73% ***
Positive Akq.						
Margin<Average	7	12,43% ***	7,32% **	-1,03% +	0,30%	4,08% ***
Margin>Average	5	3,74% **	3,45% *	-0,86%	0,47%	-0,58%

Signifikanzniveaus * α = 0.1 + α = 0.25
** α = 0.05
*** α = 0.01

TAB. 39: Kumulierte abnormale Renditen verschiedener Zeitfenster – Erfolgsfaktor überdurchschnittliche Profitabilität des Zielunternehmens

Zweistichprobentests	Alle Akquisitionen		Negative Akquisitionen		Positive Akquisitionen	
	Mgn.<Avg.	Mgn.>Avg.	Mgn.<Avg.	Mgn.>Avg.	Mgn.<Avg.	Mgn.>Avg.
CAR(-20;20)	-9,71%	-6,72%	-26,92%	-9,33%	12,43%	3,74%
t-Wert	-0,466		-2,912 ***		2,114 **	
CAR (-20;0)	-8,10%	-3,77%	-20,09%	-5,58%	7,32%	3,45%
t-Wert	-0,811 +		-2,328 **		0,909 +	
AR(0)	-1,42%	-0,95%	-1,72%	-0,98%	-1,03%	-0,86%
t-Wert	-0,360		-0,397		-0,059	
CAR(0;5)	-0,49%	-1,80%	-1,10%	-2,37%	0,30%	0,47%
t-Wert	0,497		0,301		-0,046	
CAR(0;20)	-3,03%	-3,90%	-8,56%	-4,73%	4,08%	-0,58%
t-Wert	0,182		-0,489		1,272 +	

Signifikanzniveaus * α = 0.1 + α = 0.25
** α = 0.05
*** α = 0.01

TAB. 40: Ergebnisse Zweistichproben-t-Tests – Erfolgsfaktor überdurchschnittliche Profitabilität des Zielunternehmens

Akquisitionen von Unternehmen mit unterdurchschnittlicher Profitabilität weisen eine signifikant negative abnormale Rendite von -9,71% auf (Zeitfenster [-20; 20]). Interessanterweise scheinen Insider für einen Großteil der Kursverluste verantwortlich zu sein, denn bis zur Ankündigung der Transaktion ist bereits eine negative Kursreaktion von -8,10% feststellbar (vgl. Zeitfenster [-20; 0]). Werden hingegen Unternehmen mit überdurchschnittlicher Profitabilität akquiriert, so ist das Ergebnis weniger negativ. Die kumulierte abnormale Rendite über den Gesamtzeitraum [-20; 20] beläuft sich auf -6,72%. Der *Zweistichprobentest* für beide Kategorien zeigt jedoch, dass die Ergebnisse der empirischen Analyse nicht signifikant voneinander verschieden sind.

In der Gruppe der ex-post *negativen Akquisitionen* weisen Übernahmen von unterdurchschnittlich profitablen Unternehmen eine stark signifikant negative abnormale Rendite von -26,92% auf (Zeitfenster [-20; 20]). Auch hier zeigt sich eine möglicherweise über Insider zu begründende negative Kursentwicklung vor Ankündigung der Transaktion (Kursreaktion von -20,09% im Zeitfenster [-20; 0]).

Die Analyse in der Gruppe der ex-post *positiven Akquisitionen* kommt zu einem widersprüchlichen Ergebnis: Hier sind im Betrachtungszeitraum [-20; 20] Akquisitionen von unterdurchschnittlich profitablen Zielunternehmen signifikant erfolgreicher (+12,43% vs. 3,74% mit α=0,05).

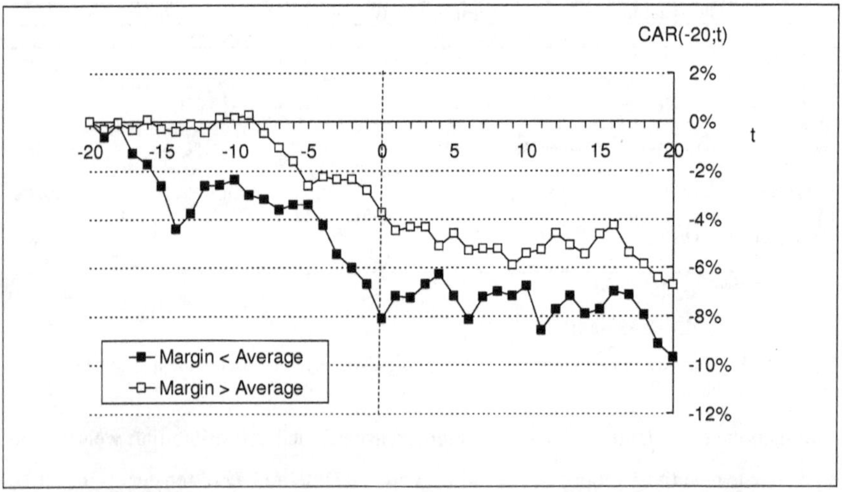

ABB. 21: Kumulierte abnormale Renditen von Akquisitionen – Erfolgsfaktor überdurchschnittliche Profitabilität des Zielunternehmens

Die Hypothese, dass Transaktionen, bei denen ein profitables Zielunternehmen übernommen wird, erfolgreicher sind, kann somit nicht bestätigt werden. Somit stellt die überdurchschnittliche Profitabilität des Zielunternehmens keine Erfolgsdeterminante für Akquisitionen dar.

6.3.1.4.3 Relative Profitabilität

In einer weiteren Analyse soll erneut die *Effizienzhypothese* als Erfolgsfaktor für Akquisitionen untersucht werden. Dazu werden nur diejenigen Transaktionen aus dem Datensatz in die Analyse einbezogen, bei denen sowohl für das Käufer- wie auch für das Zielunternehmen Angaben über die Profitabilität gemacht werden, so dass die relative Profitabilität der Unternehmen zueinander berechnet werden kann. Die relative Profitabilität ist dabei das Verhältnis des Jahresergebnisses zum Jahresumsatz. Auf der Basis dieser Analyse werden die Transaktionen in die Gruppen *Käuferunternehmen profitabler als Zielunternehmen* und *Käuferunternehmen weniger profitabel als Zielunternehmen* eingeteilt. Die relativen Profitabilitäten lassen sich für 42 Akquisitionen aus dem Datensatz berechnen. Wie in TAB. 41 zu sehen, werden in der Mehrzahl Transaktionen durchgeführt, bei denen das Zielunternehmen relativ profitabler als das Käuferunternehmen ist.

	Zeitraum											Gesamt
	98/H1	98/H2	99/H1	99/H2	00/H1	00/H2	01/H1	01/H2	02/H1	02/H2	03/H1	
Käufer profitabler	0	0	0	0	0	4	4	3	0	0	1	12
Ziel profitabler	0	0	0	1	2	6	10	3	3	1	4	30
na*	1	0	1	1	6	24	45	42	16	27	14	177
	1	0	1	2	8	34	59	48	19	28	19	219

* Zieljahresergebnis nicht verfügbar

TAB. 41: Zeitliche Verteilung der Transaktionen – Erfolgsfaktor Profitabilitätseffizienz der Transaktion

Bei 12 Transaktionen ist dabei das Käuferunternehmen profitabler als das Zielunternehmen, und bei 30 Transaktionen wird ein relativ profitableres Zielunternehmen übernommen.

	N	CAR(-20;20)	CAR(-20;0)	AR(0)	CAR(0;5)	CAR(0;20)
Alle Akq.						
K. prof.	12	-14,19% **	-10,32% *	-1,56% +	-1,13%	-5,43% +
Z. prof.	30	-5,92% ***	-3,74% **	-0,90% +	-1,33% +	-3,08% **
Negative Akq.						
K. prof.	8	-26,54% ***	-18,50% **	-1,24%	-1,27%	-9,28% +
Z. prof.	22	-10,97% ***	-7,11% ***	-1,10% *	-2,17% *	-4,96% ***
Positive Akq.						
K. prof.	4	10,52% **	6,05% *	-2,20% *	-0,85%	2,28% *
Z. prof.	8	7,95% **	5,54% *	-0,35%	0,98%	2,07% +

Signifikanzniveaus * α = 0.1 + α = 0.25
** α = 0.05
*** α = 0.01

TAB. 42: Kumulierte abnormale Renditen verschiedener Zeitfenster – Erfolgsfaktor Profitabilitätseffizienz der Transaktion

Die Analyse *aller Akquisitionen*, bei denen der Käufer relativ profitabler ist als das Zielunternehmen, weist für den analysierten Datensatz eine durchschnittliche signifikant negative abnormale Rendite von -14,19% auf. Der Großteil der negativen Kursreaktion wird hierbei jedoch bereits vor Ankündigung der Transaktion realisiert (negative abnormale Rendite von -10,32% im Zeitfenster [-20; 0]). Aus Kapitalmarktsicht könnte dies bedeuten, dass Insider die Transaktion besonders negativ beurteilen.

Zweistichprobentests									
	Alle Akquisitionen			**Negative Akquisitionen**			**Positive Akquisitionen**		
	K. prof.		Z. prof.	K. prof.		Z. prof.	K. prof.		Z. prof.
CAR(-20;20)	-14,19%		-5,92%	-26,54%		-10,97%	10,52%		7,95%
t-Wert		-1,166 +			-2,408 **			0,530	
CAR (-20;0)	-10,32%		-3,74%	-18,50%		-7,11%	6,05%		5,54%
t-Wert		-1,055 +			-1,519 *			0,118	
AR(0)	-1,56%		-0,90%	-1,24%		-1,10%	-2,20%		-0,35%
t-Wert		-0,444			-0,066			-0,929 +	
CAR(0;5)	-1,13%		-1,33%	-1,27%		-2,17%	-0,85%		0,98%
t-Wert		0,066			0,214			-0,488	
CAR(0;20)	-5,43%		-3,08%	-9,28%		-4,96%	2,28%		2,07%
t-Wert		-0,403			-0,516			0,068	

Signifikanzniveaus * α = 0.1 + α = 0.25
** α = 0.05
*** α = 0.01

TAB. 43: Ergebnisse Zweistichproben-t-Test – Erfolgsfaktor Profitabilitätseffizienz der Transaktion

Ist das Zielunternehmen profitabler als das Käuferunternehmen, so zeigt sich ebenfalls eine signifikant von Null verschiedene negative abnormale Rendite von durchschnittlich -5,92%. Dabei sind die negativen Marktreaktionen vor und nach

Bekanntgabe der Transaktion nicht deutlich voneinander verschieden: Die Kurse sinken in beiden Zeiträumen in ähnlichem Umfang und das Ergebnis ist kaum signifikant (α=0,25).

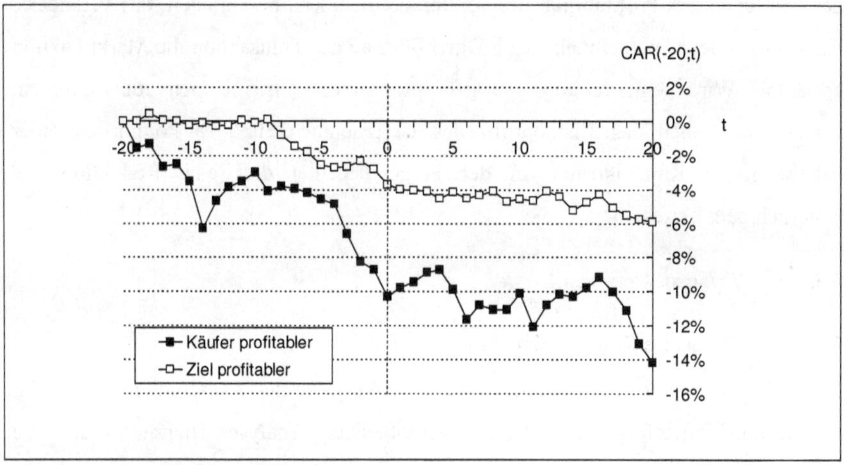

ABB. 22: Kumulierte abnormale Renditen von Akquisitionen – Erfolgsfaktor Profitabilitätseffizienz der Transaktion

Die empirische Analyse der Untergruppe der Transaktionen, die ex-post *negative Akquisitionen* darstellen, zeigt im Gegensatz zur Betrachtung *aller Akquisitionen* signifikante Unterschiede zwischen der Gruppe der Transaktionen, bei denen das Käuferunternehmen profitabler ist, gegenüber jener Gruppe, bei der das Zielunternehmen profitabler ist. Über den gesamten Untersuchungszeitraum [-20; 20] weisen die Kapitalmärkte für profitablere Käuferunternehmen eine negative abnormale kumulierte Rendite von -26,54% versus -10,97% für Transaktionen, bei denen ein profitableres Zielunternehmen übernommen wird, auf. Dieses Ergebnis ist dabei signifikant mit α=0,1.

Insgesamt kann allerdings die *Effizienz-Hypothese*, die besagt, dass Transaktionen erfolgreicher sind, wenn das Käuferunternehmen relativ profitabler als das Zielunternehmen ist, durch die Analyse *aller Akquisitionen* nicht bestätigt werden. Es zeigt sich vielmehr, dass der Kapitalmarkt Akquisitionen von profitableren

Unternehmen belohnt und die Effizienzhypothese (siehe *Hypothese 6* in Kapitel 4) für die Bewertung von Akquisitionen im Telekommunikationssektor keine signifikante Aussagekraft besitzt.[3] Aus theoretischer Sicht könnte hier, wie bereits bei der Analyse des Erfolgsfaktors Profitabilität des Käuferunternehmens beschrieben, das veränderte Risikoprofil des Unternehmens nach Durchführung der Transaktion die Marktreaktion erklären. Wird ein relativ weniger profitables Unternehmen übernommen, verschlechtert sich das Risikoprofil des Unternehmens und es kommt zu einer Erhöhung der Kapitalkosten. In der Folge bedeutet dies eine Reduktion des Unternehmenswertes.

6.3.1.5 Erfolgsfaktoren zu Größe

6.3.1.5.1 Größe des Käuferunternehmens

Die Untersuchung der Relevanz der Unternehmensgröße des Käuferunternehmens für den Akquisitionserfolg ist Ziel der nachfolgenden Analyse. Hierzu werden die Käuferunternehmen in drei Umsatzgrößenklassen eingeteilt. Die Umsatzgrenzen werden dabei so gewählt, dass sich in jeder Klasse eine ähnlich große Anzahl von Transaktionen findet. Ausgangsbasis für die Analyse sind demnach 70 Transaktionen, bei denen der Umsatz des Käuferunternehmens größer als 30 Mrd. USD ist, 74 Transaktionen mit einem Umsatz des Käuferunternehmens zwischen 1 Mrd. USD und 30 Mrd. USD sowie 75 Transaktionen, bei denen das Käuferunternehmen weniger als 1 Mrd. USD umsetzt.

	Zeitraum											Gesamt
	98/H1	98/H2	99/H1	99/H2	00/H1	00/H2	01/H1	01/H2	02/H1	02/H2	03/H1	
>30 Mrd USD	0	0	0	1	4	16	18	10	8	6	7	70
1<x<30 Mrd USD	1	0	1	1	4	10	20	13	6	13	5	74
<1 Mrd USD	0	0	0	0	0	8	21	25	5	9	7	75
Gesamt	1	0	1	2	8	34	59	48	19	28	19	219

TAB. 44: Zeitliche Verteilung der Transaktionen – Erfolgsfaktor Größe des Käuferunternehmens

3 Die Effizienzhypothese gehört zu den am meisten empirisch untersuchten Hypothesen (vgl. Abschnitt 2.1.3.2 dieser Arbeit) und besagt, dass das Käuferunternehmen die Ressourcen, Kundenbeziehungen und internen Abläufe des Zielunternehmens durch Übertragung effizienteren Managements besser nutzen kann und damit den Unternehmenswert steigert.

Wie in TAB. 44 zu sehen, begann die Transaktionstätigkeit mit einem hohen Anteil großer Unternehmen, wobei in den letzten Jahren der Anteil kleinerer Unternehmen gewachsen ist. Wie aus TAB. 45 hervorgeht, zeigen die kumulierten abnormalen Renditen deutliche Unterschiede zwischen den drei Größenklassen auf.

	N	CAR(-20;20)	CAR(-20;0)	AR(0)	CAR(0;5)	CAR(0;20)
Alle Akq.						
>30 Mrd $	70	-5,33% ***	-3,94% ***	-1,14% ***	-1,02% **	-2,53% ***
1<x<30 Mrd $	74	-4,18% *	-1,50% +	-0,09%	-0,31%	-2,77% **
<1 Mrd $	75	-10,13% ***	-4,85% **	0,38% +	-0,67%	-4,90% **
Negative Akq.						
>30 Mrd $	44	-13,06% ***	-8,79% ***	-1,77% ***	-2,23% ***	-6,03% ***
1<x<30 Mrd $	42	-17,13% ***	-8,64% ***	-0,78% **	-2,72% ***	-9,27% ***
<1 Mrd $	46	-27,19% ***	-13,41% ***	0,31%	-2,26% *	-13,46% ***
Positive Akq.						
>30 Mrd $	26	7,75% ***	4,26% ***	-0,09%	1,03% *	3,41% ***
1<x<30 Mrd $	32	12,82% ***	7,88% ***	0,83% +	2,86% **	5,76% ***
<1 Mrd $	29	16,93% ***	8,73% ***	0,49%	1,86% *	8,69% ***

Signifikanzniveaus: * $\alpha = 0.1$; + $\alpha = 0.25$; ** $\alpha = 0.05$; *** $\alpha = 0.01$

TAB. 45: Kumulierte abnormale Renditen verschiedener Zeitfenster – Erfolgsfaktor Größe des Käuferunternehmens

Zweistichprobentests	Alle Akquisitionen			Negative Akquisitionen			Positive Akquisitionen		
	>30 Mrd $		<1 Mrd $	>30 Mrd $		<1 Mrd $	>30 Mrd $		<1 Mrd $
CAR(-20;20)	-5,33%		-10,13%	-13,06%		-27,19%	7,75%		16,93%
t-Wert		1,281 *			3,959 ***			-2,784 ***	
CAR (-20;0)	-3,94%		-4,85%	-8,79%		-13,41%	4,26%		8,73%
t-Wert		0,315			1,316 *			-1,358 *	
AR(0)	-1,14%		0,38%	-1,77%		0,31%	-0,09%		0,49%
t-Wert		-2,477 **			-2,585 ***			-0,625	
CAR(0;5)	-1,02%		-0,67%	-2,23%		-2,26%	1,03%		1,86%
t-Wert		-0,307			0,017			-0,538	
CAR(0;20)	-2,53%		-4,90%	-6,03%		-13,46%	3,41%		8,69%
t-Wert		0,902 +			2,294 **			-1,920 **	

Signifikanzniveaus: * $\alpha = 0.1$; + $\alpha = 0.25$; ** $\alpha = 0.05$; *** $\alpha = 0.01$

TAB. 46: Ergebnisse Zweistichproben-t-Tests – Erfolgsfaktor Größe des Käuferunternehmens

Die Analyse zeigt, dass Akquisitionen durch kleinere Käuferunternehmen geringere kumulierte abnormale Renditen aufweisen als Transaktionen, bei denen das Käuferunternehmen sehr groß ist. Akquisitionen durch ein sehr großes Unternehmen

(Umsatz größer 30 Mrd. USD) weisen für das Analysefenster [-20; 20] eine kumulierte abnormale Rendite von -5,33% auf, Akquisitionen durch kleine Unternehmen (Umsatz kleiner 1 Mrd. USD) hingegen zeigen einen Wert von -10,13%.

Die Untersuchung der kumulierten abnormalen Renditen über die Zeit zeichnet eine ähnliches Bild: Die CAR-Linie für Akquisitionen durch kleine Unternehmen verläuft fast über das gesamte Analysezeitfenster unterhalb der CAR-Linie der Akquisitionen durch große Unternehmen.

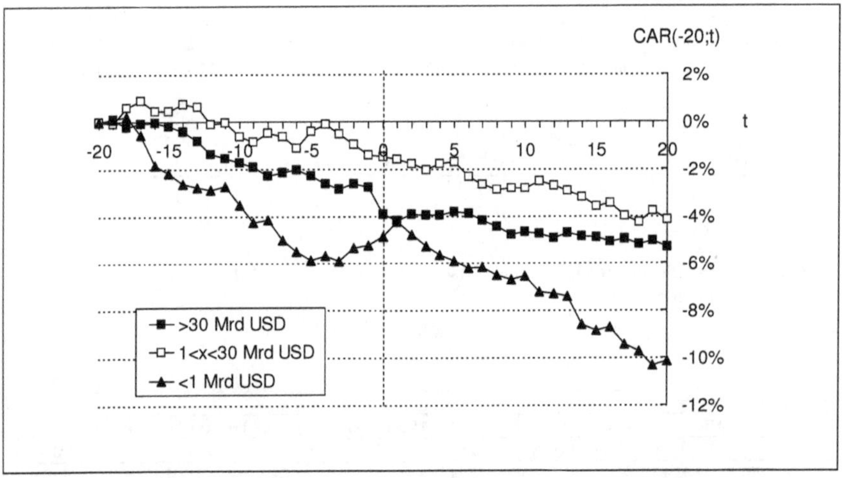

ABB. 23: Kumulierte abnormale Renditen von Akquisitionen – Erfolgsfaktor Größe des Käuferunternehmens

Diese Unterschiede sind nach *Zweistichproben-t-Test* (vgl. TAB. 46) schwach signifikant mit α=0,1. Ändert man jedoch den Analysezeitraum und betrachtet die Reaktion am Tag der Bekanntgabe (AR[0]), so zeigt sich ein anderes Bild: Hier scheinen Akquisitionen, die von kleinen Unternehmen durchgeführt werden, erfolgreicher zu sein. Dieses Ergebnis wird dabei vom *Zweistichproben-t-Test* mit einer stärkeren Signifikanz von α=0,05 gestützt.

Betrachtet man das gesamte Analysezeitfenster, so scheinen Transaktionen von großen Unternehmen erfolgreicher zu sein als Transaktionen durch kleine Unternehmen. Damit wird die im Zusammenhang mit der *Ressourcen-Theorie* und dem *Synergie-*

Ansatz formulierte Untersuchungshypothese bestätigt: Ungenutzte Potentiale aufgrund (zu) groß bemessener Funktionen oder Kapazitätsreserven in vielfältigen Bereichen existieren wahrscheinlich eher bei großen Käuferunternehmen, und hieraus kann sich dann ein erhebliches Synergiepotential nach Durchführung einer M&A-Transaktion ergeben. Eine weitere Interpretation des Ergebnisses ist, dass der Markt unterstellt, dass größere Unternehmen besser in der Lage sind, die Komplexität einer Transaktion neben der parallelen Fortführung des Tagesgeschäfts zu managen. Diese Überlegung ist eng mit dem später in diesem Kapitel untersuchten Erfolgsfaktor der Akquisitionserfahrung (siehe Abschnitt 6.3.2.1) verbunden. Der Markt könnte also unterstellen, dass größere Unternehmen besser in der Lage sind, erfolgreiche M&A-Transaktionen durchzuführen, weil sie über ein besseres institutionelles Wissen über den Akquisitionsprozess verfügen als kleinere Unternehmen.

Diese Ergebnis widerspricht dem Ergebnis einer anderen empirischen Arbeit im Telekommunikationsmarkt, nämlich von Rieck (2002). Rieck kommt in seiner empirischen Untersuchung von internationalen Transaktionen im Telekommunikationssektor zu dem Ergebnis, dass M&A-Transaktionen eher dann erfolgreich sind, wenn das Käuferunternehmen klein ist.[4]

6.3.1.5.2 Relative Größe Ziel- zu Käuferunternehmen

Weiterhin soll die Bedeutung der relativen Größe von Ziel- zu Käuferunternehmen für den Akquisitionserfolg analysiert werden. Entsprechend der in Kapitel 4 beschriebenen Operationalisierung werden die Buchwerte von Ziel- und Käuferunternehmen zueinander ins Verhältnis gesetzt.[5] Danach werden die Transaktionen in zwei Gruppen aufgeteilt: (1) Transaktionen, in denen das Käuferunternehmen ein im Vergleich zu sich großes Zielunternehmen übernimmt, und

---

4 Vgl. Rieck (2002), S. 16. Auch Studien in anderen Industriesektoren haben gezeigt, dass kleinere Unternehmen erfolgreicher M&A-Transaktionen durchführen als größere Unternehmen, vgl. Möller/Schlingemann/Tulz (2003), S. 23; Zollo/Leshchinskii (2000), S. 5.

5 Für die Analyse können nur diejenigen Transaktionen aus dem Datensatz berücksichtigt werden, bei denen Informationen über die Buchwerte für Käufer- und Verkäuferunternehmen zur Verfügung stehen.

(2) Transaktionen, in denen das Käuferunternehmen ein Zielunternehmen übernimmt, das im Vergleich zu sich kleiner ist. Für die Analyse wird dabei vereinfacht angenommen, dass das Käuferunternehmen eine kleine oder große Akquisition durchführt. Die Einteilung der Grenzen ist dabei durch die im Datensatz enthaltenen Transaktionen bestimmt. Eine Transaktion wird als groß eingestuft, wenn der Umsatz des Zielunternehmens einem Wert größer/gleich 20 Prozent des Umsatzes des Käuferunternehmens entspricht. Es zeigt sich, dass absolut gesehen, eher kleinere Unternehmen akquiriert werden. TAB. 47 fasst die Ergebnisse der Einteilung zusammen.

	Zeitraum											Gesamt
	98/H1	98/H2	99/H1	99/H2	00/H1	00/H2	01/H1	01/H2	02/H1	02/H2	03/H1	
<20%	0	0	0	0	1	6	8	4	1	1	4	25
>=20%	0	0	0	1	1	2	4	1	2		1	12
na*	1	0	1	1	6	26	47	43	16	27	14	182
Gesamt	1	0	1	2	8	34	59	48	19	28	19	219

* Targetindustrie nicht bekannt

TAB. 47: Zeitliche Verteilung der Transaktionen – Erfolgsfaktor relative Größe Ziel- zu Käuferunternehmen

	N	CAR(-20;20)	CAR(-20;0)	AR(0)	CAR(0;5)	CAR(0;20)
Alle Akq.						
<20%	25	-6,13% **	-1,93% +	-0,35%	-0,47%	-4,54% **
>=20%	12	-17,11% ***	-15,86% ***	-3,12% **	-3,49% +	-4,38% +
Negative Akq.						
<20%	16	-14,01% ***	-5,55% **	-0,29%	-1,66% +	-8,75% ***
>=20%	11	-18,79% ***	-17,60% ***	-2,33% *	-2,80% +	-3,52% +
Positive Akq.						
<20%	9	7,90% ***	4,50% **	-0,45%	1,66% +	2,94% ***
>=20%	1	1,31% na	3,28% na	-11,83% na	-11,08% na	-13,80% na

Signifikanzniveaus * $\alpha = 0.1$ + $\alpha = 0.25$
** $\alpha = 0.05$
*** $\alpha = 0.01$

TAB. 48: Kumulierte abnormale Renditen verschiedener Zeitfenster – Erfolgsfaktor relative Größe Ziel- zu Käuferunternehmen

Zweistichprobentests	Alle Akquisitionen		Negative Akquisitionen		Positive Akquisitionen	
	<20%	>=20%	<20%	>=20%	<20%	>=20%
CAR(-20;20)	-6,13%	-17,11%	-14,01%	-18,79%	7,90%	1,31%
t-Wert	2,141 **		0,874 +		na	
CAR (-20;0)	-1,93%	-15,86%	-5,55%	-17,60%	4,50%	3,28%
t-Wert	2,606 ***		2,153 **		na	
AR(0)	-0,35%	-3,12%	-0,29%	-2,33%	-0,45%	-11,83%
t-Wert	1,690 *		1,204 +		na	
CAR(0;5)	-0,47%	-3,49%	-1,66%	-2,80%	1,66%	-11,08%
t-Wert	0,866 +		0,301		na	
CAR(0;20)	-4,54%	-4,38%	-8,75%	-3,52%	2,94%	-13,80%
t-Wert	-0,033		-0,926 +		na	
Signifikanzniveaus	* α = 0.1 ** α = 0.05 *** α = 0.01		+ α = 0.25			

TAB. 49: Ergebnisse Zweistichproben-t-Tests – Erfolgsfaktor relative Größe Ziel- zu Käuferunternehmen

Die empirische Untersuchung zeigt, dass im Telekommunikationsmarkt die Akquisition von kleineren Unternehmen mit einer höheren kumulierten abnormalen Rendite einhergeht als die Akquisition von relativ zum Käufer großen Unternehmen.

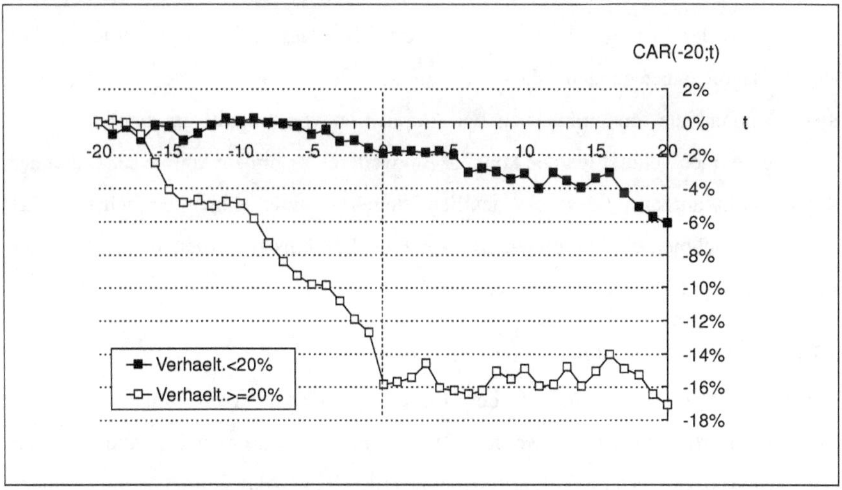

ABB. 24: Kumulierte abnormale Renditen von Akquisitionen – Erfolgsfaktor relative Größe Ziel- zu Käuferunternehmen

Über das gesamte Analysezeitfenster [-20, 20] zeigen sich signifikante Ergebnisse (α=0,05): Während die Akquisition eines relativ großen Unternehmens zu einer CAR von -17,11% führt, zeigt die Akquisition eines relativ zum Käufer kleinen Unternehmens eine CAR von lediglich -6,13%.

Die Analyse der kumulierten abnormalen Rendite über die Zeit zeigt, dass die CAR-Linien vor Bekanntgabe der Transaktion unterschiedlich stark reagieren. Der Markt scheint die Akquisition eines großen Unternehmens bereits zum Zeitpunkt der Bekanntgabe der Transaktion voll antizipiert zu haben, und dieses Ergebnis weist im *Zweistichproben-t-Test* für das Zeitfenster [-20; 0] starke Signifikanz mit $\alpha=0,01$. Dagegen zeigt sich für die Akquisition eines kleinen Unternehmens nach Bekanntgabe der Transaktion noch eine starke Reaktion, diese ist allerdings teilweise nicht signifikant.

Insgesamt zeigt die Überprüfung der Analyse für fast alle Zeitfenster Signifikanzen, d.h. die Akquisition kleinerer Unternehmen wird positiver vom Markt aufgenommen. Transaktionen, bei denen eher kleinere Zielunternehmen übernommen werden, scheinen demnach erfolgreicher zu sein. Somit kann die auf Basis der Ressourcen-Theorie und des Synergie-Ansatzes formulierte *Hypothese 8* bestätigt werden. Dabei wurde davon ausgegangen, dass die in der *Ressourcen-Theorie* beschriebenen Synergiepotenziale am einfachsten bei Akquisition von (relativ gesehen) kleineren Zielunternehmen genutzt werden können. Ein weiteres Argument könnte sein, dass der Kapitalmarkt annimmt, dass ein deutlich kleineres Unternehmen einfacher in das Käuferunternehmen zu integrieren ist. Ähnliche Ergebnisse werden in der Literatur auch für andere Industriesektoren bestätigt.[6]

6.3.1.5.3 Transaktionspreis

Nachfolgend soll der Einfluss der Höhe des Transaktionsvolumens auf den Akquisitionserfolg untersucht werden. Zu diesem Zweck werden die Akquisitionen des Datensatzes in drei Klassen eingeteilt: (1) Akquisitionen mit einem

6 Vgl. Beispielsweise Hawanini/Swary (1990), die die Bedeutung der relativen Größe von Ziel- zu Käuferunternehmen im nordamerikanischen Bankensektor untersuchen. Die Autoren kommen zu dem Ergebnis, dass Transaktionen signifikant erfolgreicher sind, wenn die Zielunternehmen im Verhältnis zu den Käuferunternehmen erheblich kleiner sind.

Transaktionspreis kleiner 100 Millionen USD, (2) Akquisitionen mit einem Transaktionspreis zwischen 100 und 500 Millionen USD sowie (3) Akquisitionen mit einem Transaktionspreis über 500 Millionen USD. Im Datensatz sind 132 Akquisitionen mit einem Transaktionsvolumen kleiner 100 Millionen USD enthalten, es gibt 51 Transaktionsvolumen mit einer Dealgröße größer als 500 Millionen USD und 36 Transaktionen weisen eine Dealgröße zwischen 100 und 500 Millionen USD auf.

	N	CAR(-20;20)	CAR(-20;0)	AR(0)	CAR(0;5)	CAR(0;20)
Alle Akq.						
>500 Mio $	51	-5,39% **	-5,03% **	-1,29% ***	-0,94% +	-1,65% +
100<x<500 Mio $	36	-6,29% ***	-2,54% **	-0,72% *	-2,62% ***	-4,46% ***
<=100 Mio $	132	-7,13% ***	-3,05% **	0,25% +	-0,02%	-3,82% ***
Negative Akq.						
>500 Mio $	33	-14,58% ***	-11,00% ***	-2,06% ***	-3,77% ***	-5,64% ***
100<x<500 Mio $	23	-12,85% ***	-5,51% ***	-0,68% +	-3,32% **	-8,03% ***
<=100 Mio $	76	-23,26% ***	-11,54% ***	-0,17%	-1,52% **	-11,89% ***
Positive Akq.						
>500 Mio $	18	11,48% ***	5,94% ***	0,12%	4,25% ***	5,66% ***
100<x<500 Mio $	13	5,33% ***	2,70% *	-0,77% +	-1,38% +	1,85% +
<=100 Mio $	56	14,76% ***	8,46% ***	0,82% **	2,03% **	7,12% ***
Signifikanzniveaus	*	α = 0.1	+ α = 0.25			
	**	α = 0.05				
	***	α = 0.01				

TAB. 50: Kumulierte abnormale Renditen verschiedener Zeitfenster – Erfolgsfaktor Dealgröße

Zweistichprobentests	**Alle Akquisitionen**			**Negative Akquisitionen**			**Positive Akquisitionen**		
	>500 Mio $		<=100 Mio $	>500 Mio $		<=100 Mio $	>500 Mio $		<=100 Mio $
CAR(-20;20)	-5,39%		-7,13%	-14,58%		-23,26%	11,48%		14,76%
t-Wert		0,508			2,457 ***			-1,023 +	
CAR(-20;0)	-5,03%		-3,05%	-11,00%		-11,54%	5,94%		8,46%
t-Wert		-0,731 +			0,161			-0,921 +	
AR(0)	-1,29%		0,25%	-2,06%		-0,17%	0,12%		0,82%
t-Wert		-2,662 ***			-2,624 ***			-0,770 +	
CAR(0;5)	-0,94%		-0,02%	-3,77%		-1,52%	4,25%		2,03%
t-Wert		-0,704 +			-1,444 *			1,200 +	
CAR(0;20)	-1,65%		-3,82%	-5,64%		-11,89%	5,66%		7,12%
t-Wert		0,977 +			2,210 **			-0,672	
Signifikanzniveaus	* α = 0.1		+ α = 0.25						
	** α = 0.05								
	*** α = 0.01								

TAB. 51: Ergebnisse Zweistichproben-t-Tests – Erfolgsfaktor Dealgröße

Bei der Analyse *aller Akquisitionen* werden für alle drei Transaktionsgrößenklassen signifikant negative kumulierte abnormale Renditen über das gesamte Betrachtungsfenster [-20; 20] ermittelt. Es fällt jedoch auf, dass große Transaktionen mit einer Dealgröße größer als 500 Millionen USD die geringere negative kumulierte abnormale Rendite aufweisen und dass kleinere Transaktionen mit einer Dealgröße kleiner als 100 Millionen USD die größte negative kumulierte Rendite zeigen.

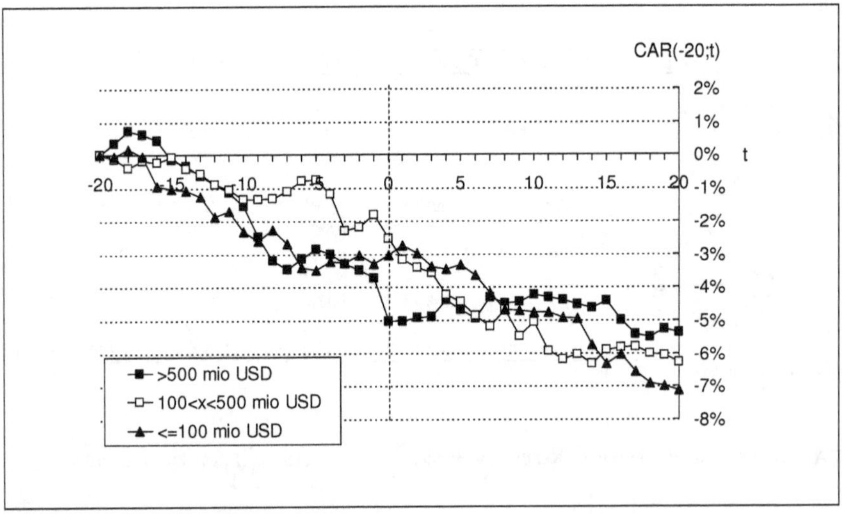

ABB. 25: Kumulierte abnormale Renditen von Akquisitionen – Erfolgsfaktor Dealgröße

Um zu überprüfen, ob diese Unterschiede signifikant sind, wird der Zweistichprobentest durchgeführt. Es zeigt sich, dass schwache Signifikanzen für den Zeitraum vor Bekanntgabe [-20; 0] wie an den Tagen nach der Bekanntgabe selbst (in den Analysezeitfenstern [0; 5] sowie [0; 20]) nachgewiesen werden können. Am Tag der Bekanntgabe der Akquisition sind die Unterschiede zwischen den beiden Kategorien sogar stark signifikant. Problematisch ist allerdings, dass sich die Richtung der Hypothese in den verschiedenen Analysezeitfenstern verändert:

- Kleinere Transaktionspreise zeigen eine signifikant weniger negative Marktreaktion im Zeitraum vor Bekanntgabe, am Tag der Bekanntgabe sowie in der kurzen Frist [0; 5] nach Bekanntgabe der Akquisition.

- Im Zeitfenster [0; 20], also in der mittleren Frist nach Bekanntgabe der Akquisition, werden größere Transaktionen vom Markt als erfolgreicher beurteilt, jedoch ist das Ergebnis nur schwach signifikant.

Auffällig ist, dass bei der Analyse der Gruppe der ex-post *negativen Akquisitionen* über den gesamten Beobachtungszeitraum Akquisitionen mit einem Transaktionspreis größer USD 500 Millionen stark signifikant (α=0,01) erfolgreicher sind als Akquisitionen von Unternehmen mit einem Transaktionspreis kleiner/gleich USD 100 Millionen. In dieser Gruppe sind also Akquisitionen mit hohem Preis erfolgreicher und zwar für alle Betrachtungszeitfenster ab Ankündigung der Transaktion. In der Gruppe der ex-post positiven Akquisitionen finden sich allerdings hierfür keine starken Signifikanzen.

Insgesamt ist jedoch als Ergebnis der Analyse festzustellen, dass der Transaktionspreis kein geeigneter Faktor ist, um den Erfolg bei europäischen Telekomtransaktionen zu erklären.

6.3.1.6 Erfolgsfaktor Relevanz von Insiderwissen des Käufers

Insiderwissen seitens des Käuferunternehmens über das Zielunternehmen stellt einen weiteren Faktor dar, der im Hinblick auf den Erfolg von M&A-Transaktionen untersucht werden soll. Zur Operationalisierung dieses Faktors wird der Datensatz in zwei Gruppen aufgeteilt:

- Akquisitionen, bei denen Insiderbesitz vor Durchführung der Transaktion vorlag, weil das Käuferunternehmen bereits vor der Akquisition am Zielunternehmen beteiligt war

- Akquisitionen, bei denen kein Insiderbesitz vor Durchführung der Transaktion vorlag und die deshalb einen kompletten Neukauf für das Käuferunternehmen bedeuten

Die Einteilung in die zwei Gruppen ist in nachfolgender Tabelle dargestellt:

	Zeitraum											Gesamt
	98/H1	98/H2	99/H1	99/H2	00/H1	00/H2	01/H1	01/H2	02/H1	02/H2	03/H1	
Neukauf	1	0	0	2	6	23	56	30	14	23	16	171
Aufstockung	0	0	1	0	2	11	3	18	5	5	3	48
Gesamt	1	0	1	2	8	34	59	48	19	28	19	219

TAB. 52: Zeitliche Verteilung der Transaktionen – Erfolgsfaktor Relevanz von Insiderwissen des Käufers aufgrund vorheriger partieller Akquisition

Die Akquisitionen des Untersuchungszeitraums lassen sich in 48 Aufstockungen und 171 Neukäufe einteilen. TAB. 52 zeigt die zeitliche Verteilung der beiden Unterstichproben, wobei kein eindeutiger zeitlicher Trend beobachtet werden kann.

	N	CAR(-20;20)	CAR(-20;0)	AR(0)	CAR(0;5)	CAR(0;20)
Alle Akq.						
Neukauf	171	-7,33% ***	-3,89% ***	-0,41% *	-1,06% **	-3,85% ***
K. Neuk.	48	-3,94% *	-1,80% *	0,24%	0,75% +	-1,90% +
Negative Akq.						
Neukauf	104	-19,18% ***	-10,35% ***	-0,84% ***	-2,66% ***	-9,68% ***
K. Neuk.	28	-19,62% ***	-10,36% ***	-0,31%	-1,43% +	-9,57% ***
Positive Akq.						
Neukauf	67	11,07% ***	6,15% ***	0,27% +	1,43% **	5,20% ***
K. Neuk.	20	18,03% ***	10,20% ***	1,00% +	3,81% ***	8,83% ***

Signifikanzniveaus * $\alpha = 0.1$ + $\alpha = 0.25$
** $\alpha = 0.05$
*** $\alpha = 0.01$

TAB. 53: Kumulierte abnormale Renditen verschiedener Zeitfenster – Erfolgsfaktor Relevanz von Insiderwissen des Käufers aufgrund vorheriger partieller Akquisition

Bei der Betrachtung *aller Akquisitionen* ist über das Gesamtanalysezeitfenster [-20; 20] eine negative kumulierte abnormale Rendite von -7,33% festzustellen. Dabei ist die negative Marktreaktion vor Ankündigung mit -3,89% ungefähr gleich groß wie im Zeitfenster nach Bekanntgabe (-3,85% für das Analysefenster [0; 20]). Dies kann darauf hindeuten, dass die negative Einschätzung von Insidern, die bereits vor der Bekanntgabe zu Kursverlusten führt, nach der Bekanntgabe auch von den übrigen Marktteilnehmern in ähnlichem Umfang (gemessen an der Stärke der Kursverluste) geteilt wird.

Zweistichprobentests						
	Alle Akquisitionen		**Negative Akquisitionen**		**Positive Akquisitionen**	
	Neukauf	K. Neuk.	Neukauf	K. Neuk.	Neukauf	K. Neuk.
CAR(-20;20)	-7,33%	-3,94%	-19,18%	-19,62%	11,07%	18,03%
t-Wert	-0,779 +		0,091		-1,820 **	
CAR (-20;0)	-3,89%	-1,80%	-10,35%	-10,36%	6,15%	10,20%
t-Wert	-0,780 +		0,003		-1,530 *	
AR(0)	-0,41%	0,24%	-0,84%	-0,31%	0,27%	1,00%
t-Wert	-1,023 +		-0,656		-0,746 +	
CAR(0;5)	-1,06%	0,75%	-2,66%	-1,43%	1,43%	3,81%
t-Wert	-1,597 *		-0,813 +		-1,654 *	
CAR(0;20)	-3,85%	-1,90%	-9,68%	-9,57%	5,20%	8,83%
t-Wert	-0,758 +		-0,034		-1,478 *	

Signifikanzniveaus * α = 0.1 + α = 0.25
** α = 0.05
*** α = 0.01

TAB. 54: Ergebnisse Zweistichproben-t-Tests – Erfolgsfaktor Relevanz von Insiderwissen des Käufers aufgrund vorheriger partieller Akquisition

Stellt die Akquisition eine Aufstockung bestehender Anteile dar, zeigen sich ebenfalls weitestgehend negative, wenn auch lediglich schwach signifikante, Kursreaktionen. Die Kursverluste scheinen jedoch geringer als im Fall des Neukaufes.

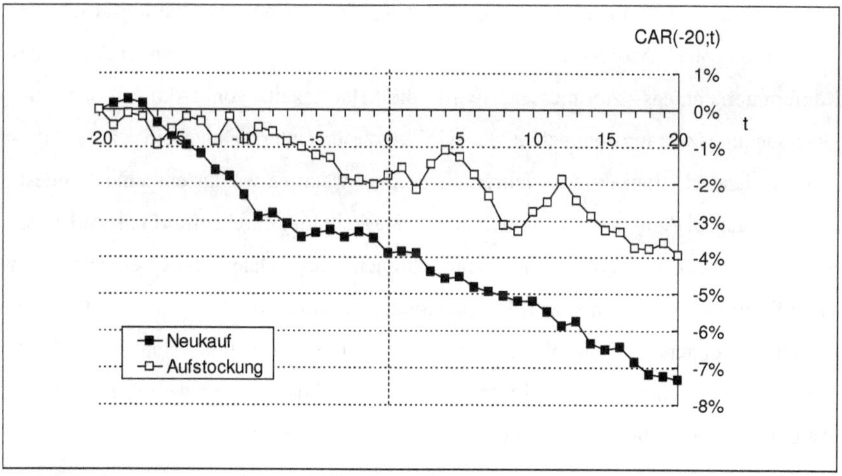

ABB. 26: Kumulierte abnormale Renditen von Akquisitionen – Erfolgsfaktor Relevanz von Insiderwissen des Käufers aufgrund vorheriger partieller Akquisition

Ob die weniger stark negative Kursreaktion bei der Aufstockung jedoch signifikant ist, wird mittels des *Zweistichprobentest* überprüft. Es zeigt sich, dass für alle betrachteten Analysezeitfenster nur schwache Signifikanzen ermittelt werden. Somit ist die weniger negative Marktreaktion auf die Aufstockung schwach signifikant von der Marktreaktion auf einen Neukauf verschieden: Als Ergebnis aus der Analyse *aller Akquisitionen* kann festgehalten werden, dass das Insiderwissen auf Seiten des Käuferunternehmens, ausgedrückt durch eine vorher existierende Beteiligung, aus Sicht des Kapitalmarktes einen schwach signifikanten Einflussfaktor für den Erfolg der M&A-Transaktion darstellt. Analysiert man die Gruppe der Transaktionen, die sich ex-post als *positive Akquisitionen* darstellen, so wird über den gesamten Beobachtungszeitraum eine starke Signifikanz (α=0,05) für die Untersuchungshypothese festgestellt: Transaktionen durch Käuferunternehmen, die bereits vorher am Zielunternehmen beteiligt waren, sind somit erfolgreicher.

6.3.2 Analyse weiterer theoretisch herleitbarer Erfolgsfaktoren (*Erweiterte Kernfaktoren*)

6.3.2.1 Erfolgsfaktor Akquisitionserfahrung des Käuferunternehmens

Die Relevanz der Akquisitionserfahrung des Käufers für den Akquisitionserfolg soll im nachfolgenden Abschnitt untersucht werden. Um die Akquisitionserfahrung des Käuferunternehmens zu messen, wird die Häufigkeit von Akquisitionen im Untersuchungszeitraum betrachtet. Es wird in dieser Untersuchung ein Käuferunternehmen dann als transaktionserfahren angesehen, wenn es wenigstens eine Mindestanzahl von zwei Akquisitionen im Untersuchungszeitraum durchgeführt hat. Auf Basis dieses Kriteriums werden die Transaktionen des Datensatzes eingeteilt in Transaktionen, bei denen das Käuferunternehmen Transaktionserfahrung aufweisen kann und in diejenigen Transaktionen, bei denen keine Transaktionserfahrung vorliegt. Nachfolgende Tabelle zeigt die Einteilung der Transaktionen nach dem Kriterium der Transaktionserfahrung über die Zeit.

	Zeitraum											Gesamt
	98/H1	98/H2	99/H1	99/H2	00/H1	00/H2	01/H1	01/H2	02/H1	02/H2	03/H1	
Keine Erfahrung	1	0	1	2	7	20	34	26	7	6	8	112
Erfahrung	0	0	0	0	1	14	25	22	12	22	11	107
Gesamt	1	0	1	2	8	34	59	48	19	28	19	219

TAB. 55: Zeitliche Verteilung der Transaktionen – Erfolgsfaktor Akquisitionserfahrung des Käuferunternehmens

Wie zu erwarten, steigt der Anteil an Transaktionen mit erfahrenen Käufern im Untersuchungszeitraum, was jedoch eine sehr natürliche Entwicklung ist, da mit zunehmender Anzahl von Transaktionen eine zunehmende Anzahl an Unternehmen mit Akquisitionserfahrung im Markt vorhanden ist.

	N	CAR(-20;20)	CAR(-20;0)	AR(0)	CAR(0;5)	CAR(0;20)
Alle Akq.						
Keine Erfahrng.	112	-10,36% ***	-4,35% ***	-0,20%	-1,26% **	-6,21% ***
Erfahrung	107	-2,63% *	-2,46% *	-0,33% +	-0,03%	-0,50%
Negative Akq.						
Keine Erfahrng.	73	-22,38% ***	-10,95% ***	-0,52% +	-3,08% ***	-11,95% ***
Erfahrung	59	-15,44% ***	-9,61% ***	-0,99% **	-1,56% **	-6,81% ***
Positive Akq.						
Keine Erfahrng.	39	12,14% ***	8,01% ***	0,40%	2,14% **	4,53% ***
Erfahrung	48	13,11% ***	6,32% ***	0,47% +	1,84% **	7,25% ***

Signifikanzniveaus * $\alpha = 0.1$ + $\alpha = 0.25$
** $\alpha = 0.05$
*** $\alpha = 0.01$

TAB. 56: Kumulierte abnormale Renditen verschiedener Zeitfenster – Erfolgsfaktor Akquisitionserfahrung des Käuferunternehmens

Akquisitionen von Unternehmen ohne Akquisitionserfahrung weisen eine stark signifikant von Null verschiedene negative kumulierte Marktreaktion auf. Dabei ist die stark signifikante negative Kursreaktion durch übrige Marktteilnehmer nach Bekanntgabe der Transaktion im Zeitfenster [0; 20] mit -6,21% noch größer als vor der Bekanntgabe (-4,35% im Zeitfenster [-20; 0]).

Die Marktreaktion auf Akquisitionen von Unternehmen mit Transaktionserfahrung ist hierzu unterschiedlich. Signifikante negative Kursreaktionen zeigen sich vor allem vor Bekanntgabe der Transaktion, danach sind keine signifikanten Marktreaktionen festzustellen. Dieses Ergebnis könnte darauf hinweisen, dass die Akquisitionen von Insidern und den übrigen Marktteilnehmern unterschiedlich bewertet werden: Insider beurteilen die Transaktion stärker negativ als die anderen Marktteilnehmer.

Zweistichprobentests						
	Alle Akquisitionen		**Negative Akquisitionen**		**Positive Akquisitionen**	
	Keine Erfahrng.	Erfahrung	Keine Erfahrng.	Erfahrung	Keine Erfahrng.	Erfahrung
CAR(-20;20)	-10,36%	-2,63%	-22,38%	-15,44%	12,14%	13,11%
t-Wert		-2,482 ***		-2,045 **		-0,377
CAR (-20;0)	-4,35%	-2,46%	-10,95%	-9,61%	8,01%	6,32%
t-Wert		-0,823 +		-0,470		0,651
AR(0)	-0,20%	-0,33%	-0,52%	-0,99%	0,40%	0,47%
t-Wert		0,277		0,747 +		-0,088
CAR(0;5)	-1,26%	-0,03%	-3,08%	-1,56%	2,14%	1,84%
t-Wert		-1,261 +		-1,212 +		0,203
CAR(0;20)	-6,21%	-0,50%	-11,95%	-6,81%	4,53%	7,25%
t-Wert		-2,790 ***		-2,012 **		-1,244 +

Signifikanzniveaus: * α = 0.1; ** α = 0.05; *** α = 0.01; + α = 0.25

TAB. 57: Ergebnisse Zweistichproben-t-Tests - Erfolgsfaktor Akquisitionserfahrung des Käuferunternehmens

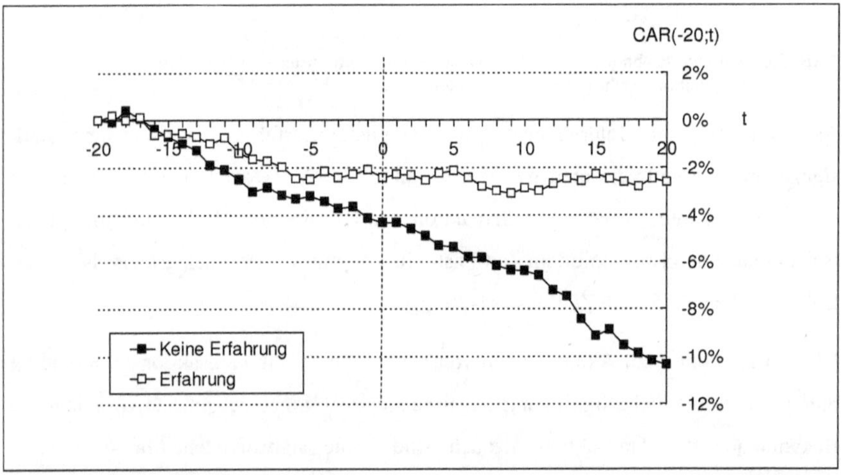

ABB. 27: Kumulierte abnormale Renditen von Akquisitionen – Erfolgsfaktor Akquisitionserfahrung des Käuferunternehmens

Die Überprüfung der unterschiedlich starken Marktreaktionen weist sehr starke Signifikanzniveaus auf. Insbesondere für das gesamte Analysezeitfenster [-20; 20] sowie im Zeitraum nach Bekanntgabe der Akquisition [0; 20] sind die Marktreaktionen auf Transaktionen der beiden Gruppen stark signifikant (α=0,01) voneinander verschieden.

Die aus der Übertragung des Konzepts der *Erfahrungskurve* auf den Erfolg von M&A-Transaktionen abgeleitete *Hypothese 11* wird bestätigt. Der Kapitalmarkt schätzt Käuferunternehmen mit Transaktionserfahrung als besser geeignet ein, erfolgreiche M&A-Transaktionen durchzuführen.

Der Kapitalmarkt scheint demnach anzunehmen, dass transaktionserfahrene Käuferunternehmen den von großer Unsicherheit gekennzeichneten Bewertungsprozess inklusive der hierbei kritischen Synergiebewertung sowie den anschließenden Integrationsprozess deutlich besser beherrschen als Telekommunikationsunternehmen, die erstmals diese Situation durchlaufen müssen.[7] Die Akquisitionserfahrung des Käuferunternehmens kann daher als signifikanter Erfolgsfaktor für Akquisitionen im Telekommunikationsmarkt gelten.

6.3.2.2 Erfolgsfaktor Offenlegung der Information über den Zahlungsmodus

Bei der Analyse des Erfolgsfaktors *Offenlegung der Information über den Zahlungsmodus* soll untersucht werden, welchen Einfluss die Tatsache der Bekanntgabe des Zahlungsmodus auf den Akquisitionserfolg hat. Zur Operationalisierung dieser in Kapitel 4 aus der *Prinzipal-Agenten-Theorie* abgeleiteten Hypothese werden die Transaktionen des Datensatzes in zwei Gruppen eingeteilt: (1) Transaktionen, bei denen der Zahlungsmodus *offen gelegt* wurde (in den Tabellen mit *Information offen gelegt = IOG*), sowie (2) Transaktionen, bei denen der Zahlungsmodus *nicht offen gelegt* wurde (in den Tabellen mit *Information nicht offen gelegt = INOG* bezeichnet). TAB. 58 zeigt die zeitliche Verteilung für beide Gruppen, wobei auch bei diesem Erfolgsfaktor kein eindeutiger zeitlicher Trend beobachtet werden kann.

---

7 Dieses Ergebnis wird auch für andere Industriesektoren bestätigt: Zollo/Leshchinkskii (2000) zeigen die Bedeutung von Transaktionserfahrung für Akquisitionen im Bankensektor auf.

	Zeitraum											Gesamt
	98/H1	98/H2	99/H1	99/H2	00/H1	00/H2	01/H1	01/H2	02/H1	02/H2	03/H1	
INOG	0	0	0	0	1	12	14	9	7	12	6	61
IOG	1	0	1	2	7	22	45	39	12	16	13	158
Gesamt	1	0	1	2	8	34	59	48	19	28	19	219

TAB. 58: Zeitliche Verteilung der Transaktionen – Erfolgsfaktor Transparenz über Zahlungsmodus

Im Datensatz finden sich 158 Akquisitionen, bei denen die Information über den Zahlungsmodus offen gelegt wird (*IOG*); bei 61 Akquisitionen werden hierzu keine Angaben gemacht (*INOG*). Wie aus TAB. 59 ersichtlich ist, sind die Unterschiede zwischen Unternehmen, die die Art des Zahlungsmodus publik machen, und denen, die hierzu keine Informationen bekannt geben, nicht sehr groß.

	N	CAR(-20;20)	CAR(-20;0)	AR(0)	CAR(0;5)	CAR(0;20)
Alle Akq.						
INOG	61	-5,75% **	-3,00% *	-1,01% **	-1,92% **	-3,76% **
IOG	158	-6,91% ***	-3,59% ***	0,02%	-0,17%	-3,29% ***
Negative Akq.						
INOG	37	-16,82% ***	-9,23% ***	-1,65% ***	-4,22% ***	-9,24% ***
IOG	95	-20,23% ***	-10,79% ***	-0,37% +	-1,69% **	-9,81% ***
Positive Akq.						
INOG	24	11,32% ***	6,61% ***	-0,01%	1,64% +	4,70% **
IOG	63	13,19% ***	7,26% ***	0,61% *	2,11% ***	6,54% ***

Signifikanzniveaus * $\alpha = 0.1$ + $\alpha = 0.25$
** $\alpha = 0.05$
*** $\alpha = 0.01$

TAB. 59: Kumulierte abnormale Renditen verschiedener Zeitfenster – Erfolgsfaktor Transparenz über Zahlungsmodus

Die Betrachtung der kumulierten abnormalen Renditen für die Gruppe *aller Transaktionen* im Zeitfenster [-20; 20] zeigt, dass keine starken Unterschiede in den Renditen für die beiden Gruppen beobachtbar sind. Käuferunternehmen, die keinerlei Informationen über den Zahlungsmodus veröffentlichten, realisieren im Durchschnitt eine signifikant negative kumulierte abnormale Rendite von -5,75%. Käuferunternehmen, die den Zahlungsmodus bekannt geben, realisieren im Durchschnitt eine stark signifikante kumulierte abnormale Rendite von -6,91%.

Zweistichprobentests	Alle Akquisitionen		Negative Akquisitionen		Positive Akquisitionen	
	INOG	IOG	INOG	IOG	INOG	IOG
CAR(-20;20)	-5,75%	-6,91%	-16,82%	-20,23%	11,32%	13,19%
t-Wert	0,355		0,930 +		-0,773 +	
CAR (-20;0)	-3,00%	-3,59%	-9,23%	-10,79%	6,61%	7,26%
t-Wert	0,231		0,474		-0,231	
AR(0)	-1,01%	0,02%	-1,65%	-0,37%	-0,01%	0,61%
t-Wert	-1,871 *		-1,738 **		-0,804 +	
CAR(0;5)	-1,92%	-0,17%	-4,22%	-1,69%	1,64%	2,11%
t-Wert	-1,589 *		-1,926 **		-0,285	
CAR(0;20)	-3,76%	-3,29%	-9,24%	-9,81%	4,70%	6,54%
t-Wert	-0,218		0,222		-0,743 +	

Signifikanzniveaus * α = 0.1 + α = 0.25
** α = 0.05
*** α = 0.01

TAB. 60: Ergebnisse Zweistichproben-t-Tests – Erfolgsfaktor Transparenz über Zahlungsmodus

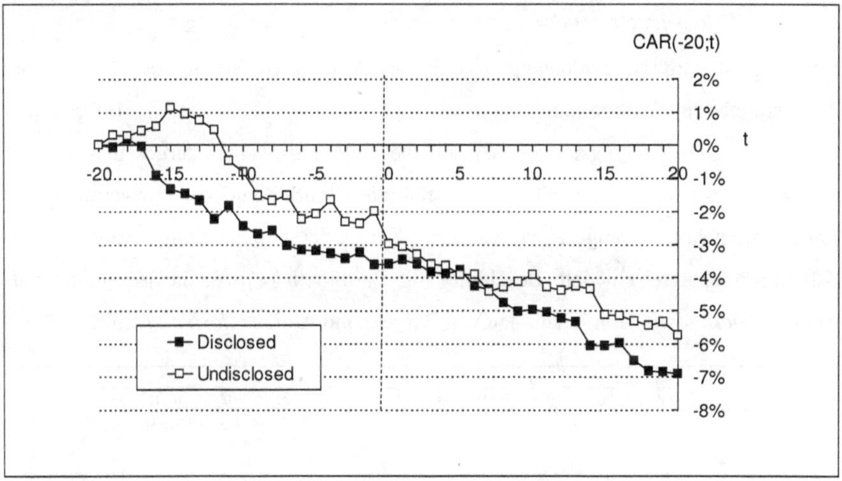

ABB. 28: Kumulierte abnormale Renditen von Akquisitionen – Erfolgsfaktor Transparenz über Zahlungsmodus

Die Analyse der Signifikanz der unterschiedlichen Marktreaktionen zwischen den beiden Kategorien mittels des *Zweistichprobentests* zeigt allerdings, dass Transparenz über die Akquisitionskonditionen am Tag der Akquisitionsbekanntgabe sowie in den Tagen nach Bekanntgabe der Transaktion (im Analysezeitfenster [0; 5]) signifikanten Einfluss (α=0,1) auf den Erfolg hat. Dabei ist das Signifikanzniveau noch höher, wenn man nur die Gruppe der ex-post *negativen Akquisitionen* betrachtet (α=0,05).

Vor diesem Hintergrund kann dieser Erfolgsfaktor lediglich die Marktreaktion am Tag der Bekanntgabe der Transaktion sowie in der kurzen darauf folgenden Frist [0; 5] erklären. Die Tatsache der Offenlegung der Information über den Zahlungsmodus wird vom Kapitalmarkt allerdings alleine nicht als Faktor angesehen, der Einfluss auf den Transaktionserfolg über den Gesamtbetrachtungszeitraum [-20; 20] hat. Dies könnte auf Basis der *Signaling-Theorie* dadurch zu erklären sein, dass die Schaffung der Transparenz als solche noch kein glaubwürdiges Signal darstellt, das die in der *Prinzipal-Agenten-Theorie* beschriebenen *Informationsasymmetrien* reduzieren kann. Somit wird die in *Kapitel 4* formulierte *Hypothese 12* abgelehnt.

6.3.2.3 Erfolgsfaktor Art des Zahlungsmodus

Nachfolgend wird die Bedeutung der Art des Zahlungsmodus auf den Erfolg von Akquisitionen im Telekommunikationssektor untersucht. Die Nutzung der Information über die Art des Zahlungsmodus geht auf die *Signaling-Theorie* zurück und die Art des Zahlungsmodus kann als *Signal* für die Beurteilung der Bewertung des Käuferunternehmens angesehen werden. Zur Operationalisierung werden drei Zahlungsmodi unterschieden: Bezahlung mit Barmitteln (*Cash*), die Bezahlung mit Aktien (*Stock*) sowie Kombinationen von Bargeld und Aktien (*Cash and Stock*).

	Zeitraum											Gesamt
	98/H1	98/H2	99/H1	99/H2	00/H1	00/H2	01/H1	01/H2	02/H1	02/H2	03/H1	
Cash	1	0	1	0	3	10	28	27	10	10	10	100
Stock	0	0	0	2	3	8	7	6	1	3	2	32
Cash and Stock	0	0	0		1	4	10	6	1	3	1	26
Gesamt	1	0	1	2	7	22	45	39	12	16	13	158

TAB. 61: Zeitliche Verteilung der Transaktionen – Erfolgsfaktor Zahlungsmodus

Die 158 Transaktionen des Datensatzes, bei denen der Zahlungsmodus bekannt gegeben wurde, verteilen sich wie folgt auf die drei Zahlungsmodi: Bei 100 Akquisitionen erfolgt die Bezahlung mit Barmitteln (Cash), bei 26 Transaktionen werden Barmittel und Aktien (Cash and Stock) und bei 32 Akquisitionen nur Aktien (Stock) als Zahlungsmittel genutzt. Die Ergebnisse der empirischen Analyse sind in TAB. 62 aufgezeigt.

	N	CAR(-20;20)	CAR(-20;0)	AR(0)	CAR(0;5)	CAR(0;20)
Alle Akq.						
Cash	100	-2,04% +	-0,89%	0,15%	-0,09%	-0,99% +
Cash+Stock	26	-16,68% ***	-10,26% ***	-0,29%	-0,27%	-6,71% *
Stock	32	-14,19% ***	-6,62% **	-0,14%	-0,34%	-7,71% **
Negative Akq.						
Cash	54	-15,48% ***	-8,13% ***	-0,32% +	-2,15% **	-7,67% ***
Cash+Stock	17	-31,61% ***	-18,69% ***	-0,48%	-0,27%	-13,41% **
Stock	24	-22,87% ***	-11,19% ***	-0,42%	-1,66% +	-12,10% ***
Positive Akq.						
Cash	46	13,74% ***	7,60% ***	0,70% *	2,31% ***	6,85% ***
Cash+Stock	9	11,54% ***	5,67% +	0,07%	-0,27%	5,93% **
Stock	8	11,85% **	7,09% **	0,71%	3,61% +	5,47% +

Signifikanzniveaus
* α = 0.1 + α = 0.25
** α = 0.05
*** α = 0.01

TAB. 62: Kumulierte abnormale Renditen verschiedener Zeitfenster – Erfolgsfaktor Zahlungsmodus

Zweistichprobentests									
	Alle Akquisitionen			**Negative Akquisitionen**			**Positive Akquisitionen**		
	Cash		Stock	Cash		Stock	Cash		Stock
CAR(-20;20)	-2,04%		-14,19%	-15,48%		-22,87%	13,74%		11,85%
t-Wert		2,308 **			1,327 *			0,389	
CAR (-20;0)	-0,89%		-6,62%	-8,13%		-11,19%	7,60%		7,09%
t-Wert		1,613 *			0,735 +			0,149	
AR(0)	0,15%		-0,14%	-0,32%		-0,42%	0,70%		0,71%
t-Wert		0,332			0,110			-0,001	
CAR(0;5)	-0,09%		-0,34%	-2,15%		-1,66%	2,31%		3,61%
t-Wert		0,154			-0,273			-0,353	
CAR(0;20)	-0,99%		-7,71%	-7,67%		-12,10%	6,85%		5,47%
t-Wert		1,888 **			1,081 +			0,288	

Signifikanzniveaus
* α = 0.1 + α = 0.25
** α = 0.05
*** α = 0.01

TAB. 63: Ergebnisse Zweistichproben-t-Tests – Erfolgsfaktor Zahlungsmodus

Die empirische Analyse zeigt über das Gesamtanalysezeitfenster (vgl. TAB. 62) eine stark negative Marktreaktion auf eine Bezahlung mit Aktien (-14,19%) sowie auf eine Bezahlung mit einer Kombination aus Barmitteln und Aktien (-16,68%). Im Vergleich hierzu zeigen Akquisitionen, die mit Barmitteln getätigt werden, eine nur schwach signifikante Reaktion von lediglich -2,04% auf.

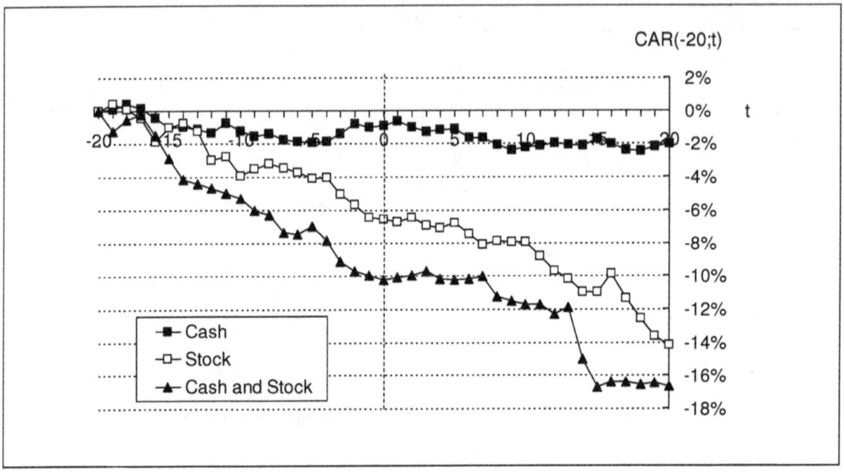

ABB. 29: Kumulierte abnormale Renditen von Akquisitionen – Erfolgsfaktor Zahlungsmodus

Zur Überprüfung der Signifikanz unterschiedlicher Marktreaktionen auf verschiedene Zahlungsmittel wird der *t-Wert Zweistichprobentest* für die Bezahlung mit Barmitteln sowie die Bezahlung mit Aktien durchgeführt. Es zeigt sich, dass signifikante Unterschiede in der Marktreaktion für eine Vielzahl von Analysezeitfenstern bestehen, jedoch auch insbesondere über das gesamte Analysezeitfenster [-20; 20] sowie für den Zeitraum nach Bekanntgabe der Transaktion [0; 20], wo hohe Signifikanzniveaus von α=0,05 erreicht werden. Damit wird die *Untersuchungshypothese 13* angenommen. Die von Myers/Majluf für M&A-Transaktionen formulierte *Signaling-Theorie* scheint für Akquisitionen im Telekommunikationsmarkt relevant zu sein. Dieses Ergebnis verwundert nicht und deckt sich auch mit der bisherigen empirischen Forschung in anderen Industriesektoren.[8] Der Kapitalmarkt interpretiert Akquisitionen durch Bargeld als Signal, dass das Käuferunternehmen ein unterbewertetes Zielunternehmen übernimmt. Diese Überlegung auf Seite der Marktteilnehmer erscheint einleuchtend: Ein Käufer, der an Stelle von Barmitteln die eigenen Aktien einsetzt, sieht seine eigenen Aktien im Vergleich zu den Barmitteln als „billiger" an. Dieses wird jedoch von Aktionären als Signal aufgefasst, dass der Käufer seine eigenen Aktien als

8 Vgl. u.a. Becher (2000), S. 206.

überbewertet ansieht.[9] Daher ist in der Folge eine negative Kursreaktion für die Aktien des Käuferunternehmens zu erwarten. Als Ergebnis der empirischen Analyse kann für den Erfolgsfaktor *Art des Zahlungsmodus* festgehalten werden, dass Akquisitionen im europäischen Telekommunikationsmarkt, bei denen Barmittel als einziges Zahlungsmittel eingesetzt werden, erfolgreicher sind.

6.3.3 Moderatorfaktoren

6.3.3.1 Erfolgsfaktor Herkunftsland der Transaktionspartner

Als weitere Erfolgsfaktoren sollen die Herkunftsländer von Käufer- und Zielunternehmen betrachtet werden. Hintergrund ist die Überlegung, dass nationale Faktoren, wie beispielsweise regulatorische Vorschriften, rechtliche Rahmenbedingungen oder Corporate Governance Vorschriften Einfluss auf M&A-Aktivität und deren Bewertung durch den Kapitalmarkt haben können.

6.3.3.1.1 Herkunftsland des Käuferunternehmens

Zunächst soll auf die Bedeutung des Herkunftslandes für den Erfolg einer Akquisition eingegangen werden. Zur Operationalisierung der Hypothesen zum Herkunftsland des Käuferunternehmens werden alle im Datensatz befindlichen Transaktionen nach den Herkunftsländern der Käuferunternehmen geordnet. Als weiteres Kriterium wird in einem zweiten Schritt unterschieden, ob es sich bei der Transaktionen um eine nationale oder internationale *cross-border*-Transaktion handelt.

---

9 Vgl. Beitel (2002), S. 244.

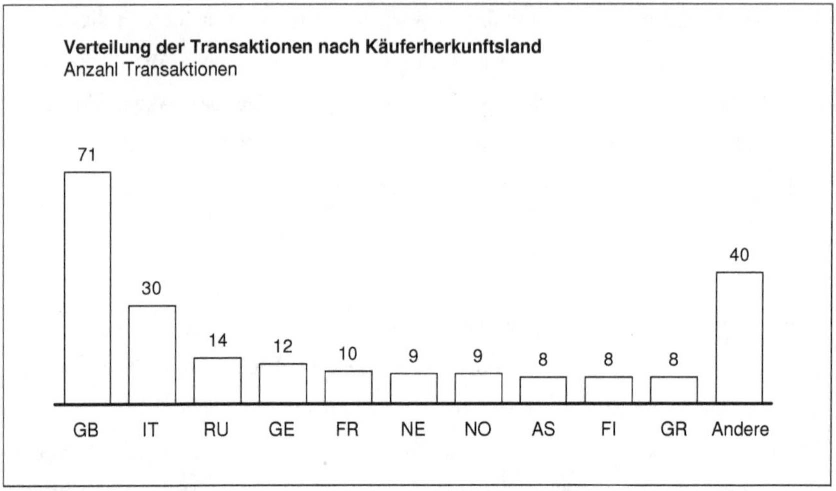

ABB. 30: Verteilung der Transaktionen nach Herkunftsland des Käuferunternehmens

Käuferunternehmen aus Großbritannien waren im Untersuchungszeitraum 70-mal in Unternehmensakquisitionen involviert, gefolgt von Italien (30-mal), Russland (14-mal) und Deutschland (12-mal). Wie aus TAB. 31 hervorgeht, zeigen die kumulierten abnormalen Renditen deutliche Unterschiede zwischen den dreizehn Käuferherkunftsländern auf.

Transaktionen, bei denen der Käufer aus Dänemark oder Frankreich stammt, weisen eher hohe durchschnittliche negative kumulierte abnormale Renditen auf. Für die sieben im Untersuchungszeitraum liegenden Transaktionen mit Käuferunternehmen aus Dänemark liegt die CAR bei -16,13%; und die zehn Transaktionen mit Käufern aus Frankreich erreichen eine CAR von -15,13%.

Herkunftsland Käufer		N	CAR(-20;20)	CAR(-20;0)	AR(0)	CAR(0;5)	CAR(0;20)
Großbritannien	International	50	-8,81%	-4,42%	-0,32%	-0,37%	-4,71%
	National	21	-16,42%	-9,05%	0,95%	-0,60%	-6,42%
	Alle	**71**	**-11,06%**	**-5,79%**	**0,05%**	**-0,44%**	**-5,22%**
Italien	International	20	-1,70%	-5,00%	0,82%	2,59%	4,12%
	National	10	4,40%	5,27%	0,84%	-0,58%	-0,03%
	Alle	**30**	**0,33%**	**-1,58%**	**0,83%**	**1,54%**	**2,74%**
Russland	International	4	25,86%	14,35%	3,73%	7,13%	15,23%
	National	10	-1,16%	0,78%	0,60%	-2,10%	-1,34%
	Alle	**14**	**6,56%**	**4,66%**	**1,49%**	**0,54%**	**3,39%**
Deutschland	International	9	-7,32%	-4,44%	-0,65%	0,33%	-3,53%
	National	3	8,93%	15,12%	0,12%	-6,00%	-6,07%
	Alle	**12**	**-3,26%**	**0,45%**	**-0,46%**	**-1,25%**	**-4,16%**
Frankreich	International	7	-11,75%	-7,33%	-2,85%	-1,48%	-7,27%
	National	3	-23,03%	-15,60%	-1,64%	-4,75%	-9,07%
	Alle	**10**	**-15,13%**	**-9,81%**	**-2,49%**	**-2,46%**	**-7,81%**
Niederlande	International	8	0,60%	-0,74%	2,04%	2,04%	3,38%
	National	1	-2,93%	-1,75%	-1,91%	-1,79%	-3,10%
	Alle	**9**	**0,21%**	**-0,85%**	**1,60%**	**1,62%**	**2,66%**
Norwegen	International	8	2,36%	-1,29%	-0,91%	1,58%	2,73%
	National	1	8,96%	3,84%	-0,55%	1,53%	4,57%
	Alle	**9**	**3,10%**	**-0,72%**	**-0,87%**	**1,58%**	**2,94%**
Österreich	International	8	-11,93%	-15,80%	-3,21%	-1,32%	0,66%
	Alle	**8**	**-11,93%**	**-15,80%**	**-3,21%**	**-1,32%**	**0,66%**
Finnland	International	4	-10,71%	-7,07%	-1,86%	-1,57%	-5,50%
	National	4	-12,13%	-7,49%	1,37%	-0,92%	-3,27%
	Alle	**8**	**-11,42%**	**-7,28%**	**-0,25%**	**-1,25%**	**-4,38%**
Griechenland	International	5	-6,84%	1,31%	-0,61%	-5,91%	-8,77%
	National	3	6,66%	6,39%	1,99%	6,23%	2,26%
	Alle	**8**	**-1,78%**	**3,22%**	**0,36%**	**-1,36%**	**-4,63%**
Schweden	International	8	-5,08%	1,44%	-2,36%	-4,69%	-8,88%
	Alle	**8**	**-5,08%**	**1,44%**	**-2,36%**	**-4,69%**	**-8,88%**
Dänemark	International	6	-17,94%	-15,44%	-3,55%	-2,78%	-6,04%
	National	1	-5,26%	1,95%	0,47%	-3,27%	-6,73%
	Alle	**7**	**-16,13%**	**-12,96%**	**-2,97%**	**-2,85%**	**-6,14%**
Spanien	International	7	-2,91%	-0,80%	-0,74%	-1,84%	-2,85%
	Alle	**7**	**-2,91%**	**-0,80%**	**-0,74%**	**-1,84%**	**-2,85%**
Portugal	International	2	-23,03%	-8,23%	-1,70%	-4,27%	-16,50%
	National	2	-25,70%	-13,76%	-3,63%	-12,97%	-15,57%
	Alle	**4**	**-24,36%**	**-11,00%**	**-2,67%**	**-8,62%**	**-16,03%**
Polen	National	4	1,79%	3,84%	-0,45%	1,17%	-2,50%
	Alle	**4**	**1,79%**	**3,84%**	**-0,45%**	**1,17%**	**-2,50%**
Island	International	1	22,56%	31,36%	-10,10%	-18,10%	-18,89%
	National	2	-88,70%	-42,96%	-1,97%	5,82%	-47,71%
	Alle	**3**	**-51,61%**	**-18,19%**	**-4,68%**	**-2,15%**	**-38,11%**
Schweiz	International	3	-3,02%	18,71%	2,53%	-6,52%	-19,20%
	Alle	**3**	**-3,02%**	**18,71%**	**2,53%**	**-6,52%**	**-19,20%**
Ungarn	International	1	-1,89%	-6,38%	-1,32%	-2,32%	3,17%
	National	1	10,77%	9,27%	2,81%	1,31%	4,32%
	Alle	**2**	**4,44%**	**1,45%**	**0,75%**	**-0,51%**	**3,74%**
Irland	International	1	15,41%	8,79%	5,11%	1,00%	11,74%
	Alle	**1**	**15,41%**	**8,79%**	**5,11%**	**1,00%**	**11,74%**
Luxemburg	International	1	7,13%	8,58%	-1,70%	1,51%	-3,15%
	Alle	**1**	**7,13%**	**8,58%**	**-1,70%**	**1,51%**	**-3,15%**

TAB. 64: Kumulierte abnormale Renditen verschiedener Zeitfenster – Erfolgsfaktor Herkunftsland des Käuferunternehmens

Auffallend ist, dass die 14 Transaktionen mit Käuferunternehmen aus Russland eine deutlich positive CAR von +6,56% aufweisen. Auch die acht Transaktionen von Käuferunternehmen aus Griechenland zeigen eine deutlich positive kumulierte abnormale Rendite von +3,22%.

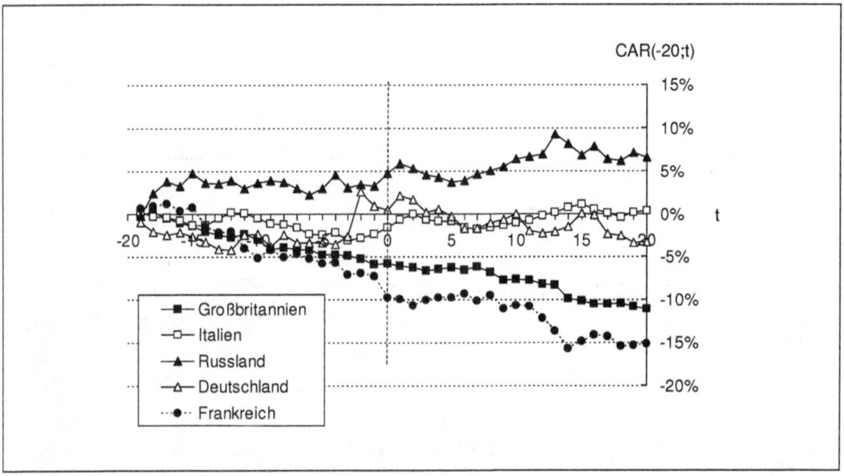

ABB. 31: Kumulierte abnormale Renditen von Akquisitionen – Erfolgsfaktor Herkunftsland des Käuferunternehmens

In ABB. 31 sind die Herkunftsländer aufgeführt, in denen 10 oder mehr Transaktionen im Untersuchungszeitraum stattfanden. Wie bereits beschrieben, zeigt sich eine positive Marktreaktion für Käuferunternehmen aus Russland (vgl. schwarz Dreiecks-Linie), wobei auffällt, dass bereits ein Großteil der positiven Marktreaktion vor Ankündigung der Transaktion antizipiert wird (Marktreaktion [-20; 0] von +4,66%). Akquisitionen von Käuferunternehmen aus Italien weisen über das gesamte Beurteilungsfenster [-20; 20] keine deutliche Kursreaktion auf. Interessant ist jedoch festzustellen, dass es bis zur Bekanntgabe der Transaktion eine leicht negative Reaktion durch Insider gibt, die jedoch durch die positive Kursreaktion nach Bekanntgabe der Akquisition überkompensiert wird (vgl. weiße Quadratslinie). Neben den bereits beschriebenen Transaktionen weisen Transaktionen mit Käuferunternehmen aus Frankreich und mit Käuferunternehmen aus Großbritannien eine stark negative abnormale kumulierte Rendite auf.

6.3.3.1.2 Herkunftsland des Zielunternehmens

Weiterhin soll in der Analyse die Bedeutung des Herkunftslandes des Zielunternehmens für den Erfolg einer Akquisition untersucht werden. Analog zur vorherigen Analyse werden zur Operationalisierung alle im Datensatz befindlichen Transaktionen nach der Nationalität des Zielunternehmens geordnet. Als weiteres Kriterium wird in einem zweiten Schritt unterschieden, ob es sich bei der Transaktion um eine nationale oder internationale *cross-border*-Transaktion handelt.

Zielunternehmen aus Großbritannien waren im Untersuchungszeitraum 24-mal in Unternehmensakquisitionen involviert, gefolgt von Deutschland (19-mal), Frankreich (13-mal) und Italien (12-mal). Wie aus TAB. 65 ersichtlich, zeigen die kumulierten abnormalen Renditen deutliche Unterschiede zwischen den dreizehn Zielherkunftsländern auf.

Transaktionen, die Unternehmen aus Spanien und den USA zum Ziel haben, weisen hohe negative kumulierte abnormale Renditen auf. Für die sechs im Untersuchungszeitraum liegenden Transaktionen mit Zielunternehmen aus Spanien liegt die CAR bei -17,41%; die neun Transaktionen mit Zielunternehmen in den USA erreichen eine CAR von -16,83%. Diese Werte könnten darauf hinweisen, dass Akquisitionen von spanischen oder amerikanischen Telekommunikationsunternehmen als schwierig eingestuft werden. Ein Grund hierfür könnte der starke Wettbewerb in beiden Telekommunikationsmärkten sein.

Allerdings deutet dieses Ergebnis auch darauf hin, dass Akquisitionen von Zielunternehmen aus den USA eine höhere Managementkomplexität aufweisen als die Akquisition eines Zielunternehmens aus einem europäischen Land.

- *Unterschiedliche Regulierungssysteme:* Während in Europa ein einheitliches Regulierungssystem für die Telekommunikationsindustrie entwickelt wurde, herrscht in den USA ein anderes, dem europäischen Management typischerweise fremdes Regulierungssystem vor.

- *Geografische Distanz:* Die Entfernung erschwert regelmäßige persönliche Treffen mit dem lokalen Management. Vielmehr müssen verstärkte Anstrengungen in die Kommunikation und Koordination per Email, Telefon oder Videokonferenz unternommen werden.

- *Verschiedene Zeitzonen:* Unterschiedliche Zeitzonen zwischen Europa und den USA erschweren die Kommunikation und Koordination.

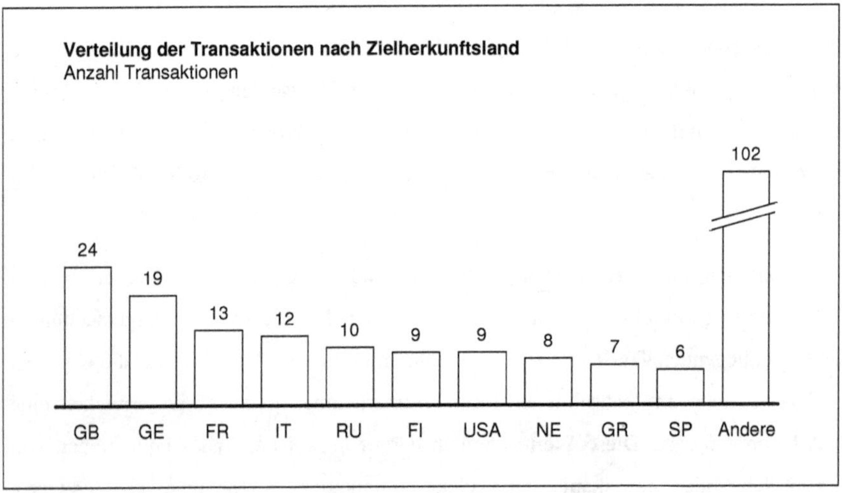

ABB. 32: Verteilung der Transaktionen nach Herkunftsland des Zielunternehmens

	N	CAR(-20;20)	CAR(-20;0)	AR(0)	CAR(0;5)	CAR(0;20)
Großbritannien	24	-14,70%	-7,58%	0,87%	-0,99%	-6,26%
Deutschland	19	-6,72%	1,08%	1,27%	-0,83%	-6,53%
Frankreich	13	-11,60%	-13,58%	-1,64%	3,27%	0,34%
Italien	12	0,45%	2,69%	0,09%	-1,18%	-2,15%
Russland	10	-1,16%	0,78%	0,60%	-2,10%	-1,34%
Finnland	9	-12,18%	-9,41%	-0,88%	-0,77%	-3,65%
USA	9	-16,83%	-11,52%	-2,86%	-1,95%	-8,16%
Niederlande	8	3,15%	-1,92%	-0,74%	0,64%	4,34%
Griechenland	7	6,03%	5,72%	0,67%	2,89%	0,98%
Spanien	6	-17,41%	-9,29%	0,97%	3,58%	-7,15%
Ukraine	6	19,93%	11,56%	1,73%	4,82%	10,11%
Japan	5	2,22%	1,12%	0,14%	0,99%	1,24%
Polen	5	-5,38%	0,44%	-0,50%	1,23%	-6,32%
Schweden	4	-7,96%	-6,49%	-2,25%	1,73%	-3,71%
Belgien	3	-5,95%	-6,13%	2,76%	3,50%	2,94%
Dänemark	3	-1,31%	1,16%	-1,18%	-4,11%	-3,65%
Portugal	3	-16,61%	-8,68%	-1,64%	-6,76%	-9,57%
Schweiz	3	-23,60%	-23,58%	-5,02%	-5,38%	-5,05%
Australien	2	-20,64%	-12,56%	1,29%	-0,82%	-6,79%
Brasilien	2	-6,87%	0,36%	1,67%	-0,90%	-5,56%
Kroatien	2	11,12%	7,20%	-0,26%	-1,68%	3,66%
Ungarn	2	4,65%	7,13%	1,89%	3,99%	-0,60%
Island	2	-88,70%	-42,96%	-1,97%	5,82%	-47,71%
Mexico	2	-10,40%	-5,81%	-2,65%	-3,70%	-7,24%
Norwegen	2	-8,15%	3,64%	-3,31%	-8,98%	-15,09%
Slowenien	2	-0,28%	-3,23%	1,06%	3,35%	4,01%
Kanada	1	-3,92%	-3,37%	-1,76%	-2,16%	-2,32%
China	1	-25,83%	-6,86%	-3,89%	-6,84%	-22,86%
Chile	1	3,60%	0,19%	2,36%	-0,77%	5,77%
Guernsey	1	7,68%	2,90%	1,33%	1,85%	6,11%
Irland	1	-10,04%	8,47%	-1,35%	-17,17%	-19,86%
Malaysia	1	0,90%	-7,14%	-0,79%	3,00%	7,24%
Neuseeland	1	-22,09%	-8,94%	1,27%	-0,49%	-11,88%
Österreich	1	12,75%	-11,91%	1,19%	-4,92%	25,85%
Rumänien	1	-6,37%	-0,32%	-1,96%	-3,70%	-8,01%
Südafrika	1	4,91%	1,66%	-0,87%	-1,85%	2,38%

TAB. 65: Kumulierte abnormale Renditen verschiedener Zeitfenster – Erfolgsfaktor Herkunftsland des Zielunternehmens[10]

[10] Für Länder mit fünf oder mehr Transaktionen im Beobachtungszeitraum

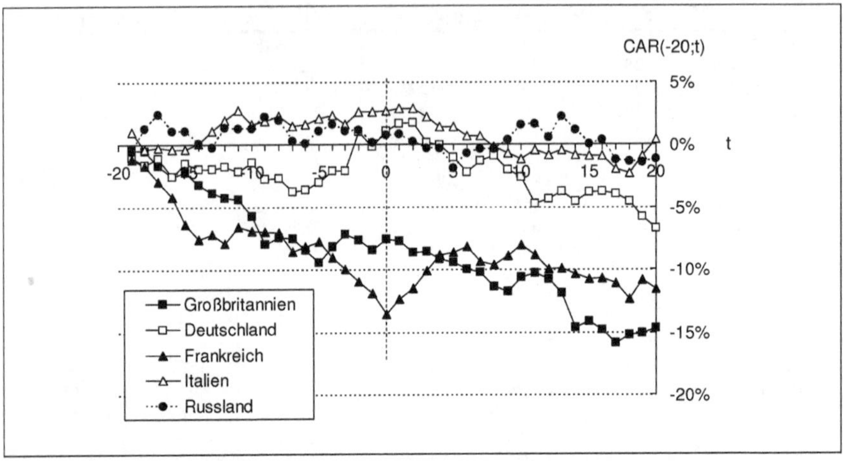

ABB. 33: Kumulierte abnormale Renditen von Akquisitionen – Erfolgsfaktor Herkunftsland des Zielunternehmens[11]

Auch Transaktionen mit Zielunternehmen aus Großbritannien, Finnland und Frankreich weisen hohe negative kumulierte abnormale Renditen auf (Großbritannien -14,70%; Finnland: -12,18%; Frankreich: -11,60%), was sich ebenfalls mit der Wettbewerbsintensität in diesen europäischen Telekommunikationsmärkten erklären lassen könnte.

6.3.3.2 Erfolgsfaktor Marktumfeld

In diesem Abschnitt soll der Einfluss des vorherrschenden konjunkturellen Umfelds auf den Erfolg von Akquisitionen untersucht werden. Grundannahme der Analyse ist dabei, dass das konjunkturelle Marktumfeld auf Basis der Entwicklung von Aktienindizes gemessen werden kann. Zur Operationalisierung der in Kapitel 4 entwickelten *Hypothese 16* wird die Entwicklung des Aktienindexes im Untersuchungszeitraum in unterschiedliche konjunkturelle Phasen eingeteilt. Zwei Aktienindizes werden dabei gesondert in diesem Abschnitt untersucht: die Entwicklung des *Dow Jones Eurostoxx* Index im Untersuchungszeitraum sowie die Entwicklung des europäischen *Telekom-Index*.

---

11 Für Länder mit 10 und mehr Transaktionen im Beobachtungszeitraum.

6.3.3.2.1 Marktumfeldanalyse auf Basis des Dow Jones Eurostoxx Index

In der Marktumfeldanalyse auf Basis des Dow Jones Eurostoxx Index wird der Untersuchungszeitraum in zwei unterschiedliche Phasen eingeteilt: Die Phase überwiegend steigender Kurse wird dabei als Zeitraum eines positiven konjunkturellen Umfelds definiert (*Steigende-Kurse*-Markt/ *Bull Markt*), die Phase überwiegend sinkender Kurse wird als Zeitraum eines negativen konjunkturellen Umfelds definiert (*Fallende-Kurse*-Markt / *Bear Markt*).

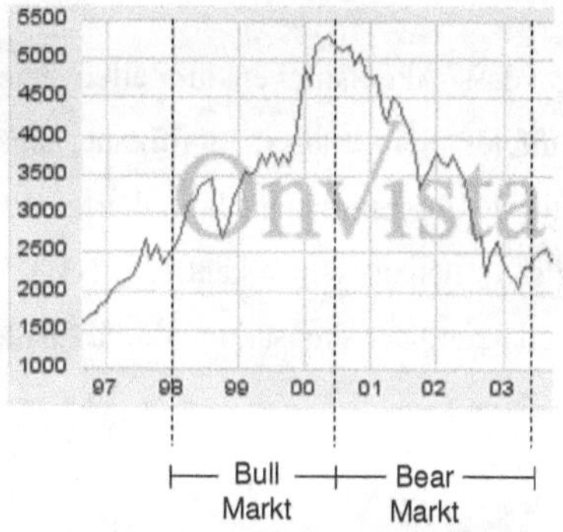

ABB. 34: Dow Jones Eurostoxx Index 1997-2003[12]

Auf den Datensatz bezogen, wird deshalb der Zeitraum von Anfang 1998 bis Mitte 2000 als positives konjunkturelles Marktumfeld und der Zeitraum von Mitte 2000 bis Mitte 2003 als negatives konjunkturelles Marktumfeld charakterisiert.

Die 219 Akquisitionen des Datensatzes verteilen sich wie folgt auf die beiden Marktumfeldskategorien: Es finden sich lediglich 12 Akquisitionen in der Phase des Marktes mit steigenden Kursen, jedoch 207 Akquisitionen in der Phase des konjunkturellen Abschwungs.

12 Quelle: onvista.de (2005).

	N	CAR(-20;20)	CAR(-20;0)	AR(0)	CAR(0;5)	CAR(0;20)
Alle Akq.						
Fallende K.	207	-6,73% ***	-3,37% ***	-0,34% *	-0,77% *	-3,70% ***
Steig. K.	12	-4,12%	-4,44% +	1,11% +	1,25%	1,44%
Negative Akq.						
Fallende K.	125	-19,53% ***	-10,38% ***	-0,77% ***	-2,39% ***	-9,92% ***
Steig. K.	7	-14,69% **	-9,89% *	-0,01%	-2,64% +	-4,81% *
Positive Akq.						
Fallende K.	82	12,79% ***	7,32% ***	0,30% +	1,69% ***	5,78% ***
Steig. K.	5	10,69% *	3,19%	2,68% *	6,69% +	10,18% **

Signifikanzniveaus * α = 0.1 + α = 0.25
** α = 0.05
*** α = 0.01

TAB. 66: Kumulierte abnormale Renditen verschiedener Zeitfenster – Erfolgsfaktor Marktumfeld (Dow Jones Eurostoxx)

Die empirische Analyse zeigt, dass Akquisitionen in Zeiten eines tendenziell eher negativen konjunkturellen Umfelds vom Markt signifikant negativ aufgenommen werden. Die Tatsache, dass die durchschnittlichen kumulierten Renditen bereits vor Ankündigung der Transaktion stark negativ signifikant sind (-3,37% im Zeitfenster [-20; 0]), zeigt die negative Einschätzung der Transaktion durch Insider auf.

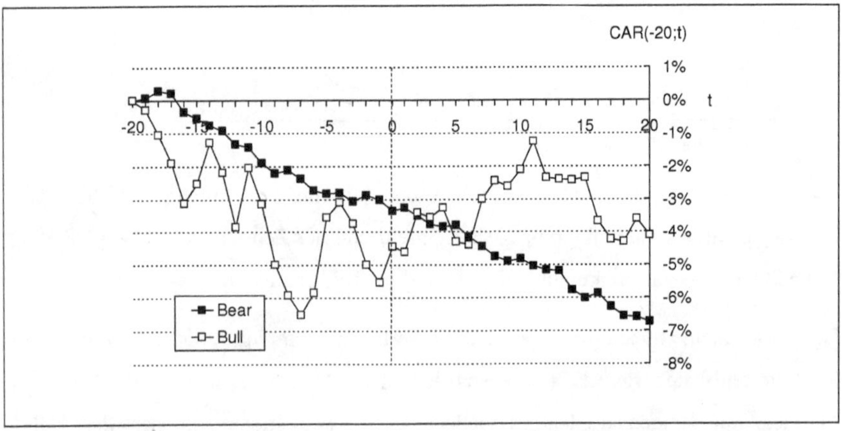

ABB. 35: Kumulierte abnormale Renditen von Akquisitionen – Erfolgsfaktor Marktumfeld (Dow Jones Eurostoxx)

Die weiteren stark signifikanten Renditen im Zeitfenster nach Bekanntgabe der Akquisition (-3,70% im Analysezeitfenster [0; 20]) verdeutlichen, dass die Marktreaktionen übriger Marktteilnehmer, die nicht dem Insiderkreis zuzurechnen sind, diesen negativen Trend weiter verstärken. Im Ergebnis kann für Transaktionen im negativen Marktumfeld eine signifikante negative Marktreaktion festgehalten werden, die zu einer kumulierten negativen abnormalen Rendite von -6,73% führt (siehe auch ABB. 35).

Für Akquisitionen in einem positiven Marktumfeld können jedoch keine stark signifikanten Ergebnisse festgestellt werden, es gibt lediglich eine schwach negative Marktreaktion im Zeitfenster [-20; 0], also vor Bekanntgabe der Transaktion, und eine schwach signifikante positive Marktreaktion am Tag der Bekanntgabe der Akquisition (+1,11%).

Zweistichprobentests									
	Alle Akquisitionen			Negative Akquisitionen			Positive Akquisitionen		
	Fallende K.		Steig. K.	Fallende K.		Steig. K.	Fallende K.		Steig. K.
CAR(-20;20)	-6,73%		-4,12%	-19,53%		-14,69%	12,79%		10,69%
t-Wert		-0,415			-0,649			0,326	
CAR (-20;0)	-3,37%		-4,44%	-10,38%		-9,89%	7,32%		3,19%
t-Wert		0,243			-0,087			0,693	
AR(0)	-0,34%		1,11%	-0,77%		-0,01%	0,30%		2,68%
t-Wert		-1,697 *			-0,859 +			-1,635 *	
CAR(0;5)	-0,77%		1,25%	-2,39%		-2,64%	1,69%		6,69%
t-Wert		-0,759 +			0,114			-1,042 +	
CAR(0;20)	-3,70%		1,44%	-9,92%		-4,81%	5,78%		10,18%
t-Wert		-1,493 *			-1,698 *			-0,899 +	

Signifikanzniveaus * $\alpha = 0.1$ + $\alpha = 0.25$
** $\alpha = 0.05$
*** $\alpha = 0.01$

TAB. 67: Ergebnisse Zweistichproben-t-Tests – Erfolgsfaktor Marktumfeld (Dow Jones Eurostoxx)

Die Überprüfung der Ergebnisse mittels des *t-Wert Zweistichprobentests* zeigt, dass die Marktreaktion auf Akquisitionen in einem Markt mit steigenden oder fallenden Kursen signifikant verschieden sind für den Tag der Bekanntgabe der Transaktion sowie im Analysezeitfenster [0; 20], also der mittleren Frist nach Bekanntgabe der Transaktion. Möglicherweise kann dies darauf hinweisen, dass signifikante Unterschiede in der Marktreaktion auf das Verhalten von Investoren zurückzuführen sind, die nicht dem Insiderkreis angehören. Als Ergebnis kann daher festgehalten werden, dass Akquisitionen, die in einem negativen Marktumfeld durchgeführt werden, weniger erfolgreich sind. Dieses Ergebnis gilt vorwiegend für die Zeiträume nach Bekanntgabe der Akquisition.

6.3.3.2.2 Marktumfeldanalyse auf Basis des europäischen Telekom-Indexes

In der weiteren auf dem europäischen *Telekom-Index* basierenden Marktumfeldanalyse wird der Untersuchungszeitraum in drei unterschiedliche Phasen eingeteilt. Grundlage für die Einteilung sind Höchst- bzw. Tiefstände des Indexes im Zeitverlauf über die Untersuchungsperiode 1. Januar 1998 bis 30. Juni 2003. Es ergeben sich folgende Phaseneinteilungen:

- Phase 1: Steigende Kurse (1. Januar 1998 bis 29 März 2000)
- Phase 2: Stark fallende Kurse (30. März bis 11. September 2001)
- Phase 3: Leicht fallende Kurse (12. September bis 30. Juni 2003)

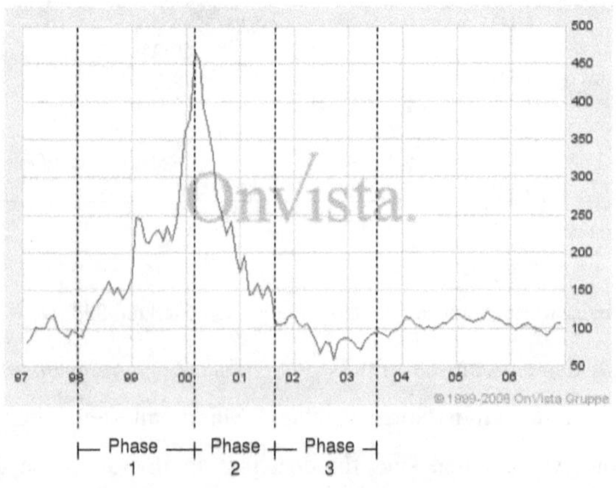

ABB. 36: Prime Telecommunication Performance Index 1997-2006[13]

Die 219 Akquisitionen des Datensatzes verteilen sich wie folgt auf die drei Marktumfeldskategorien: Es finden sich lediglich 7 Akquisitionen in der *Phase 1* der

---

[13] Quelle: onvista.de (2005).

steigenden Kurse, 116 Akquisitionen in der *Phase 2* der *stark fallenden Kurse* und 96 Transaktionen in der *Phase 3* der *leicht fallenden Kurse*. TAB. 68 und TAB. 69 fassen die Ergebnisse der Analyse für die Gesamtheit der Transaktionen sowie getrennt nach ex-post *erfolgreichen* (positive Akquisitionen) und ex-post *nicht-erfolgreichen* (negative Akquisitionen) Transaktionen zusammen.

	N	CAR(-20;20)	CAR(-20;0)	AR(0)	CAR(0;5)	CAR(0;20)
Alle Akq.						
Steig. K.	7	4,83% +	2,32%	1,45% +	0,94%	3,97% +
Leicht Fal. K.	96	3,04% *	2,36% *	-0,10%	-0,27%	0,59%
Stark Fal. K.	116	-15,24% ***	-8,56% ***	-0,51% **	-1,08% *	-7,19% ***
Negative Akq.						
Steig. K.	3	-6,07% *	-1,30%	-1,27% +	-8,22% ***	-6,04% *
Leicht Fal. K.	36	-15,43% ***	-6,81% ***	-1,17% *	-3,54% ***	-9,79% ***
Stark Fal. K.	93	-21,19% ***	-12,02% ***	-0,54% *	-1,77% **	-9,72% ***
Positive Akq.						
Steig. K.	4	13,01% *	5,04% +	3,50% **	7,81% +	11,47% *
Leicht Fal. K.	60	14,13% ***	7,86% ***	0,55% +	1,70% **	6,82% ***
Stark Fal. K.	23	8,82% ***	5,40% **	-0,38%	1,70% *	3,04% **

Signifikanzniveaus * α = 0.1 + α = 0.25
** α = 0.05
*** α = 0.01

TAB. 68: Kumulierte abnormale Renditen verschiedener Zeitfenster – Erfolgsfaktor Marktumfeld (Telekom-Index)

Zweistichprobentests	**Alle Akquisitionen**		**Negative Akquisitionen**		**Positive Akquisitionen**	
	Steig. K.	Stark Fal. K.	Steig. K.	Stark Fal. K.	Steig. K.	Stark Fal. K.
CAR(-20;20)	4,83%	-15,24%	-6,07%	-21,19%	13,01%	8,82%
t-Wert	3,321 ***		4,555 ***		0,539	
CAR (-20;0)	2,32%	-8,56%	-1,30%	-12,02%	5,04%	5,40%
t-Wert	2,431 **		3,000 ***		-0,049	
AR(0)	1,45%	-0,51%	-1,27%	-0,54%	3,50%	-0,38%
t-Wert	1,492 *		-0,825 +		2,389 **	
CAR(0;5)	0,94%	-1,08%	-8,22%	-1,77%	7,81%	1,70%
t-Wert	0,439		-5,868 ***		1,008 +	
CAR(0;20)	3,97%	-7,19%	-6,04%	-9,72%	11,47%	3,04%
t-Wert	2,203 **		1,171 +		1,386 +	

Signifikanzniveaus * α = 0.1 + α = 0.25
** α = 0.05
*** α = 0.01

TAB. 69: Ergebnisse Zweistichproben-t-Tests – Erfolgsfaktor Marktumfeld (Telekom-Index)

Bei der *Betrachtung aller Akquisitionen* fallen über das gesamte Analysezeitfenster [-20; 20] stark signifikante (mit α=0,01) Unterschiede bei den kumulierten abnormalen

Renditen zwischen Akquisitionen in Zeiten steigender Kurse (4,83%) und Akquisitionen in Zeiten stark fallender Kurse (-15,24%) auf. Damit wird die Hypothese bestätigt, dass Akquisitionen, die in einem positiven Marktumfeld stattfinden, ausgedrückt in einem Markt mit steigendem Telekom-Index, erfolgreicher sind.

6.4 Multivariate Analysen

In den bisher vorgestellten Ergebnissen wurden Analysen zur Betrachtung von Einzelfaktoren durchgeführt. Dabei wurde jeweils der Einfluss *eines* Erfolgsfaktors von M&A-Aktivitäten untersucht, was jedoch ein unvollständiges Bild abgibt. Eine Betrachtung lediglich durch univariate Analysen beinhaltet die Risiken von ungenauen Aussagen. Durch Probleme wie *Scheinkorrelation* oder *Überlagerung von Faktoren* kann mit Hilfe von univariaten Analysen keine Aussage über die *relative Bedeutung von Faktoren* getroffen werden.[14]

Scheinkorrelationen entstehen, wenn ein signifikanter Zusammenhang zweier Variablen dadurch entsteht, dass beide Variablen durch eine weitere Variable beeinflusst werden, zwischen den ersteren beiden jedoch eigentlich kein Zusammenhang besteht.

Bei der *Überlagerung von Faktoren* entsteht ein ähnlicher Effekt wie bei der Scheinkorrelation, jedoch mit entgegengesetzter Wirkungsrichtung. Zwei Faktoren, die eigentlich in einem signifikanten Zusammenhang stehen, werden als nicht signifikant abhängig beobachtet, da dieser Zusammenhang von anderen Einflussgrößen überlagert und somit gestört wird.

Eine weitere Problematik der univariaten Analysen besteht darin, dass der Einfluss der Erfolgsfaktoren jeweils isoliert betrachtet wird, das heißt, dass die *relative Bedeutung* von zwei Faktoren nicht eingeschätzt werden kann.

---

14 Vgl. Albrecht (1994), S. 137.

Daher wird im Folgenden die gemeinsame Wirkung der Erfolgsfaktoren mit Hilfe einer *OLS-Regression* untersucht. Die so ermittelten Regressionskoeffizienten für die unabhängigen Variablen geben Aufschluss über die relative Bedeutung einzelner Faktoren. Durch eine entsprechende Spezifizierung des Regressionsmodells können darüber hinaus Scheinkorrelationen und Überlagerungen ausgeschlossen werden.

Es werden verschiedene Regressionsmodelle zu den in den univariaten Analysen untersuchten Erfolgsfaktoren berechnet. Um die multivariaten Analysen für den gesamten Datensatz durchführen zu können, werden die Erfolgsfaktoren ausgeschlossen, für die nicht für alle Fälle Variablenausprägungen vorliegen.

6.4.1 Im Modell berücksichtigte Variablen

Besonderer Fokus gilt in der Analyse einer Auswahl der aus den *M&A-Motiven* abgeleiteten Erfolgsfaktoren (*Kernvariablen*), die bereits in den vorangehenden Abschnitten detailliert hergeleitet und beschrieben wurden und für die nachfolgend einzelne Regressionsmodelle aufgestellt werden. Diese *Kernvariablen* sind:

- Diversifikation
- Geografischer Fokus
- Erreichen von Kontrolle
- Profitabilität des Käuferunternehmens
- Größenfaktoren (Anlagevermögen, Umsatz, Transaktionspreis)
- Insiderwissen des Käufers

Dabei stellen die Variablen *Diversifikation*, *geographischer Fokus*, *Erreichen von Kontrolle* und *Insiderwissen* nominalskalierte Variablen dar. Da es sich bei allen Variablen um dichotome Variablen handelt, können sie ohne weitere Bearbeitung mit in die Regressionsanalyse einbezogen werden.[15] Die restlichen Kernvariablen *Profitabilität des Käuferunternehmens*, *Größe*, und *Transaktionspreis*, die in der multivariaten Analyse berücksichtigt werden, sind metrisch skaliert.

Als *Kontrollvariablen* werden die aus der betriebswirtschaftlichen Theorie abgeleiteten Faktoren (im Folgenden „*Erweiterte Kernvariablen*" genannt) und die als *Moderatorvariablen* eingeführten Faktoren mit in die Untersuchung einbezogen, um Scheinkorrelationen und Überlagerungen auszuschließen.

- Die *Akquisitionserfahrung* wird dabei als binäre Variable eingeführt, wobei, wie bereits in der univariaten Analyse, die Operationalisierung der Erfahrung über die Anzahl der bereits getätigten Akquisitionen geschieht. Ein Käuferunternehmen gilt dabei als akquisitionserfahren (d.h. die Variable nimmt den Wert 1 an), wenn es bereits mindestens zwei Akquisitionen durchgeführt hat.

- Auch die Variable *Transparenz über den Zahlungsmodus* ist binär, da diese Information entweder offen gelegt wird (Variable nimmt den Wert 1 an) oder nicht (Variable gleich 0).

- Zur Abbildung der Kontrollvariable *Art des Zahlungsmodus* werden drei Dummy-Variablen eingeführt, die die drei möglichen Ausprägungen dieses Faktors (Bargeld, Aktien, Kombination aus Bargeld/Aktien) abbilden.

- Um das Herkunftsland von Käufer- und Zielunternehmen im Modell darzustellen (Kontrollvariablen *Herkunftsland des Käuferunternehmens* sowie *Herkunftsland des Zielunternehmens*), wird der Datensatz analog zu anderen wissenschaftlichen Arbeiten weiter untergliedert und es werden explizit nur diejenigen Länder berücksichtigt, für die im Untersuchungszeitraum mindestens

---

15 Vgl. Bühl/Zöfel (2000), S. 345.

10 Transaktionen vorliegen.[16] All diese Länder werden dann als Dummy-Variablen berücksichtigt.

- Die Kontrollvariable *konjunkturelles Marktumfeld* wird auf zwei Arten in den Regressionsmodellen berücksichtigt. Einerseits werden die zwei auf Basis der Entwicklung des Dow Jones Eurostoxx Index identifizierten Marktumfelds-Phasen (Steigende-Kurse-Markt, Fallende-Kurse-Markt), andererseits jedoch auch die drei auf Basis des europäischen Telekom-Index festgelegten Phasen (steigende Kurse, stark fallende Kurse, leicht fallende Kurse) als Dummy-Variablen berücksichtigt.

Die nachfolgende Tabelle gibt einen Überblick über die verwendeten Variablen sowie über deren Operationalisierung.

Als abhängige Variable der Regressionsmodelle können alle zuvor analysierten CARs verwendet werden. Um zu gewährleisten, dass der gesamte Einfluss der M&A-Transaktion auf die Kursreaktion berücksichtigt wird, wird in der Analyse das längste Beobachtungszeitfenster CAR [-20; 20] verwendet.

16 Vgl. beispielsweise Stratmann (2005), S.288.

Variable	Beschreibung	Operationalisierung
Kernvariablen (aus Akquisitions-Motiven abgeleitet)		
DIVERSIF		binär (1=dieselbe Industrie, 0=unterschiedliche Industrien)
GEOFOKUS	Es handelt sich um eine nationale (Käufer und Ziel aus demselben Land) oder internationale Akquisition (Käufer und Ziel aus unterschiedlichen Ländern)	binär (1=national, 0=international)
KONTROL	Durch die Transaktion wurde der Anteil des Käufers am Zielunternehmen erstmals auf mehr als 50% erhöht	binär (1=ja, 0=nein)
JE_K	Jahresergebnis des Käufers im Jahr vor der Akquisition	reell
GRÖSSE		
GROES_KA	Größe des Käufers nach Assets	reell; >0
GROES_KS	Größe des Käufers nach Umsatz (Sales)	reell; >0
DEALGROE	Bekanntgegebener Gesamtewert der Transaktion	reell (>0)
INSIDER	Der Kaeufer ist bereits vor der Akquisition Anteilseigner des Ziels	(1=ja, 0=nein)
Erweiterte Kernvariablen (aus weiteren betriebswirtschaftlichen Theorien abgeleitet)		
ERFAHRNG	Akquisitionserfahrung des Käuferunternehmens	binär (1=mehr als 2 Akquisitionen davor, 0=2 oder weniger Akquisitionen davor)
TRANSPAR	Der Zahlungsmodus wurde bekanntgegeben	binär (1=ja, 0=nein)
ZAHLUNGSMODUS		
ZM_CASH	Die Transaktion wurde bar bezahlt	binär (1=ja, 0=nein)
ZM_STOCK	Die Transaktion wurde mit Aktien bezahlt	binär (1=ja, 0=nein)
ZM_C_U_S	Die Transaktion wurde in einer Kombination von Bargeld und Aktien bezahlt	binär (1=ja, 0=nein)
Moderatorvariablen		
HERKUNFTSLAND KÄUFER		
LANDK_GB	Das Herkunftsland des Käufer ist Grossbritannien	binär (1=ja, 0=nein)
LANDK_IT	Das Herkunftsland des Käufer ist Italien	binär (1=ja, 0=nein)
LANDK_RU	Das Herkunftsland des Käufer ist Russland	binär (1=ja, 0=nein)
LANDK_DE	Das Herkunftsland des Käufer ist Deutschalnd	binär (1=ja, 0=nein)
LANDK_FR	Das Herkunftsland des Käufer ist Frankreich	binär (1=ja, 0=nein)
HERKUNFTSLAND ZIEL		
LANDZ_GB	Das Herkunftsland des Ziels ist Grossbritannien	binär (1=ja, 0=nein)
LANDZ_DE	Das Herkunftsland des Ziels ist Deutschland	binär (1=ja, 0=nein)
LANDZ_FR	Das Herkunftsland des Ziels ist Frankreich	binär (1=ja, 0=nein)
LANDZ_IT	Das Herkunftsland des Ziels ist Italien	binär (1=ja, 0=nein)
LANDZ_RU	Das Herkunftsland des Ziels ist Russland	binär (1=ja, 0=nein)
MARKT	Die Akquisition fand während eines Marktes mit steigenden oder fallenden Kursen statt (auf Basis des Eurostoxx Index)	(1=steigende Kurse; 0=fallende Kurse)
MARKTPHASEN		
MPHAS_1	Akquisition innerhalb Phase steigender Kurse des Telekomindex (bis 29.3.00)	binär (1=ja, 0=nein)
MPHAS_2	Akquisition innerhalb Phase stark fallender Kurse des Telekomindex (von 29.3.00 bis 11.09.01)	binär (1=ja, 0=nein)
MPHAS_3	Akquisition innerhalb Phase leicht fallender/steigender Kurse des Telekomindex (seit 12.09.01)	binär (1=ja, 0=nein)

TAB. 70 Übersicht der im Regressionsmodell verwendeten Variablen

6.4.2 Die Regressionsmodelle

Die *Regressionsmodelle 1-6* betrachten jeweils einen der aus M&A-Motiven abgeleiteten Erfolgsfaktoren unter Berücksichtigung der Kontrollvariablen. Beispielhaft für diese Regressionsmodelle sind nachfolgend in TAB. 71 die untersuchten Statistiken für Modell 1 (Regressionsmodell für die Kernvariable Diversifikation) dargestellt.

Modell 1	**Koeffizient**	**t-Statistik**	**TOL**	**VIF**
Konstante	-18,48%	-4,237 ***		
DIVERSIF	2,77%	0,788	0,793	1,261
ERFAHRNG	1,19%	0,369	0,783	1,277
TRANSPAR	6,18%	1,613 +	0,689	1,450
ZM_CASH				
ZM_STOCK	-9,02%	-1,953 *	0,765	1,308
ZM_C_U_S	-8,25%	-1,618 +	0,747	1,338
LANDK_GB	-4,01%	-1,015	0,594	1,684
LANDK_IT	10,25%	1,795 *	0,527	1,896
LANDK_RU	23,67%	2,091 **	0,265	3,767
LANDK_DE	-3,02%	-0,438	0,829	1,207
LANDK_FR	0,64%	0,086	0,836	1,196
LANDZ_GB	-6,90%	-1,266 +	0,703	1,422
LANDZ_DE	2,27%	0,410	0,837	1,194
LANDZ_FR	-7,10%	-1,094	0,865	1,157
LANDZ_IT	-2,28%	-0,303	0,692	1,445
LANDZ_RU	-23,32%	-1,828 *	0,287	3,484
MARKT	-2,65%	-0,260	0,378	2,642
MPHAS_1	22,13%	1,699 *	0,388	2,577
MPHAS_2				
MPHAS_3	16,70%	5,158 ***	0,789	1,268
R-QUADRAT		25,5%		
ADJ. R-QUADRAT		18,5%		
F-STATISTIK		3,752 ***		
DW-STATISTIK		1,514		

TAB. 71: Ergebnisse für Regressionsmodell 1

Die Statistiken zu den weiteren *Regressionsmodellen 2-6* finden sich in Anhang A.

In *Regressionsmodell 7* wird der Einfluss aller Erfolgsfaktoren gleichzeitig betrachtet. Die Ergebnisse der Analyse sind in nachfolgender TAB. 72 dargestellt.

Modell 7	Koeffizient	t-Statistik		TOL	VIF
Konstante	-0,05%	-0,009			
DIVERSIF	2,90%	0,770		0,709	1,410
GEOFOKUS	-5,69%	-1,248	+	0,475	2,105
KONTROL	-1,22%	-0,383		0,872	1,147
JE_K	0,00%	0,006		0,270	3,709
GROES_KA	0,00%	0,186		0,376	2,657
GROES_KS	0,00%	0,393		0,223	4,482
DEALGROE	0,00%	-0,585		0,761	1,314
INSIDER	-2,68%	-0,746		0,735	1,361
ERFAHRNG	0,91%	0,250		0,618	1,617
TRANSPAR	6,73%	1,712	*	0,669	1,496
ZM_CASH					
ZM_STOCK	-7,98%	-1,672	*	0,730	1,370
ZM_C_U_S	-8,73%	-1,660	*	0,718	1,393
LANDK_GB	-4,47%	-1,069		0,541	1,848
LANDK_IT	9,30%	1,572	+	0,502	1,993
LANDK_RU	23,64%	2,034	**	0,257	3,896
LANDK_DE	-3,22%	-0,401		0,622	1,607
LANDK_FR	0,97%	0,109		0,600	1,667
LANDZ_GB	-2,56%	-0,377		0,462	2,162
LANDZ_DE	4,07%	0,699		0,772	1,295
LANDZ_FR	-6,35%	-0,962		0,854	1,171
LANDZ_IT	3,26%	0,381		0,546	1,832
LANDZ_RU	-18,33%	-1,347	+	0,257	3,886
MARKT	-3,86%	-0,369		0,368	2,718
MPHAS_1	7,88%	0,561		0,340	2,940
MPHAS_2	-17,29%	-5,160	***	0,743	1,347
MPHAS_3					
R-QUADRAT		26,4%			
ADJ. R-QUADRAT		16,9%			
F-STATISTIK		2,775	***		
DW-STATISTIK		1,505			

TAB. 72: Ergebnisse für Regressionsmodell 7

Das weitere *Regressionsmodell 8* wurde aufgestellt, indem schrittweise jeweils die Variable mit geringster Signifikanz ausgeschlossen wurde, so dass 21 verschiedene Modelle entstanden (die jeweils 1-21 Variablen beinhalten). Die adjustierten Bestimmtheitsmaße dieser 21 Modelle wurden verglichen und das Modell mit dem höchsten adjustierten Bestimmtheitsmaß ausgewählt. In TAB. 73 sind die Variablen des *Modells 8* mit ihren Koeffizienten aufgeführt. Dieses nach dem adjustierten Bestimmtheitsmaß optimierte Modell besteht neben der Konstanten aus 11 Variablen.

Modell 8	Koeffizient	t-Statistik	TOL	VIF
Konstante	1,65%	0,450		
GEOFOKUS	-6,34%	-1,882 **	0,820	1,220
GROES_KS	0,00%	1,038	0,953	1,049
TRANSPAR	6,41%	1,772 *	0,743	1,347
ZM_STOCK	-8,07%	-1,839 *	0,815	1,227
ZM_C_U_S	-9,70%	-2,068 *	0,849	1,177
LANDK_GB	-4,46%	-1,325 +	0,786	1,271
LANDK_IT	9,49%	2,178 **	0,872	1,147
LANDK_RU	24,17%	2,202 **	0,271	3,685
LANDZ_FR	-7,00%	-1,155 +	0,953	1,050
LANDZ_RU	-17,99%	-1,406 +	0,274	3,646
MPHAS_2	-17,58%	-5,906 ***	0,887	1,128
R-QUADRAT		25,6%		
ADJ. R-QUADRAT		21,7%		
F-STATISTIK		6,488 ***		
DW-STATISTIK		1,532		

TAB. 73: Ergebnisse für Regressionsmodell 8

6.4.3 Interpretation der Ergebnisse

TAB. 74 enthält in Übersicht alle wesentlichen Werte, die für die Betrachtung der *Signifikanz* erforderlich sind, die jeweiligen Einzeltabellen der Modelle und alle wesentlichen Werte, die zur Betrachtung der *Regressionsprämissen* notwendig sind. (siehe Anhang A)

Die Betrachtung der *Signifikanz* schließt sowohl die *Gesamtaussagekraft* der Modelle insgesamt als Modell als auch die *Aussagekraft der einzelnen Erfolgsfaktoren* sowie deren *relative Bedeutung* ein. Der Wert der F-Statistik liefert ein Maß dafür, inwieweit das vorliegende Modell über die Stichprobe hinaus aussagekräftig für die Grundgesamtheit ist. TAB. 74 zeigt, dass alle berechneten Modelle hoch signifikante F-Werte ergeben. Damit ist für alle Modelle gezeigt, dass statistisch eine hohe *Gesamtaussagekraft* der Stichprobe für die Grundgesamtheit besteht.

Die *Signifikanzen der einzelnen Erfolgsfaktoren* unterscheiden sich grundsätzlich nicht wesentlich in den verschiedenen Modellen, allerdings variiert die Stärke der Signifikanz. Lediglich einige der Ländervariablen werden in einigen Modellen als leicht signifikant, in anderen als nicht signifikant eingeschätzt.

Als Ergebnis aus den *Regressionsmodellen 1-6* kann festgehalten werden, dass lediglich der Erfolgsfaktor *geografischer Fokus* (Regressionsmodell 2) eine schwache Signifikanz aufweist (mit α=0,25; vgl. TAB. 74). Dieser Faktor ist in *Regressionsmodell 8* sogar hoch signifikant (mit α=0,05; vgl. TAB. 74). Dieses Ergebnis ist konsistent mit den Erkenntnissen aus der univariaten Analyse: Der Kapitalmarkt beurteilt internationale Transaktionen im Telekommunikationsmarkt positiver als nationale Transaktionen. Inhaltlich kann dieses Ergebnis mit der Reduktion des nationalen Regulierungsrisikos bei Telekommunikationsunternehmen durch Internationalisierung begründet werden.

Sowohl in *Regressionsmodell 7* wie auch in *Modell 8* haben die aus der betriebswirtschaftlichen Theorie abgeleiteten Faktoren *Transparenz über den Zahlungsmodus* sowie die *Art des Zahlungsmodus* schwach signifikanten Einfluss.

- Erfolgsfaktor *Transparenz über den Zahlungsmodus*: Wird diese Information offen gelegt, so hat dies einen positiven Einfluss auf die Reaktion des Kapitalmarktes. Dieses Ergebnis widerspricht der univariaten Analyse, die diesem Erfolgsfaktor keine Bedeutung zur Erklärung des Transaktionserfolgs beigemessen hat.

- Bei der Analyse der *Art des Zahlungsmodus* zeigt sich, dass der Kapitalmarkt jegliche Bezahlformen, die eine Aktienkomponente beinhalten (also eine Kombination aus Aktien und Bargeld sowie eine völlige Finanzierung über Aktien) negativ beurteilt.

Die in der multivariaten Analyse ermittelte Höhe der Koeffizienten liefert einen Hinweis auf die *relative Bedeutung* der Erfolgsfaktoren. So führt beispielsweise in *Modell 8* eine nationale Akquisition ceteris paribus zu einer um 6,34% schlechteren Bewertung als eine internationale Akquisition, wobei die Akquisition eines Käufers mit Erfahrung lediglich mit (je nach Modell) 1-2% positiveren Renditen bewertet wird.

Als *Regressionsprämissen* werden *Multikollinearität*, *Autokorrelation* und das *Bestimmtheitsmaß* betrachtet. *Multikollinearität* ist zwar unproblematisch im Hinblick auf die Überprüfung der Signifikanz der Modelle, da mit zunehmender Kollinearität lediglich die Schätzung der Regressionskoeffizienten unzuverlässiger wird und somit zu Ineffizienzen führt, jedoch nicht die Signifikanztests an Gültigkeit verlieren. Um möglichst valide statistische Aussagen treffen zu können, werden dennoch die jeweils außerhalb dieser Grenzwerte liegenden Variablen ausgeschlossen. Die Variablen *Zahlungsmodus Cash* und entweder *Marktphase 2* oder *3* (je nach Modell) werden in den einzelnen Modellen ausgeschlossen, da der Toleranzwert nahe 0 und damit unterhalb des erlaubten Grenzwertes von TOL=0,1 liegt beziehungsweise oberhalb des erlaubten Grenzwertes VIF=10. Die Tatsache, dass teilweise die Variable *Marktphase 2*, teilweise die Variable *Marktphase 3* ausgeschlossen wird, kann darauf zurückgeführt werden, dass diese beiden Variablen einerseits stark voneinander abhängig sind, andererseits dazu noch von anderen Variablen abhängig sind und dass dieser Effekt sich bei manchen Modellen stärker für die eine, bei anderen für die andere Variable auswirkt. In allen Modellen (siehe auch Anhang A) bewegen sich die Toleranzwerte der restlichen Variablen innerhalb der erlaubten Grenzwerte. Die für die Betrachtung der *Autokorrelation* berechnete Durbin-Watson Statistik liegt mit Werten von 1,514-1,532 nicht innerhalb des Intervalls [1,76;2,24], für den die Nullhypothese, die besagt, dass die Residuen korreliert sind, nicht abgelehnt wird. Das bedeutet, dass eine schwache Autokorrelation vorliegt. Dies führt - wie auch Multikollinearität - zu Ineffizienzen, hat jedoch keinen Einfluss auf die Signifikanz der Modelle. Die Ergebnisse sind somit zwar nicht optimal, jedoch auch nicht problematisch. Alle berechneten Modelle sind nicht nur statistisch hochsignifikant, sie liefern auch einen ausgesprochen hohen Erklärungsbeitrag, für dessen Betrachtung das Bestimmtheitsmaß (R-Quadrat) beziehungsweise das adjustierte Bestimmtheitsmaß (Adj. R-Quadrat) herangezogen wird. Das adjustierte R-Quadrat der 8 berechneten Modelle liegt zwischen 16,9% und 21,7%.

Faktoren wie *Diversifikation*, *Profitabilität des Käufers*, *Größe des Käufers* und *Akquisitionserfahrung* werden in den multivariaten Analysen nicht als signifikant bestätigt, obwohl in den univariaten Analysen Signifikanzen festgestellt wurden.

Abhängige Variable: CAR (-20;20)				
Regressionsvariable	**Modell 1**	**Modell 2**	**Modell 3**	**Modell 4**
Konstante	-18,48% ***	-15,73% ***	-16,22% ***	-0,17%
Kernvariablen				
DIVERSIF	2,77%			
GEOFOKUS		-5,56% +		
KONTROL			-0,63%	
JE_K				0,00%
GRÖSSE				
GROES_KA				
GROES_KS				
DEALGROE				
INSIDER				
Erweiterte Kernvariablen				
ERFAHRNG	1,19%	1,01%	1,54%	2,21%
TRANSPAR	6,18% +	6,60% *	6,23% +	6,26% +
ZAHLUNGSMODUS				
ZM_CASH				
ZM_STOCK	-9,02% *	-8,22% *	-8,79% *	-8,68% *
ZM_C_U_S	-8,25% +	-9,36% *	-8,78% *	-8,87% *
Moderatorvariablen				
HERKUNFTSLAND KÄUFER				
LANDK_GB	-4,01%	-4,90% +	-4,05%	-3,60%
LANDK_IT	10,25% *	7,91% +	8,82% +	8,61% +
LANDK_RU	23,67% **	23,30% **	24,26% **	23,78% **
LANDK_DE	-3,02%	-2,41%	-2,62%	-0,80%
LANDK_FR	0,64%	0,78%	0,27%	2,20%
HERKUNFTSLAND ZIEL				
LANDZ_GB	-6,90% +	-2,26%	-6,69% +	-6,99% +
LANDZ_DE	2,27%	2,46%	2,29%	2,12%
LANDZ_FR	-7,10%	-6,89%	-7,30%	-7,51% +
LANDZ_IT	-2,28%	2,58%	-1,51%	-1,57%
LANDZ_RU	-23,32% *	-17,85% +	-23,20% *	-22,66% *
MARKT	-2,65%	-3,25%	-2,82%	-2,17%
MARKTPHASEN				
MPHAS_1	22,13% *	22,18% *	22,19% *	5,26%
MPHAS_2				-16,71% ***
MPHAS_3	16,70% ***	17,28% ***	16,74% ***	
R-QUADRAT	25,5%	25,6%	25,0%	25,2%
ADJ. R-QUADRAT	18,5%	18,9%	18,3%	18,4%
F-STATISTIK	3,752	3,823 ***	3,709 ***	3,740 ***
DW-STATISTIK	1,514	1,515	1,519	1,529

Signifikanzniveaus * $\alpha = 0.1$ + $\alpha = 0.25$
** $\alpha = 0.05$
*** $\alpha = 0.01$

Abhängige Variable: CAR (-20;20)				
Regressionsvariable	**Modell 5**	**Modell 6**	**Modell 7**	**Modell 8**
Konstante	-0,48%	-16,24% ***	-0,05%	1,65%
Kernvariablen				
DIVERSIFIKATION				
GEOFOKUS			-5,69% +	-6,34% **
KONTROL			-1,22%	
JE_K			0,00%	
GRÖSSE				
GROES_KA	0,00%		0,00%	
GROES_KS	0,00%		0,00%	0,00%
DEALGROE	0,00%		0,00%	
INSIDER		-1,37%	-2,68%	
Erweiterte Kernvariablen				
ERFAHRNG	1,43%	1,71%	0,91%	
TRANSPAR	6,17% +	6,29% +	6,73% *	6,41% *
ZAHLUNGSMODUS				
ZM_CASH				
ZM_STOCK	-8,24% *	-8,88% *	-7,98% *	-8,07% *
ZM_C_U_S	-8,37% +	-9,20% *	-8,73% *	-9,70% *
Moderatorvariablen				
HERKUNFTSLAND KÄUFER				
LANDK_GB	-3,54%	-4,05%	-4,47%	-4,46% +
LANDK_IT	9,27% *	8,54% +	9,30% +	9,49% **
LANDK_RU	24,88% **	23,84% **	23,64% **	24,17% **
LANDK_DE	-2,65%	-2,26%	-3,22%	
LANDK_FR	0,11%	0,21%	0,97%	
HERKUNFTSLAND ZIEL				
LANDZ_GB	-6,76% +	-7,00% +	-2,56%	
LANDZ_DE	2,47%	2,40%	4,07%	
LANDZ_FR	-7,26%	-7,42%	-6,35%	-7,00% +
LANDZ_IT	-1,60%	-1,42%	3,26%	
LANDZ_RU	-23,17% *	-22,96% *	-18,33% +	-17,99% +
MARKT	-2,87%	-2,56%	-3,86%	
MARKTPHASEN				
MPHAS_1	6,48%	22,08% *	7,88%	
MPHAS_2	-16,97% ***		-17,29% ***	-17,58% ***
MPHAS_3		16,89% ***		
R-QUADRAT	25,4%	25,1%	26,4%	25,6%
ADJ. R-QUADRAT	17,9%	18,3%	16,9%	21,7%
F-STATISTIK	3,369 ***	3,719 ***	2,775 ***	6,488 ***
DW-STATISTIK	1,521	1,521	1,505	1,532

Signifikanzniveaus * $\alpha = 0.1$ + $\alpha = 0.25$
** $\alpha = 0.05$
*** $\alpha = 0.01$

TAB. 74: Übersicht über die Ergebnisse der Regressionsmodelle 1-8

Die multivariaten Analysen bestätigen teilweise die Ergebnisse der univariaten Analysen. Die Erfolgsfaktoren *geographischer Fokus* sowie *Art des Zahlungsmodus* haben signifikanten Einfluss auf die Erfolgsbeurteilung einer Transaktion im Telekommunikationsmarkt. Andere Erfolgsfaktoren, die in der univariaten Analyse signifikante Ergebnisse lieferten (beispielsweise die Faktoren *Profitabilität des Käuferunternehmens*, *Größe des Käuferunternehmens*, *relative Größe Ziel- zu Käuferunternehmen*, *Relevanz von Insiderwissen*, *Akquisitionserfahrung* und *Marktumfeld*), liefern auf Basis der multivariaten Analyse keinen Beitrag zur Erklärung des Transaktionserfolgs. Diese Abweichung der Ergebnisse der univariaten und multivariaten Analysen kann auf die auch in den Tests der Prämissen festgestellten Autokorrelationen zurückgeführt werden. Auf der anderen Seite hat der Faktor *Transparenz über den Zahlungsmodus*, der in der univariaten Analyse keine Relevanz aufzeigte, auf Basis der multivariaten Analyse einen positiven Einfluss auf die Kapitalmarktreaktion.

6.5 Zusammenfassung der Ergebnisse

Ziel der Arbeit war es, M&A-Aktivität im europäischen Telekommunikationsmarkt in den Jahren nach der Liberalisierung des Telekommunikationsmarktes genauer zu untersuchen und Determinanten für den Erfolg von Akquisitionen im Untersuchungszeitraum 1.1.1998 bis 30.6.2003 herauszuarbeiten.

Zunächst wurde dabei auf Basis des gesamten Datensatzes die Frage untersucht, inwieweit durch die M&A-Aktivität europäischer Telekommunikationsunternehmen der vergangenen Jahre Wert für die Aktionäre geschaffen wurde. Auf Basis der empirischen Analyse wird festgestellt, dass die Transaktionen im Durchschnitt vom Aktienmarkt als *wertvernichtend für die Aktionäre* des Käuferunternehmens angesehen werden müssen. Es werden durchschnittliche kumulierte abnormale Renditen von -6,58% festgestellt.

Eine differenziertere Betrachtung des empirischen Befunds, der die eine ex-post Klassifizierung in „erfolgreich“ und „nicht-erfolgreich“ vornimmt, zeigt, dass die Aktionäre des Käuferunternehmens bei erfolgreichen M&A-Transaktionen im Durchschnitt Kursgewinne von über 12% realisieren können, während als nicht erfolgreich eingestufte Akquisitionen bei den Aktionären des Käuferunternehmens zu Kursverlusten von nahezu 20% führen.

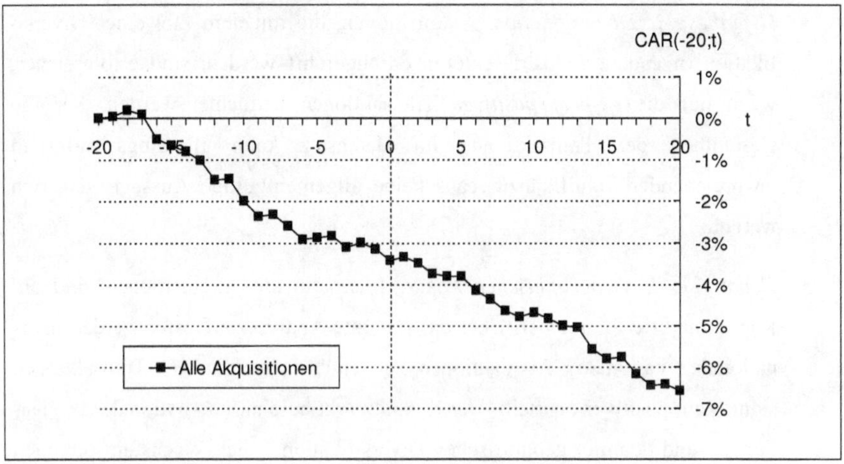

ABB. 37: Kumulierte abnormale Renditen von Akquisitionen CAR (-20;t)

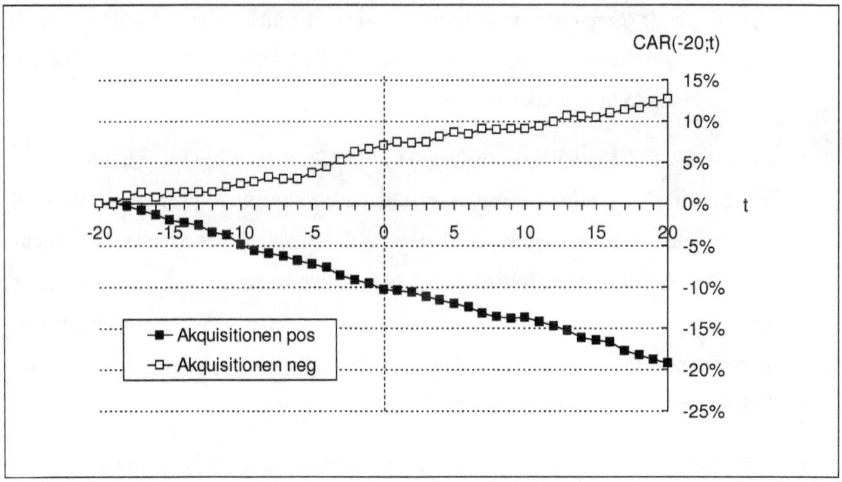

ABB. 38: Kumulierte abnormale Renditen von Akquisitionen CAR (-20;t) mit ex-post klassifiziertem Erfolg (positiv/negativ)

Des Weiteren wurden in *univariaten Analysen* die Determinanten des Transaktionserfolgs von M&A im europäischen Telekommunikationssektor identifiziert. Dabei wurden folgende Erfolgsdeterminanten herausgearbeitet:

- *Hypothese 1: Diversifikation.* Akquisitionen, die mit dem Ziel einer Diversifikation in andere Industriesektoren durchgeführt werden, sind erfolgreicher, wenn nur die *ex-post positiven* Transaktionen betrachtet werden. Für die Gesamtheit der Transaktionen im Datensatz kann allerdings aufgrund unzureichender Signifikanzniveaus keine allgemeingültige Aussage getroffen werden.

- *Hypothese 2: Geographischer Fokus.* Internationale Akquisitionen sind am Kapitalmarkt erfolgreicher. Über das gesamte Analysezeitfenster werden internationale nationale Akquisitionen gegenüber nationalen Transaktionen signifikant positiver beurteilt. Der Kapitalmarkt belohnt internationale Akquisitionen und damit geografische Diversifikation, die Wachstumsoptionen außerhalb des angestammten geografischen Aktivitätsfokus eröffnet, und lehnt eine nationale Fokussierung ab.

- *Hypothese 3: Erreichen von Kontrolle.* Das Erreichen von Kontrolle stellt keinen signifikanten Erfolgsfaktor für M&A-Aktivität im europäischen Telekommunikationsmarkt dar.

- *Hypothese 4: Überdurchschnittliche Profitabilität des Käufers.* Akquisitionen, bei denen das Käuferunternehmen überdurchschnittlich profitabel ist, sind erfolgreicher. Überdurchschnittlich profitable Unternehmen stehen im Gegensatz zu unterdurchschnittlich profitablen Unternehmen vor einer weniger komplexen Managementaufgabe, da sie weniger Zeit für das Management von Turnaround-Situationen aufwenden müssen und einen größeren Teil der Zeit für Integrationsaufgaben aufbringen können.

- *Hypothese 5: Überdurchschnittliche Profitabilität des Zielunternehmens.* Die überdurchschnittliche Profitabilität des Zielunternehmens stellt keinen signifikanten Erfolgsfaktor für M&A-Aktivität im europäischen Telekommunikationsmarkt dar.

- *Hypothese 6: Relative Profitabilität.* Akquisitionen, bei denen das Zielunternehmen relativ profitabler als das Käuferunternehmen ist, sind erfolgreicher.

Die Effizienzhypothese, nach der das effizientere Käuferunternehmen durch Übertrag von Ressourcen, Kundenbeziehungen und internen Abläufen auf das Zielunternehmen den Unternehmenswert erheblich steigern kann, kann für die untersuchten Akquisitionen im europäischen Telekommunikationsmarkt nicht bestätigt werden. Vielmehr werden Akquisitionen von relativ profitableren Zielunternehmen durch den Markt belohnt.

- *Hypothese 7: Größe des Käuferunternehmens.* Akquisitionen durch größere Unternehmen sind erfolgreicher. Akquisitionen, die (durch am Umsatz gemessen) große Unternehmen durchgeführt werden, werden vom Markt deutlich positiver beurteilt, da große Unternehmen anscheinend besser in der Lage sind, die Komplexität eines Deals neben der Fortführung des laufenden Tagesgeschäfts zu managen.

- *Hypothese 8: Relative Größe des Zielunternehmens.* Akquisitionen, bei denen eher kleinere Zielunternehmen übernommen werden, sind erfolgreicher. Somit wird die Akquisition kleinerer Unternehmen vom Markt positiver aufgenommen. Es scheint einfacher zu sein, ein kleineres Zielunternehmen zu integrieren und Synergien zu realisieren. Arbeiten, die sich mit anderen Industriesektoren beschäftigen, kommen zu ähnlichen Ergebnissen.

- *Hypothese 9: Transaktionspreis.* Der Transaktionspreis ist kein geeigneter Faktor, um den Erfolg bei europäischen Telekomtransaktionen zu erklären.

- *Hypothese 10: Insiderwissen des Käuferunternehmens.* Akquisitionen durch Käuferunternehmen mit Insiderwissen sind erfolgreicher. Allerdings ist das Insiderwissen des Käuferunternehmens, ausgedrückt durch eine vorher existierende Beteiligung, lediglich ein schwach signifikanter Erfolgsfaktor für Akquisitionen. Dieses Ergebnis verwundert nicht, da der Käufer im Falle der Aufstockung bereits vor der Akquisition über Insiderwissen verfügt, das das Risiko der Fehleinschätzung der Zielunternehmenssituation reduzieren kann.

- *Hypothese 11: Akquisitionserfahrung.* Akquisitionen, die von Unternehmen mit Transaktionserfahrung durchgeführt werden, sind erfolgreicher. Diese stark signifikante Ergebnis zeigt, dass Telekommunikationsunternehmen, die bereits eine Vielzahl von Akquisitionen durchgeführt haben, besser in der Lage sind, wertsteigernde Transaktionen durchzuführen. Der Kapitalmarkt nimmt an, dass transaktionserfahrene Käufer den von großer Unsicherheit gekennzeichneten Bewertungsprozess inklusive der kritischen Synergiebewertung sowie auch den anschließenden Integrationsprozess besser beherrschen als Käufer mit geringer Transaktionserfahrung. Dieses Ergebnis wird auch in empirischen Arbeiten in anderen Industriesektoren bestätigt.

- *Hypothese 12: Offenlegung der Information über den Zahlungsmodus.* Akquisitionen, bei denen der Zahlungsmodus bekannt gegeben wird, sind nur kurzfristig nach Bekanntgabe der Akquisition erfolgreicher. Die Untersuchung zeigt, dass Transparenz über die Akquisitionskonditionen in den fünf Tagen nach Bekanntgabe der Transaktion signifikant Einfluss auf den Akquisitionserfolgerfolg hat.

- *Hypothese 13: Art des Zahlungsmodus.* Akquisitionen, die mit Barmitteln getätigt werden, sind erfolgreicher. Dieses Ergebnis deckt sich mit der Unterbewertungshypothese, die besagt, dass Aktionäre des Käuferunternehmens eine Akquisition mit Barmitteln bevorzugen, wenn sie davon überzeugt sind, dass das Zielunternehmen unterbewertet ist. Der Markt scheint vor diesem Hintergrund der Bezahlung mit Barmitteln eine Signalfunktion zukommen zu lassen und reagiert signifikant positiver auf eine Transaktion mit Barmitteln. Dieses Ergebnis für Akquisitionen im europäischen Telekommunikationssektor deckt sich mit Erkenntnissen aus empirischen Arbeiten in anderen Industriesektoren.

- *Hypothese 14: Herkunftsland des Käuferunternehmens.* Der Kapitalmarkt beurteilt den Akquisitionserfolg unterschiedlich nach dem Herkunftsland des Käuferunternehmens. Akquisitionen von Unternehmen des Telekommunikationsmarktes aus Dänemark, Frankreich und Österreich werden vom Kapitalmarkt deutlich negativer beurteilt als Akquisitionen durch Unternehmen aus Russland oder Norwegen.

- *Hypothese 15: Herkunftsland des Zielunternehmens.* Der Kapitalmarkt beurteilt den Akquisitionserfolg unterschiedlich nach dem Herkunftsland des Zielunternehmens. Akquisitionen von Zielunternehmen aus Spanien, den USA und Großbritannien werden vom Kapitalmarkt negativer beurteilt als Akquisitionen von Unternehmen aus der Ukraine oder aus Griechenland.

- *Hypothese 16: Konjunkturelles Marktumfeld.* Akquisitionen, die in einem von konjunkturellem Abschwung gekennzeichneten Marktumfeld getätigt werden, sind weniger erfolgreich. Dieses Ergebnis überrascht nicht. Es ist statistisch signifikant für die Beobachtungszeiträume nach Bekanntgabe der Akquisition.

Die anschließend durchgeführtem *multivariaten Analysen* bestätigen teilweise die Ergebnisse der *univariaten Analysen.* Sowohl der Faktor *geographischer Fokus* wie auch die *Art des Zahlungsmodus* haben einen signifikanten Einfluss auf die Erfolgsbeurteilung einer Transaktion durch die Kapitalmärkte. Demgegenüber kann die multivariate Analyse die Ergebnisse der univariaten Analyse für andere Faktoren wie beispielsweise *Profitabilität des Käuferunternehmens*, *Größe des Käuferunternehmens*, *relative Größe Ziel- zu Käuferunternehmen*, *Relevanz von Insiderwissen*, *Akquisitionserfahrung*, und *Marktumfeld* nicht bestätigen. Diese Faktoren zeigen in den Regressionsmodellen keine signifikante Bedeutung auf für die Erklärung des Transaktionserfolgs. Ein weiterer Faktor, *Transparenz über den Zahlungsmodus*, der in der univariaten Analyse keine Relevanz besaß, hat auf Basis der multivariaten Analyse einen positiven Einfluss auf die Beurteilung des Transaktionserfolgs durch die Kapitalmärkte. Diese Abweichung der Ergebnisse der univariaten und multivariaten Analysen kann auf die auch in den Tests der Prämissen festgestellten Autokorrelationen zurückgeführt werden.

7 Schlussbetrachtungen

Die vorliegende Arbeit untersuchte erstmals umfassend empirisch den Erfolg von Akquisitionen im europäischen Telekommunikationsmarkt aus Sicht der Aktionäre des Käuferunternehmens. Dabei wurden 219 Transaktionen im Zeitraum 1. Januar 1998 bis 30. Juni 2003 analysiert. Die wesentlichen Fragestellungen dieser Arbeit waren dabei:

- Wurde durch die M&A-Aktivität europäischer Telekommunikations-Unternehmen der vergangenen Jahre Wert für die Aktionäre geschaffen?
- Welche Faktoren beeinflussen den Erfolg von M&A-Transaktionen im europäischen Telekommunikationsmarkt?

In *Kapitel 2* wurden zunächst die theoretischen Grundlagen zu „Mergers & Acquisitions" gelegt. Dabei wurde der M&A-Begriff definiert, es wurden M&A-Transaktionen nach unterschiedlichen Kriterien klassifiziert und die in der wissenschaftlichen Diskussion beschriebenen theoretischen Motive für M&A-Aktivität dargestellt. Ferner wurden die Erfolgsperspektiven von M&A-Aktivität sowie die Methoden zur empirischen Erfolgsmessung beschrieben und ausgewählte Ergebnisse von Studien zum Erfolg von M&A aufgezeigt.

Anschließend wurden in *Kapitel 3* die für die Arbeit relevanten Aspekte des europäischen Telekommunikationsmarktes vorgestellt. Ausgehend von der Anfang der 80er Jahre vorherrschenden Marktstruktur wurden die Deregulierungs- und Privatisierungstendenzen im europäischen Telekommunikationsmarkt genauer beschrieben, da sie erst die Grundlage für M&A-Aktivität durch europäische Telekommunikationsunternehmen schufen. Außerdem wurden die Motive und spezifischen Gründe für M&A-Aktivität im europäischen Telekommunikationsmarkt aufgezeigt.

In *Kapitel 4* wurden die *Hypothesen* zu Erfolgsfaktoren für M&A-Transaktionen aufgestellt, wobei drei Gruppen unterschieden wurden:

* *Gruppe 1*: *Kernfaktoren* - Erfolgsfaktoren, die auf Basis der M&A-Motive hergeleitet werden können

* *Gruppe 2*: *Erweiterte Kernfaktoren* - Weitere aus der betriebswirtschaftlichen Theorie ableitbare Erfolgsfaktoren

* *Gruppe 3*: *Moderatorfaktoren* - Erfolgsfaktoren, die nicht aus der Theorie abgeleitet wurden, aber in empirischen Arbeiten häufig als Erfolgsvariablen überprüft werden

Die Arbeit folgte der Methodik der Ereignisstudie, welche in *Kapitel 5* detailliert vorgestellt wurde. In diesem Kapitel wurden mögliche Freiheitsgrade bei den einzelnen Schritten der Methodik aufgezeigt sowie unterschiedliche methodische Alternativen diskutiert, um schließlich die für die Arbeit relevante Wahl der Untersuchungsmethodik zu begründen.

In *Kapitel 6* wurden dann die Schaffung von Unternehmenswert durch M&A-Aktivität im europäischen Telekommunikationsmarkt allgemein analysiert und ferner Determinanten des Transaktionserfolgs identifiziert.

Diese Arbeit ist die erste umfassende empirische Studie, die auf Basis einer umfassenden Datenstichprobe (N=219) Aussagen zur Schaffung von Unternehmenswert durch M&A-Aktivität im europäischen Telekommunikationsmarkt macht und zudem einzelne Erfolgsfaktoren herausarbeitet. Für die Gesamtstichprobe wird festgestellt, dass die M&A-Aktivität im Durchschnitt vom Kapitalmarkt negativ beurteilt wurde, da für die Aktionäre des Käuferunternehmens durchschnittliche kumulierte abnormale Renditen von -6,58% ermittelt werden. Danach wurden einzelne Erfolgsfaktoren von Akquisitionen im europäischen Telekommunikationsmarkt auf Basis von *univariaten Analysen* und multivariaten Modellen identifiziert. Diese Identifizierung von Erfolgsfaktoren von M&A-Transaktionen im europäischen Telekommunikationsmarkt zeigte, dass nur wenige der aus der M&A-Literatur und betriebswirtschaftlichen Theorie abgeleiteten Bestimmungsgrößen signifikant den Transaktionserfolg beeinflussen. Damit liefert diese Arbeit einen wichtigen Beitrag zum besseren Verständnis der Konsolidierung des europäischen Telekommunikationssektors und gibt praxisrelevante Hinweise zur Durchführung von M&A-Transaktionen im Telekommunikationsmarkt. Internationalisierungsstrategien von Telekommunikationsunternehmen, die in der empirischen Untersuchung des Erfolgsfaktors *geografischer Fokus* analysiert wurden, werden vom Kapitalmarkt positiv beurteilt und haben signifikanten Einfluss auf den Erfolgs einer Unternehmenstransaktion. In den Anfangsjahren der Marktliberalisierung kann dieses Phänomen mit dem Argument der Risikoreduktion erklärt werden, da Telekommunikationsunternehmen durch Internationalisierung das nationale Regulierungsrisiko diversifizieren können. Heute, in Zeiten weitestgehend gesättigter Märkte in Westeuropa, können durch Internationalisierungsstrategien Wachstumsoptionen für das Unternehmensportfolio geschaffen werden, beispielsweise durch die Akquisition von Unternehmen in so genannten Wachstumsregionen (Osteuropa, mittlerer Osten oder Asien). Als weiteres Ergebnis dieser Untersuchung müssen Manager von Telekommunikationsunternehmen bei der Durchführung von M&A-Aktivitäten die Signalfunktion des gewählten Zahlungsmodus zur Abwicklung der Akquisition beachten. Akquisitionen im Telekommunikationsmarkt, die mit Barmitteln getätigt werden, werden vom Kapitalmarkt positiver beurteilt und die *Art des Zahlungsmodus* hat signifikanten Einfluss auf den Transaktionserfolg.

Wie jede empirische Arbeit ist jedoch auch die vorliegende Arbeit unterschiedlichen konzeptionellen und methodischen Bedingungen unterworfen. Bei der Durchführung der Ereignisstudie müssen zugunsten verschiedener methodischer Bereinigungen Verzerrungen der Datenstichprobe in Kauf genommen werden.

Es verbleiben auch nach dieser Untersuchung noch offene Punkte, die im Rahmen zukünftiger Forschung zu beantworten sind. Die relevante Beurteilungsperspektive in dieser Arbeit ist die der Aktionäre des Käuferunternehmens. Zukünftige Forschungsvorhaben können an dieser Stelle ansetzen und die Analyse um weitere Beurteilungsperspektiven, etwa die der Rolle der Aktionäre des Zielunternehmens, erweitern. Hierzu müsste ein Datensatz untersucht werden, bei dem sowohl Käufer- wie auch Zielunternehmen börsennotiert sind.

Eine noch längerfristiger angelegte Untersuchung des Transaktionserfolgs mit Hilfe von Ereignisstudien über mehrere Jahre hinweg könnte weitere wichtige Hinweise zur korrekten Bewertung einer M&A-Transaktion zum Zeitpunkt der Ankündigung durch den Kapitalmarkt erbringen.

Anhang

A. Regressionsmodelle

Modell 2	Koeffizient	t-Statistik		TOL	VIF
Konstante	-15,73%	-4,288	***		
GEOFOKUS	-5,56%	-1,259	+	0,493	2,030
ERFAHRNG	1,01%	0,313		0,783	1,277
TRANSPAR	6,60%	1,721	*	0,684	1,461
ZM_CASH	0,00%				
ZM_STOCK	-8,22%	-1,781	*	0,762	1,313
ZM_C_U_S	-9,36%	-1,852	*	0,758	1,319
LANDK_GB	-4,90%	-1,223	+	0,577	1,734
LANDK_IT	7,91%	1,447	+	0,574	1,742
LANDK_RU	23,30%	2,062	**	0,265	3,770
LANDK_DE	-2,41%	-0,352		0,837	1,194
LANDK_FR	0,78%	0,105		0,837	1,194
LANDZ_GB	-2,26%	-0,347		0,491	2,038
LANDZ_DE	2,46%	0,445		0,836	1,196
LANDZ_FR	-6,89%	-1,062		0,864	1,158
LANDZ_IT	2,58%	0,313		0,577	1,733
LANDZ_RU	-17,85%	-1,334	+	0,260	3,849
MARKT	-3,25%	-0,319		0,378	2,648
MPHAS_1	22,18%	1,708	*	0,388	2,577
MPHAS_2	0,00%			0,000	
MPHAS_3	17,28%	5,323	***	0,781	1,281
R-QUADRAT		25,6%			
ADJ. R-QUADRAT		18,9%			
F-STATISTIK		3,823	***		
DW-STATISTIK		1,515			

Modell 3	Koeffizient	t-Statistik		TOL	VIF
Konstante	-16,22%	-4,052	***		
KONTROL	-0,63%	-0,203		0,910	1,099
ERFAHRNG	1,54%	0,478		0,792	1,262
TRANSPAR	6,23%	1,622	+	0,687	1,455
ZM_CASH	0,00%			0,000	
ZM_STOCK	-8,79%	-1,903	*	0,768	1,302
ZM_C_U_S	-8,78%	-1,734	*	0,761	1,314
LANDK_GB	-4,05%	-1,023		0,594	1,685
LANDK_IT	8,82%	1,623	+	0,585	1,710
LANDK_RU	24,26%	2,137	**	0,265	3,779
LANDK_DE	-2,62%	-0,380		0,826	1,210
LANDK_FR	0,27%	0,036		0,840	1,191
LANDZ_GB	-6,69%	-1,225	+	0,701	1,426
LANDZ_DE	2,29%	0,408		0,820	1,219
LANDZ_FR	-7,30%	-1,122		0,864	1,157
LANDZ_IT	-1,51%	-0,199		0,684	1,462
LANDZ_RU	-23,20%	-1,814	*	0,286	3,494
MARKT	-2,82%	-0,275		0,376	2,662
MPHAS_1	22,19%	1,696	*	0,385	2,595
MPHAS_2	0,00%			0,000	
MPHAS_3	16,74%	5,128	***	0,778	1,286
R-QUADRAT		25,0%			
ADJ. R-QUADRAT		18,3%			
F-STATISTIK		3,709	***		
DW-STATISTIK		1,519			

Modell 4	Koeffizient	t-Statistik		TOL	VIF
Konstante	-0,17%	-0,041			
JE_K	0,00%	0,678		0,685	1,461
ERFAHRNG	2,21%	0,655		0,719	1,391
TRANSPAR	6,26%	1,631	+	0,689	1,451
ZM_CASH	0,00%			0,000	
ZM_STOCK	-8,68%	-1,882	*	0,768	1,303
ZM_C_U_S	-8,87%	-1,755	*	0,763	1,310
LANDK_GB	-3,60%	-0,897		0,578	1,730
LANDK_IT	8,61%	1,582	+	0,583	1,717
LANDK_RU	23,78%	2,101	**	0,266	3,765
LANDK_DE	-0,80%	-0,111		0,743	1,346
LANDK_FR	2,20%	0,275		0,731	1,368
LANDZ_GB	-6,99%	-1,281	+	0,701	1,426
LANDZ_DE	2,12%	0,382		0,838	1,193
LANDZ_FR	-7,51%	-1,158	+	0,866	1,155
LANDZ_IT	-1,57%	-0,209		0,697	1,434
LANDZ_RU	-22,66%	-1,774	*	0,287	3,489
MARKT	-2,17%	-0,212		0,377	2,654
MPHAS_1	5,26%	0,391		0,364	2,744
MPHAS_2	-16,71%	-5,159	***	0,779	1,284
MPHAS_3	0,00%			0,000	
R-QUADRAT		25,2%			
ADJ. R-QUADRAT		18,4%			
F-STATISTIK		3,740	***		
DW-STATISTIK		1,529			

Modell 5	Koeffizient	t-Statistik		TOL	VIF
Konstante	-0,48%	-0,115			
GROES_KA	0,00%	-0,007		0,453	2,208
GROES_KS	0,00%	0,699		0,506	1,977
DEALGROE	0,00%	-0,376		0,794	1,260
ERFAHRNG	1,43%	0,434		0,753	1,328
TRANSPAR	6,17%	1,588	+	0,676	1,479
ZM_CASH	0,00%			0,000	
ZM_STOCK	-8,24%	-1,754	*	0,746	1,340
ZM_C_U_S	-8,37%	-1,634	+	0,747	1,338
LANDK_GB	-3,54%	-0,868		0,562	1,778
LANDK_IT	9,27%	1,692	*	0,577	1,732
LANDK_RU	24,88%	2,183	**	0,264	3,786
LANDK_DE	-2,65%	-0,384		0,831	1,203
LANDK_FR	0,11%	0,014		0,831	1,203
LANDZ_GB	-6,76%	-1,225	+	0,690	1,449
LANDZ_DE	2,47%	0,440		0,821	1,218
LANDZ_FR	-7,26%	-1,114		0,865	1,156
LANDZ_IT	-1,60%	-0,213		0,697	1,435
LANDZ_RU	-23,17%	-1,809	*	0,287	3,484
MARKT	-2,87%	-0,280		0,377	2,654
MPHAS_1	6,48%	0,468		0,346	2,887
MPHAS_2	-16,97%	-5,219	***	0,779	1,284
MPHAS_3	0,00%			0,000	
R-QUADRAT		25,4%			
ADJ. R-QUADRAT		17,9%			
F-STATISTIK		3,369	***		
DW-STATISTIK		1,521			

Modell 6	Koeffizient	t-Statistik	TOL	VIF
Konstante	-16,24%	-4,383 ***		
INSIDER	-1,37%	-0,416	0,853	1,173
ERFAHRNG	1,71%	0,526	0,776	1,289
TRANSPAR	6,29%	1,637 +	0,687	1,456
ZM_CASH	0,00%		0,000	
ZM_STOCK	-8,88%	-1,921 *	0,766	1,306
ZM_C_U_S	-9,20%	-1,793 *	0,741	1,349
LANDK_GB	-4,05%	-1,022	0,594	1,684
LANDK_IT	8,54%	1,558 +	0,575	1,740
LANDK_RU	23,84%	2,103 **	0,265	3,770
LANDK_DE	-2,26%	-0,328	0,833	1,200
LANDK_FR	0,21%	0,028	0,840	1,190
LANDZ_GB	-7,00%	-1,278 +	0,696	1,436
LANDZ_DE	2,40%	0,430	0,826	1,211
LANDZ_FR	-7,42%	-1,143	0,867	1,154
LANDZ_IT	-1,42%	-0,189	0,691	1,446
LANDZ_RU	-22,96%	-1,798 *	0,287	3,483
MARKT	-2,56%	-0,251	0,378	2,643
MPHAS_1	22,08%	1,694 *	0,388	2,578
MPHAS_2	0,00%		0,000	
MPHAS_3	16,89%	5,211 ***	0,789	1,268
R-QUADRAT		25,1%		
ADJ. R-QUADRAT		18,3%		
F-STATISTIK		3,719 ***		
DW-STATISTIK		1,521		

B. Abkürzungen der Länder

Abkürzung	Land
AS	Österreich
AU	Australien
BE	Belgien
BZ	Brasilien
CA	Kanada
CH	China
CL	Chile
DE	Dänemark
FI	Finnland
FR	Frankreich
GB	Großbritannien
GE	Deutschland
GR	Griechenland
GS	Guernsey
HR	Kroatien
HU	Ungard
IC	Island
IR	Irland
IT	Italien
JN	Japan
LX	Luxemburg
MA	Malaysia
MX	Mexico
NE	Niederlande
NO	Norwegen
NZ	Neuseeland
PD	Polen
PO	Portugal
RO	Rumänien
RU	Russland
SA	Südafrika
SP	Spanien
SV	Slowenien
SW	Schweden
SZ	Schweiz
UK	Ukraine
US	USA

Literaturverzeichnis

ACHLEITNER, A.-K.; 1999; *Handbuch Investment Banking;* Wiesbaden, Gabler, 1999

AGRAWAL, A.; MANDELKER, G.N.; 1987; *Managerial incentives and corporate investment and financing decisions;* in: Journal of Finance, Vol. 42, pp.823-837

AKDOGU, E.; 2003; *Gaining a Competitive Edge Through Acquisitions: Evidence from the Telecom Industry;* Working Paper, Washington University, St. Louis

AKERLOF, G.A. ; 1970; *The Market for "Lemons": Quality Uncertainty and the Market Mechanism;* in: The Quarterly Journal of Economics, Vol. 84, No. 3, pp. 488-500

AKHAVEIN, J.; BERGER, A.; HUMPHREY, D.; 1997; *The effects of megamergers on efficiency and prices: Evidence from a bank profit function;* in: Review of Industrial Organization, Vol. 12, No. 1, pp. 95-139

ALBRECHT, S.; 1994; *Erfolgreiche Zusammenschlussstrategien - eine empirische Untersuchung deutscher Unternehmen;* Wiesbaden, Gabler-Verlag, 1994

ALLEN, P.; SIRMANS, C. ; 1987; *An analysis of gains to Acquiring Firm's Shareholders: The Special case of REITs;* in: Journal of Financial Economics, Vol. 18, pp. 175-184

AMIHUD, Y.; LEV, B.; 1981; *Risk Reduction as a Managerial Motive for Conglomerate Mergers;* in: Bell Journal of Economics, Vol.12, pp. 605-617

AMIT, R.; LIVNAT, J.; 1988; *Diversification Strategies, Business Cycles and Economic Performance;* in: Strategic Managment Journal, Vol. 9, No. 2, pp.99-110

ANDRÉ, P.; KOOLI, M., L'HER, J.; 2004; *The long-Run Performance of Mergers and Acquisitions: Evidence from the Canadian Stock Market;* in: Financial Management, Vol. 33, No. 4, pp. 27-43

ARMITAGE, S.; 1995; *Event Study Methods and Evidence on their Performance;* in: Journal of Economic Surveys, Vol. 8, No. 4, pp. 25-52

ASQUITH, P.; BRUNER, R.; MULLINS, D.; 1983; *The Impact of Initiating Dividend Payments on Shareholder Wealth;* in: Journal of Business, Vol. 56, pp. 77-96

BACKHAUS, K.; ERICHSON, B.; PLINKE, W.; WEIBER, R.; 2000; *Multivariate Analysemethoden. Eine Anwendungsorientierte Einführung;* Springer, 9. überarbeitete und erweiterte Auflage, Berlin u.a., 2000

BALL, R.; BROWN, P.; 1968; *An empirical evaluation of accounting income numbers;* in: Journal of Accounting Research, Vol. 6, pp. 159-178

BAMBERG, G.; BAUR, F.; 1993; *Statistik;* München u.a., 1993

BANERJEE, A.; COOPERMAN, E.; 2000; *Returns to targets and acquirers: Evidence for bank mergers in the 90s;* Working Paper, University of Colorado, Denver

BANZ, R.; 1981; *The relationship between Return and Market Value of Common Stocks;* in: Journal of Financial Economics, Vol. 9, pp. 3-18

BARBER, B.; LYON, J.; 1997; *Detecting Long-Run Abnormal Stock Returns: The Empirical Power and Specification of Test Statistics;* in: Journal of Financial Economics, Vol. 43, pp. 341-372

BARCLAY, M.; HOLDERNESS, C.; 1991; *Negotiated Block Trades and Corporate Control;* in: Journal of Financial Economics, Vol. 25, pp. 371-95

BARNES, P.; 1984; *The Effect of a Merger on the Share Price of the Attacker;* in: Accounting & Business Research, Vol. 15, pp. 45-49

BARONCELLI, A.; 1998; *Telecom Italia: Merging five companies into one;* in: Long Range Planning, Vol. 31, No. 3, pp. 377-395

BECHER, D.A.; 1999; *The valuation effects of bank mergers;* in: Journal of Corporate Finance, Vol. 6, No. 6, pp. 189-214

BECKER, G.S. ; 1985; *Public policies, pressure groups, and dead weight costs;* in: Journal of Public Economics, Vol. 28, No. 3, pp.329-347

BEIKER, H.; 1993; *Überrenditen und Risiken kleiner Aktiengesellschaften: eine theoretische und empirische Analyse des deutschen Kapitalmarktes von 1966 bis 1989;* Köln, 1993

BEITEL, P.; 2002; *Akquisitionen und Zusammenschlüsse europäischer Banken. Wertsteigerung durch M&A-Transaktionen;* Diss. Universität Witten/Herdecke, 2002, Deutscher Universitaetsverlag, Wiesbaden, 2002

BEITEL, P.; SCHIERECK, B.; WAHRENBURG, M.; 2002; *Explaining the M&A-success in European bank mergers and acquisitions;* Working Paper University of Witten/Herdecke, Institute for Mergers and Acquisitions

BEITEL, P.; SCHIERECK, D.; 2001; *Value creation at the ongoig consolidation of the European banking market;* Working paper, University of Witten/Herdecke, Institute for Mergers and Acquisitions

BEKIER, M.; BOGARDUS, A.; OLDHAM, T.; 2001; *Why Mergers Fail;* in: McKinsey on Finance, Summer 2001, pp. 1-5

BERGER, A.; 1998; *The efficiency effects of bank mergers and acquisitions: A preliminary look at the 1990s data;* in: Bank mergers and acquisitions, Amihud, Y., Miller, G. (Hrsg.) , Kluwer Academic Publishers, Boston, pp. 79-111

BERGER, A.; HUMPHREY, D.; 1992; *Megamergers in banking and the use of cost efficiency as an antitrust defense;* in: Antitrust Bulletin, Vol. 37, pp. 541-600

BERGER, A.; MESTER, L.; 1997; *Inside the black box: What explains differences in the efficeincies of financial institutions?;* in: Journal of Banking and Finance, Vol. 21, pp. 895-947

Berger, A.N.; Demsetz, R.S.; Strahan, P.; 1999; *The consolidation of the financial services industry: Causes, consequences, and implications for the future;* in: Journal of Banking and Finance, Vol. 23, pp. 135-194

Berger, A.N.; Humphrey, D.B.; 1997; *Efficiency of financial institutions: Internaitonal survey and directions for future research;* in: European Journal of Operational Research, Vol. 98, pp. 175-212

Berger, A.N.; Saunders, A.; Scalise, J.M.; Udell, G.; 1998; *The effects of bank mergers and acquisitions on small business lending;* in: Journal of Financial Economics, Vol. 50, pp.187-229

Berger, P.G.; Ofek, E.; 1995; *Diversification's effect on firm value;* in: Journal of Financial Economics, Vol. 37, pp. 39-65

Bergmann, F.; Gerhardt, H.-J.; Frohberg, W.; 2003; *Taschenbuch der Telekommunikation;* 2. neu bearbeitete Auflage, Fachbuchverlag Leipzig 2003

Bessler, W.; Shusterman, T.; Norsworthy, J.; 2000; *Mergers in the U.S. Telecommunicatios Industry and Market Valuation;* Working Paper, Center for Finance and Banking, Justus-Liebig-University, Giessen, Germany

Bessler, W.; Shusterman, T.; Norsworthy, J.; 2001; *Valuation Effects of Telecommunication Mergers: A Comparison of Europe and the United States;* Working Paper, Center for Finance and Banking, Justus-Liebig-University, Giessen, Germany

Bieshaar, H.; Knight, J.; Wassenaer, A.; 2001; *Deals that Create Value;* in: McKinsey Quarterly 2001, No. 1, pp. 65-73

BIS ; 2001; *Report on consolidation in the financial sector;* Bank for International Settlements, Group of Ten, Basel, Switzerland, January 2001

BÖHMER, E.; LÖFFLER, Y.; 1996; *Kursrelevante Ereignise bei Unternehmensübernahmen: Eine empirische Analyse des deutschen Kapitalmarkts;* Arbeitspapier, Humboldt-Universität Berlin

BÖHMER, E.; LÖFFLER, Y.; 1997; *Kursrelevante Ereignisse bei Unternehmensübernahmen – Eine empirische Analyse des deutschen Kapitalmarktes;* Sonderforschungsbereich 373: Quantification and Simulation of Economic Processes 73, (SFB 373 Papers)

BÖHMER, E.; LÖFFLER, Y.; 1999; *Kursrelevante Ereignisse bei Unternehmensübernahmen: Eine empirische Analyse des deutschen Kapitalmarktes;* in: Zeitschrift für betriebswirtschaftliche Forschung, Vol. 51, No. 4, S. 299-324

BOWEN, D.E.; JONES, G.R.; 1986; *Transaction Cost Analysis of Service Organization-Customer Exchange;* in: Academy of Management Review, Vol. 11, No. 2, pp.428-441

BOWMAN, R.; 1983; *Understanding and Conducting Event Studies;* in: Journal of Business Finance and Accounting, Vol. 10, No. 4, pp. 561-584

BRADLEY, M.; DESAY, A.; KIM, E.; 1987; *Synergistic Gains from Corporate Acquisitions and their Division Between the Stockholders of Target and Acquiring Firms;* in: Journal of Financial Economics, Vol. 21, pp. 3-40

BRAILSFORD, T.J.; KNIGHTS, S. ; 1998; *The Financial and Non-Financial Effects of Corporate Takeovers;* Melbourne Institute of Applied Economics and Social Research, Working Paper No. 23/98

BREALEY, R.; COOPER, I.; KAPLANIS, E.; 1998; *International Souces of Risk: Evidence from Cross-Border Mergers;* Working Paper, London Business School, 1998

BREALEY, R.; MYERS, S.; 1991; *Principles of Corporate Finance;* New York, 4. Auflage

Broaddus, J.; 1998; *The Bank Merger Wave: Causes and Consequences;* in: Economic Quarterly, Vol. 84, No. 3, pp. 1-11

Bross, H.; Caytas, I.; Mahari, J.; 1991; *Consulting bei Mergers & Acquisitions in Deutschland;* Schäffer Verlag, Stuttgart, 1991

Brown, S.; Warner, J.; 1980; *Measuring Security Price Performance;* in: Journal of Financial Economics, Vol. 8, pp. 205-258

Brown, S.; Warner, J.; 1985; *Using daily stock returns: The case of event studies;* in: Journal of Financial Economics, Vol. 14, pp. 3-31

Bruner, R.F. ; 2005; *Deals from Hell: M&A Lessons That Rise Above the Ashes;* New York: John Wiley & Sons, 2005

Bubik. M.; 2005; *Erfolgskriterien für Unternehmenszusammenschlüsse. Eine theoretische und exemplarische Analyse;* Peter Lang, Frankfurt, 2005

Buckley, B.; Casson, M.; 1976; *The Future of the Multinational Enterprise;* Homes & Meier, London, 1976

Bühl, A.; Zöfel, P.; 2000; *SPSS Version 10;* 7. Auflage, München, 2000

Bühner, R.; 1990a; *Der Jahresabschlusserfolg von Unternehmens-zusammenschlüssen;* in: Zeitschrift für Betriebswirschaft, Vol. 60, S. 1275-1294

Bühner, R.; 1990b; *Reaktionen des Aktienmarktes auf Unternehmens-zusammenschlüsse;* in: Zeitschrift für betriebswirtschaftliche Forschung, Jg. 42, Nr. 4, S. 295-316

Bühner, R.; 1991; *Grenzüberschreitende Zusammenschlüsse deutscher Unternehmen;* C.E. Poeschl, Stuttgart, 1991

Buono, A.F.; Bowditch, J.L.; 1989; *The Human Side of Mergers and Acquisitions;* San Francisco et al., 1989

BURGESS, G.; 1989; *Industrial Organization;* Prentice-Hall, Englewood Cliffs, New Jersey, 1989

CABLE, J.; HOLLAND, K.; 1996; *Modeling Normal Returns in Event Studies: A Model-Selection Approach and Pilot Study;* Working Paper, University of Wales, Aberystwyth, 1996

CAKICI, N.; HESSEL, C.; TANDON, K.; 1996; *Foreign acquisitions in the United States: Effect on Shareholder Wealth of Foreign Acquiring Firms;* in: Journal of Banking & Finance, Vol. 20, pp. 307-329

CAMPBELL, J.; LO, A.; MACKINLEY, A.; 1997; *The Econometrics of Financial Markets;* Princeton u.a., 1997

CAPRON, L.; PISTRE, N.; 2002; *When do Acquirers Earn Abnormal Returns?;* in: Strategic Management Journal, Vol. 23, pp. 781-794

CHATTERJEE, S.; 1992; *Sources of Value in Takeovers: Synergy of Restructuring - Implications for Target and Bidder Firms;* in: Strategic Management Journal, Vol. 12, No. 1, pp. 33-48

CLEVER, H.; 1993; *Post-Merger-Management;* Stuttgart u.a., 1993

COAKLEY, J.; THOMAS, H.M.; 2004; *Hot Markets, Momentum and Investor Sentiment in UK Acquisitions;* Working Paper, Department of Accounting, Finance and Management, University of Essex

COASE, R.; 1937; *The Nature of the Firm;* in: Economica 1937, No. 4, pp. 396-405

COENENBERG, A.; HENES, F.; 1995; *Der Informationsgehalt der Zwischenberichtspublizität nach §44b Börsengesetz;* in: Zeitschrift für betriebswirtschaftliche Forschung, Nr. 11, S. 969-995

CONN, R.; CONNELL, F.; 1990; *International Mergers: Returns to U.S. and British Firms;* in: Journal of Business Finance & Accounting, Vol. 17, pp. 689-711

Copeland, T.; Weston, J.; 1999; *Financial Theory and Corporate Policy;* Addison Wesley Publishing Company, 1999

Cornett, M.; Tehranian, H.; 1992; *Changes in Corporate Performance Associated with Bank Acquisitions;* in: Journal of Financial Economics, Vol. 31, pp. 211-234

Corrado, C.; 1989; *A Nonparametric Test for Abnormal Security Price Performance in Event Studies;* in: Journal of Financial Economics, Vol. 23, pp. 385-395

Cybo-Ottone, A.; Murgia, M.; 2000; *Mergers and shareholders wealth in European banking;* in: Journal of Banking and Finance, Vol. 24, pp. 831-859

DeBondt, W.; Thaler, R.; 1985; *Does the stock market overreact?;* in: Journal of Finance, Vol. 40, No. 3, pp. 793-805

DeLong, G.L.; 2001; *Stockholder gains from focusing versus diversifying banks;* in: Journal of Financial Economics, Vol. 59, pp. 221-252

Dennis, D.; McConnel, J.; 1986; *Corporate Mergers and Security Returns;* in: Journal of Financial Economics, Vol. 16, No. 1, pp. 143-187

DeYoung, R.; 1993; *Determinants of cost efficiencies in bank mergers;* Economic and policy analysis working paper, 93-1, Office of the Comptroller of the Currency, Washington DC. August 1993

DeYoung, R.; 1997; *Bank mergers, X-efficiency, and the market for corporate control;* in: Managerial Finance, C. 23, pp. 32-47

Dimson, E.; 1979; *Risk Measurement When Shares are Subject to Infrequent Trading;* in: Journal of Financial Economics, Vol. 7, pp. 197-226

Dörr, T.; 2000; *Grenzüberschreitende Unternehmensakquisitionen - Erfolg und Einflussfaktoren;* Diss., Gabler Verlag, Wiesbaden 2000

Döhrmann, A.; 1990; *Underpricing oder fair value: das Kursverhalten deutscher Erstemissionen;* Wiesbaden, 1990. Zugl. Hamburg, Univ., Diss., 1989

DORFLEITNER, G.; 1999; *Stetige versus diskrete Rendite. Finanzmathematische Überlegungen zur richtigen Verwendung beider Begriffe in Theorie und Praxis;* Arbeitspapier, Helft 174/1999, Institut für Statistik und Mathematische Wirtschaftstheorie, Universität Augsburg

DOUKAS, J.; 1995; *Overinvestment, Tobin's Q and Gains from Foreign Acquisitions;* in Journal of Banking and Finance, Vol. 19, pp. 1285-1303

DOUKAS, J.; TRAVLOS, N.; 1988; *The Effect of Corporate Multinationalism on Shareholder Wealth: Evidence from International Acquisitions;* in: Journal of Finance, Vol. 43, pp. 1161-1175

DOW, G.; 1993; *The Appropriability Critique of Transaction Cost Economics;* in: Christos Pitelis (Hrsg.), Transactions Costs, Marets and Hierarchies, Basil Blackwell, Oxford, pp. 101-132

DYCKMAN, T., PHILBRICK, D.; STEPHAN, J.; 1984; *A comparison of event study methodologies using daily stock returns: a simulation approach;* in: Journal of Accounting Research, Supplement, Vol.22, pp. 1-33

DYMSKI, G.; 1999; *The Bank Merger Wave: The Economic Causes and Social Consequences of Financial Consolidation;* Armonk, NY, M.E. Sharpe, Inc., 1999

ECKBO, E.; THORBURN, K.; 2000; *Gains to bidder firms revisitied: domestic and foreign acquisitions in Canada;* in: Journal of Financial and Quantitative Analysis, Vol. 35, pp. 1-25

ERNST, D.; HALVEY, T.; 2000; *When to Think Alliance;* in: McKinsey Quarterly 2000, pp. 47-55

ESCHEN, E.; 2002; *Der Erfolg von Mergers & Acquisitions. Unternehmenszusammenschlüsse aus der Sicht des ressourcenbasierten Ansatzes;* Diss. Freie Universität Berlin, 2002, Gabler Verlag, Wiesbaden, 2002

Europäische Kommission; 1984; *Mitteilung der Kommission an den Rat über die Telekommunikations - Stand der Überlegungen und der Arbeiten auf diesem Gebiet sowie erste Vorschlaege für ein Aktionsprogramm;* KOM(84) 277 endg., 18.5.1984

Europäische Kommission; 1987; *Grünbuch über die Entwicklung des Gemeinsamen Marktes für Telekommunikationsdienstleistungen und Telekommunikationsgeräte;* KOM(87) 290 endg., Brüssel

Fama, E.; 1970; *Efficient Capital Markets. A Review of Theory and Empirical Work;* in: The Journal of Finance, Vol. 25, No. 2, pp. 383-417

Fama, E.; 1991; *Efficient Capital Markets II;* in: Journal of Finance, Vol. 46, pp. 1575-1617

Fama, E.; Fisher, L., Jensen, M.; Roll, R.; 1969; *The Adjustment of Stock Prices to New Information;* in: International Economic Review, Vol. 10, No. 1, pp. 1-21

Fama, E.; French, K.; 1993; *Common Risk Factors in the Returns on Stocks and Bonds;* in: Journal of Financial Economics, Vol. 33, No. 1, pp. 3-56

Finkelstein, S.; 1998; *Save ways to cross the merger minefield;* in: Mastering Global Business Series, Part 4, S8-10, Beilage Financial Times

Finkelstein, S.; Haleblian, J.; 2002; *Understanding acquisition performance: the role of transfer effects;* in: Organization Science, Vol. 13, No. 1, pp. 36-47

Foster, G.; 1980; *Accounting Policy Decisions and Capital Market Research;* in: Journal of Accounting and Economics, Vol. 2, pp. 29-62

Francoeur, C.; 2005; *The Long-Run Performance of Cross-Border Mergers and Acquisitions: The Canadian Evidence;* Working Paper, HEC Montréal, 2005

Franke, G.; Hopp, C.; 2005; *M&A-Transaktionen - Fluch oder Segen der Realoptionstheorie;* Research Paper Series, Thurgauer Wirschaftsinstitut, Nr. 10, May 2005

FRANKS, J.; HARRIS, R.; 1989; *Shareholder Wealth Effects of corporate takeovers: The UK experience 1955-1985;* in: Journal of Financial Economics, Vol. 23, pp. 225-249

FRANKS, J.; HARRIS, R.; TITMAN, S.; 1991; *The postmerger share-price performance of acquiring firms;* in: Journal of Financial Economics, Vol. 29, pp. 81-96

FRANKS, J; HARRIS, R.; MEYER, M.; 1988; *Means of Payment in Takeovers: Results for the U.K. and U. S.;* in: Auerbach, A.J. (Hrsg.), Corporate Takeovers: Causes and Consequences, The University of Chicago Press, Chicago, pp. 221-258

FRANTZMANN, H.-J.; 1989; *Saisonalitäten und Bewertung am deutschen Aktien- und Rentenmarkt;* Verlag Fritz Knapp GmbH, Frankfurt am Main. Zugl. Karlsruhe, Univ., Diss., 1991

FRASER, P.; 1996; *Discussion of Large Shareholders, Takeovers and Target Valuation;* in: Journal of Business Finance & Accounting, Vol. 23, No. 2, pp. 315-317

FREEMAN, R.; 1984; *Strategic Management: A Stakeholder Approach;* Pitman, Boston, 1984

FRENCH, K.; 1984; *The Weekend Effect and the Distribution of Stock Prices. Implications for Option Pricing;* in: Journal of Financial Economics, Vol. 13, pp. 547-559

FULLER, K.; NETTER, J.; STEGEMOLLER, M.; 2002; *What Do Returns to Acquiring Firms Tell Us? Evidence from Firms That Make Many Acquisitions;* in: Journal of Finance, Vol. 57, No. 4, pp. 1763-1793

GANZ, M.; 1991; *Die Erhöhung des Unternehmenswertes durch die Strategie der externen Diversifikation;* Bern und Stuttgart, Verlag Paul Haupt, 1991

GARDENER, E.; LINDBLOM, T.; 1999; *An Exploratory Study of Gains from Large Cross-Border Bank Mergers in the EU: A Case Study of Scandinavian Experiences;* Diskussionsbeiträge der Katholischen Universität Eichstätt, Nr. 119, Juli 1999

GAUGHAN, P.; 1999; *Mergers, Acquisitions, and Corporate Restructurings;* New York, Wiley & Sons, Inc., 1999

GERKE, W.; GARZ, H.; OERKE, M.; 1995; *Die Bewertung von Unternehmensübernahmen auf dem deutschen Aktienmarkt;* in: Zeitschrift für betriebswirtschaftliche Forschung, Vol. 47, No. 9, S.805-820

GERPOTT, T.J.; 1993; *Integrationsgestaltung und Erfolg von Unternehmens-akquisitionene;* Stuttgart, 1993

GERTNER, R.H.; SCHARFSTEIN; D.S.; STEIN, J.C. ; 1994; *Internal Versus External Capital Markets;* in: The Quarterly Journal of Economics, Vol. 109, No. 4, pp.1211-1230

GOLBE, D.; WHITE, L.; 1988; *A Time-Series Analysis of Mergers and Acquisitions in the U.S. Economy;* in: Auerbach, A. (Hrsg.), Corporate Takeovers: Causes and Consequences, The University of Chicago Press, Chicago, pp. 265-302

GROSS, S.; 2004; *Branchenspezifischer Erfolg vertikaler und horizontaler Des-/Integrationsentscheidungen. Eine empirische Ereignisstudie von Kapitalmarkt-bewertungen US-amerikanischer und europäischer Unternehmensvereinigungen und -veräußerungen;* Diss. Universität Leipzig, Wissenschaftlicher Verlag Berlin, 2004

GROSS, S.; LINDSTÄDT, H. ; 2006; *Horizontal and Vertical Takeover and Sell-off Announcements: Abnormal Returns Differ by Industry;* in: Corporate Ownership and Control, Vol. 3, No. 2, pp. 23-30

GROSSEKETTLER, H.; 1993; *Privatisierung, Deregulierung und Entbürokratisierung – Zeichen des Zeitgeistes oder ordnungspolitische Daueraufgabe?;* Arbeitspapier Nr. 80, Wissenschaftliche Gesellschaft für Marketing und Unternehmensführung e. V., o. O.

GRUNERT, J.; SCHIERECK, D.; 2002; *Marktreaktionen und Bilanzstruktur bei Kapitalerhöhungen am Neuen Markt;* IMA Arbeitsbericht 01/02, Universität Mannheim

HALPERN, P.; 1973; *Empirical Estimates of the Amount and Distribution of Gains to Companies in Mergers;* in: Journal of Business, pp. 554-575

HALPERN, P.; 1983; *Corporate Acquisitions: A Theory of Special Cases? A Review of Event Studies Applied to Acquisitions;* in: Journal of Finance, Vol. 38, No. 2, pp. 297-317

HANSEN, H.-R.; 1987; *Wirtschaftinformatik;* 5. Auflage, Gustav Fischer Verlag, Stuttgart, 1987

HARTUNG, J.; 1998; *Statistik. Lehr- und Handbuch der angewandten Statistik;* 11., durchges. Auflage, München u. a., 1998

HAUN, B.; 1996; *Fusionseffekte bei Sparkassen;* Wiesbaden, Deutscher Universitäts-verlag

HAWAWINI, G.; SWARY, I.; 1990; *Mergers and Acquisitions in the US Banking Industry: Evidence from Capital Markets;* Amsterdam, North-Holland, 1990

HEALY, P.; PALEPU, K.; RUBACK, R.; 1992; *Does Corporate Performance Improve after Mergers?;* in: Journal of Financial Economics, Vol. 31, pp. 135-175

HIGGINS, R.C.; SCHALL, L.D.; 1975; *Corporate Bankruptcy and Conglomerate Merger;* in: The Journal of Finance, Vol. 30, No. 1, pp.93-113

HITT, M.; HARRISON, J.; IRELAND, R.; 2001; *Mergers and acquisitions – A guide to creating value for stakeholders;* Oxford University Press, 2001

HONG, H.; KAPLAN, S.; MANDELKER, G.; 1978; *Pooling vs. Purchase: The Effects of Accounting for Mergers on Stock Prices;* in: Accounting Review, Vol. 52, pp. 31-47

HÖTZEL, O.; 1993; *Steuerorientierte Gestaltung des Unternehmenskaufs;* IDW, Düsseldort, 1993

HOUSTON, J.F., JAMES, C.M., RYNGAERT, M.D.; 2001; *Where do merger gains come from? Bank mergers from the perspective of insiders and outsiders;* in: Journal of Financial Economics, Vol. 60, pp. 285-331

HOUSTON, J.F.; RYNGAERT, M.D.; 1994; *The overall gains from large bank mergers;* in: Journal of Banking and Finance, Vol. 18, pp. 1155-1176

HOUSTON, J.F.; RYNGAERT, M.D.; 1997; *Equity Issuance and Adverse Selection: A Direct Test Using Conditional Stock Offers;* in: Journal of Finance, Vol. 52, pp. 197-219

HUANG, Y.; WALKLING, R.; 1987; *Target Abnormal Returns Associated with Acquisition Announcements: Payment, Acquisition Form and Managerial Resistance;* in: Journal of Financial Economics, Vol. 19, pp. 329-350

HUDGINS, S.; SEIFERT, B.; 1996; *Stockholders and International Acquisitions of Financial Firms: an Emphasis on Banking;* in: Journal of Financial Services Research, Vol. 10, pp. 163-180

HUNGENBERG, H.; 2000; *Strategisches Management in Unternehmen*; Wiesbaden, Gabler, 2000

ISERN, J.; RIOS, M.; 2002; *Facing Disconnection: Hard Choices for Europe's Telcos;* in: The McKinsey Quarterly, 2002, No.2, pp. 82-91

JAMES, C.; WIER, P.; 1987; *Returns to acquirers and competition in the acquisition market: The case of banking;* in: Journal of Political Economy, Vol. 95, No. 2, pp. 355-370

JANSEN, S.; 2001; *Mergers & Acquisitions. Unternehmensakquisitionen und –koope-rationen;* 4. Auflage, Gabler, Wiesbaden, 2001

JARREL, G.; POULSEN, A.; 1989; *The Returns to Acquiring Firms in Tender Offers: Evidence from three decades;* in: Financial Management, Vol. 18, pp. 12-19

JENSEN, M.; RUBACK, R.; 1983; *The Market for Corporate Control: The Scientific Evidence;* in: Journal of Financial Economics, Vol. 11, No. 1, pp. 5-50

JENSEN, M.C.; 1986; *The Takeover Controversy: Analysis and Evidence;* in: Midland Corporate Finance Journal, Vol.4, No. 2

JENSEN, M.C.; 1989; *Eclipse of the Public Corporation;* in: Harvard Business Review, Vol. 67, No. 5, pp.61-74

JOST, P.J.; 2001; *Der Transaktionskostenansatz im Unternehmenskontext;* in: Der Transaktionskostenansatz in der Betriebswirtschaftslehre, P.J. Jost (Ed.), Stuttgart, Schäffer-Poeschl, S. 9-34

KAEN, F.; TEHRANIAN, H.; 1989; *New Hampshire Bank Mergers: The Returns to Acquiring Bank Shareholders;* in: Bank Mergers; Gup, B. (Hrsg.), Norwell, MA, Kluwer Academic Publishers, pp. 141-156

KANE, E.; 2000; *Incentives for banking megamergers: What motives might central-bank economists infer from event-study evidence?;* in: Journal of Money, Credit, and Banking, Vol. 32, No. 3, pp. 671-699

KAPLAN, S.; WEISBACH, M.; 1992; *The Success of Acquisitions: Evidence from Divestitures;* in: Journal of Finance, Vol. 47, pp. 107-138

KERLER, P.; 2000; *Mergers & Acquisitions and Shareholder Value;* Bern, Haupt-Verlag, 2000

KIM, E.; MCCONNELL, J.J.; 1977; *Corporate Mergers and the Co-Insurance of Corporate Debt;* in: The Journal of Finance, Vol. 32, No. 2, pp.349-365

KIYAMZ, H.; MUKHERJEE, T.; 2000; *The Impact of Country Diversification on Wealth Effects in Cross-Border Mergers;* in: Financial Review, Vol. 35, pp. 37-58

KLEEBERG, J.; 1991; *Die Eignung von Marktindizes für empirische Aktienmarktuntersuchungen;* Gabler Verlag, Wiesbaden, 1991

KLEIN, A; ROSENFELD, J.L.; 1987; *The Influence of Market Conditions on Event-Study Residuals;* in: Journal of Financial & Quantitative Analysis, Vol. 22, pp. 345-351

Kosfeld, R.; 1996; *Kapitalmarktmodelle und Aktienbewertung: eine statistisch-ökonometrische Analyse;* Gabler Verlag, Wiesbaden. Zugl. Kassel, Univ., Habil.-Schr., 1996

Kreilkamp, E.; 1987; *Strategisches Management und Marketing;* de Gruyter, Berlin, 1987

Laffont, J.; Tirole, J.; 2000; *Competition in Telecommunications;* Munich Lectures in Economics, The MIT Press, Cambridge

Lang, L., Stulz, R., Walking, R.; 1991; *A Test of the Free Cash Flow Hypothesis;* in: Journal of Financial Economics, Vol. 29, No. 3, pp. 315-335

Lausberg, C.; Rose, P.S.; 1995; *Merger Motives in European Banking;* in: Österreichisches Bankarchiv, Vol. 3, S. 177-186

Laux, E. ; 1993; *Deregulierung;* in: W. Wittmann (Hrsg.): Handwörterbuch der Betriebswirtschaft, Vol. 1, Nr. 5, S. 747-753

Lev, B.; 1986; *Observation on the Merger Phenomenon and a Review of the Evidence;* in: Stern, J.; Chew, D. (Hrsg.), The Revolution in Corporate Finance, Basil Blackwell, New York, pp. 357-367

Lewellen, W.; 1971; *A Pure Financial Rationale for the Conglomerate Merger;* in: Journal of Finance, Vol. 25, No. 4, pp. 521-537

Lewellen, W.; Loderer, C.; Rosenfeld, A.; 1985; *Merger Decisions and Executive Stock Ownership in Acquiring Firms;* in: Journal of Accounting and Economics, Vol. 7, pp. 209-231

Lintner, J.; 1965a; *Securitiy prices, risk and maximal gains from Diversification;* in: Journal of Finance, Vol. 20, No. 4, pp. 587-615

Lintner, J.; 1965b; *The Valuation of Risk Assets and the Selection of Risky Investments in Stock Portfolios and Capital Budgets;* in: Review of Economics and Statistics, Vol. 47, pp. 13-37

LOBUE, M.; 1984; *Categorial Bank Acquisitions;* in: Journal of Bank Research, Vol. 14, pp.274-282

LODERER C., MARTIN K.; 1997; *Executive Stock Ownership and Performance: Tracking Faint Traces;* in: Journal of Financial Economics, Vol. 45, pp. 223-255

LODERER, C.; KENNETH, M.; 1990; *Corporate Acquisitions by Listed Firms: The Experience of a Comprehensive Sample;* in: Financial Management, Vol. 19, pp. 17-34

LOOSER, U.; 1998; *Was Fusionen erfolgreich macht;* in: Siegwart, H., Neugebauer, G. (Hrsg.): Mega-Fusionene: Analysen, Kontroversen, Perspektiven, Bern et al. 1998, S. 265-274

LOUGHRAN, T.; VIJH, A.; 1997; *Do Long-Term Shareholders Benefit from Corporate Acquisitions?;* in: Journal of Finance, Vol. 52, No. 5, pp. 1765-1790

LOWENSTEIN, L.; 1988; *Hostile Takeovers: A Remedy of First Resort or Last Resort?;* in: Österreichisches Bankarchiv, Vol. 36, No. 9, S. 886-901

LOWINSKI, F.; SCHIERECK, D.; THOMAS, T.; 2004; *The Effect of (Cross Border) Acquisitions on Shareholder Wealth - Evidence from Switzerland;* in: Review of Quantitative Finance and Accounting, Vol. 22, pp. 315-330

LYS, T.; VINCENT, L.; 1995; *An Analysis of Value Destruction in AT&T's Acquisition of NCR;* in: Journal of Financial Economics, Vol. 39, pp. 353-378

MACKINLAY, C.; 1997; *Event studies in Economics and Finance;* in: Journal of Economic Literature, Vol. 35, pp. 13-39

MADURA, J.; WIANT, K.; 1994; *Long-term valuation effects of bank acquisitions;* in: Journal of Banking and Finance, Vol. 18, pp. 1135-1154

MANDELKER, G.; 1974; *Risk and Return: The Case of Merging Firms;* in: Journal of Financial Economics, Vol. 1, pp. 303-336

MAQUIEIRA, C.; MEGGINSON, W.; NAIL, L.; 1998; *Wealth Creation Versus Wealth Redistribution in Pure Stock-for-Stock Mergers;* in: Journal of Financial Economics, Vol. 48, No. 1, pp. 3-33

MARKIDES, C.; ITTNER, C.; 1994; *Shareholder Benefits from Corporate International Diversification: Evidence from U.S. International Acquisitions;* in: Journal of International Business Studies, Vol. 25, No. 1, 343-366

MARKIDES, C.; OYON, D.; 1998; *International Acquisitions: Do they Create Value for Shareholders?;* in: European Management Journal, Vol. 16, pp. 125-135

MARKOWITZ, H.M.; 1952; *Portfolio Selection;* in: The Journal of Finance, Vol. 7, No. 1, pp.77-91

MARTIN K.J; 1996; *The method of payment in corporate acquisitions, investment opportunities and management ownership;* in: Journal of Finance, Vol. 51, pp. 1227-1246

MAY, A.; 1991; *Zum Stand der empirischen Forschung über Informationsverarbeitung am Aktienmarkt. Ein Überblick;* in: Zeitschrift für betriebswirtschafltiche Forschung, Jg. 43, Nr. 4, S. 313-335

MAY, A; SCHWEDER-WEBER, S.; 1990; *Informationsverarbeitung am Aktienmarkt. Kritischer Überblick über den Stand der Forschung;* Working Paper, Universität Kiel, Nr. 251

MCCONNELL, J.; SERVAES, H.; 1990; *Additional evidence on equity ownership and corporate value;* in: Journal of Financial Economics, Vol. 27,pp. 595-612

MCWILLIAMS, A.; SIEGEL, D.; 1997; *Event Studies in Management Research: Theoretical and Empirical Issues;* in: Academy of Management Journal, Vol. 40, No. 3, pp. 626-657

MICHAELY, R.; THALER, R.; WOMACK, K.; 1995; *Price Reactions to Dividend Initiations and Omissions: Overreaction or Drift;* in: Journal of Finance, Vol. 50, pp. 573-608

MIKKELSON, W.; RUBACK, R.; 1985; *An Empirical Analysis of the Interfirm Equity Investment Process;* in: Journal of Financial Economics, Vol. 14, pp. 523-553

MILGROM, P.; ROBERTS, J.; 1992; *Economics, Organization and Management;* Prentice Hall, Englewood Cliffs, New Jersey, 1992

MITCHEL, M.; LEHN, K.; 1990; *Do Bad Bidders Become Good Targets?;* in: Journal of Political Economy, Vol. 98, No. 2, pp. 372-398

MITCHEL, M.; STAFFORD, E.; 2000; *Managerial Decisions and Long-Term Stock Price Performance;* in: Journal of Business, Vol. 73, pp. 287-329

MÖLLER, H.; 1988; *The CAPM - A Separation Theorem or an Explanation of German Share Prices?;* in: MIR ?, Vol. 28, No. 1, pp. 73-80

MÖLLER, S.B.; SCHLINGEMANN, F.P.; STULZ, R.M.; 2003; *Do shareholders of acquiring firms gain from acquisitions? ;* Working Paper #2003-4, Ohio State University.

MÖLLER, S.B.; SCHLINGEMANN, F.P.; STULZ, R.M.; 2005; *Wealth Destruction on a Massive Scale? A Study of Acquiring-Firm Returns in the Recent Merger Wave;* in: The Journal of Finance, Vol. 60, No. 2, pp. 757-782

MOLYNEUX, P.; ALTUNBAS, Y.; GARDENER, E.; 1996; *Efficiency in European Banking;* John Wiley & Sons, Inc; New York, 1996

MONTGOMERY, C.A.; 1985; *Product-Market Diversification and Market Power;* in: Academy of Management Journal, Vol. 28, pp. 789-98

MONTGOMERY, C.A.; 1994; *Corporate Diversification;* in: Journal of Economic Perspectives, Vol. 8, No. 3, pp. 163-178

Montgomery, C.A.; Wernerfelt, B.; 1988; *Diversification, Ricarian Rents, and Tobin's q;* in: The Rand Journal of Economics, Vol. 19, No. 2, pp.623-632

Morck R.; Yeung, B.; 1992; *Internalization: An Event Study Test;* in: Journal of International Economics, Vol. 33, pp. 41-56

Morck, R.; Shleifer, A.; Vishney, R.; 1990; *Do Managerial Objectives Drive Bad Acquisitions?;* in: Journal of Finance, Vol. 65, pp. 31-48

Mulherin, H.; Boone, A.; 2000; *Comparing Acquisitions and Divestitures;* in: Journal of Corporate Finance, Vol. 6, pp. 117-139

Myers, S.C.; Majluf, N.S. ; 1984; *Corporate Financing and Investment Decisions When Firms have Information that Investors do not have;* in: Journal of Financial Economics, Vol. 13, No. 6, pp. 187-221

Neumann, M.; Klein, M.; 1982; *Probleme der Threorie effizienter Märkte und ihrer empirischen Überprüfung;* in: Kredit und Kapital, No. 2, S. 165-187

North, D.C.; 1990; *Institutions, institutional change and economic performance;* Cambridge., 1990

Oerke, M.; 1999; *Ad-hoc-Mitteilungen und deutscher Aktienmarkt: Marktreaktion auf Informationen;* Wiesbaden. Zugl. Erlangen-Nürnberg, Univ., Diss., 1999

onvista.de; 2005; *www.onvista.de, abgerufen 20.09.2005;*

Palepu, K.G., Healy, P.M., Bernard, V.L.; 1996; *Business Analysis & Valuation: Using Financial Statements;* Cincinnati, 1996

Park, M.-C.; Yang, D.-H.; Nam, C; Ha, Y.-W.; 2002; *Mergers and Acquisitions in the Telecommunications Industry: Myths and Reality;* in: ETRI Journal, Vol. 24, No. 1, pp.56-68

Patell, J.; 1976; *Corporates Forecasts of Earnings per Share and Stock Price Behaviour: Empirical Tests;* in: Journal of Accounting Research, Vol. 14, pp. 246-276

PAUSENBERGER, E.; 1989; *Zur Systematik von Unternehmenszusammenschlüssen;* in: WISU - Das Wirtschaftsstudium, Vol. 18., Heft 11, S. 621-626

PAUSENBERGER, E.; 1993; *Unternehmenszusammenschlüsse;* in: Handwörterbuch der Betriebswirtschaft, W. Wittmann (Ed.), Schäffer-Poeschl, S. 4436-4448

PELTZMAN, S.; 1989; *The Economic Theory of Regulation after a Decade of Deregulation;* in: Brooking Papers on Economic Activity – Microeconomics, o. Jg., pp. 1-41

PELZEL, R.; 2001; *Deregulierte Telekommunikationsmärkte. Internationalisierungstendenzen, Newcomer-Dynamik, Mobilfunkt- und Internetdienste;* Physika-Verlag, Heidelberg, 2001

PENROSE, E. ; 1959; *The Theory of the Growth of the Firm;* Basil Blackwell, Oxford, 1959

PETERAF, M.A.; 1993; *The Cornerstones of Competitive Advantage: A Resource-Based View;* in: Strategic Management Journal, Vol. 14, No. 3, pp.179-191

PETERSON, P.; 1989; *Event Studies: A Review of Issues and Methodology;* in: Quarterly Journal of Business and Economics, Vol. 28, No. 3, pp.36-66

PICOT, A.; 2006; *Vorlesungsunterlagen Telekommunikation SS2006;* Ludwig-Maximilians-Universität München, 2006

PILLOFF, S.; 1996; *Performance Changes and Shareholder Wealth Creation Associated with Mergers of Publicly Traded Banking Institutions;* in: Journal of Money, Credit and Banking, Vol. 28, No. 3, The Ohio State University Press, pp. 294-310

PILLOFF, S.; **SANTOMERO, A.**; 1998; *The Value Effects of Bank Mergers and Acquisitions. Mergers of Financial Institutions;* in: Amihud, Y.; Miller, G. (Hrsg.), Norwell, MA, Kluwer Academic Publishers, pp. 59-78

Poddig, T.; Dichtl, H.; Petersmeier, K.; 2000; *Statistik, Ökonometrie, Optimierung: Methoden und praktische Anwendungen in Finanzanalyse und Portfoliomanagement;* Uhlenbruch, Bad Soden/Taunus, 2000

Rappaport, A.; 1986; *Creating Shareholder Value. A Guide for Managers and Investors;* New York, The Free Press, 1986

Rau, P.; Vermaelen, T.; 1998; *Glamour, Value and the Post-Acquisition Performance of Acquiring Firms;* in: Journal of Financial Economics, Vol. 49, pp. 223-253

Reicheneder, T.; 1992; *Investment Banking;* Wiesbaden, 1992

Reinganum, M.; 1981; *Misspecification of capital asset pricing: Empirical anomalies based on earnings' yields and market values;* in: Journal of Financial Economics, Vol. 9, pp. 19-46

Rhoades, S.; 1983; *Power, Empire Building, and Mergers;* LexingtonBooks, Lexington, 1983

Rhoades, S.; 1993; *Efficiency effects of horizontal (in market) bank mergers;* in: Journal of Banking and Finance, Vol. 17, No. 2-3, pp. 411-422

Rieck, O.; 2002; *Value Creation in International Telecom Acquisitions;* Working Paper, Nanyang Technological University, Singapore

Röder, K.; 1998; *Der Einfluss der Verbreitungstechnologie auf die Informationsverarbeitung von Ad hoc-Meldungen;* Arbeitpapier Nr. 167/1998, Institut for Statistik und Mathematische Wirtschaftstheorie, Universität Augsburg

Röder, K.; 1999; *Kurswirkungen von Meldungen deutscher Aktiengesellschaften;* Eul Verlag, Lohmar, u.a.. Zugl. Augsburg, Univ., Habil.-Schr., 1999

Roll, R.; 1986; *The hubris hypothesis of corporate takeovers;* in: Journal of Business, Vol. 59, No. 2, 197-216

ROMER, T.; ROSENTHAL, H.; 1987; *Modern Political Economy and the Study of Regulation;* in: E. Bailey (Hrsg.): Public Regulation. New Perspectives on Institutions and Policies, Cambridge, pp. 73-116

ROSETT, J.; 1990; *Do Union Wealth Concessions Explain Takeover Premiums?;* in: Journal of Financial Economics, Vol. 27, No. 2, pp.263-282

ROSS, S.A.; 1976; *The Arbitrage Theory of Capital Asset Pricing;* in: Journal of Economic Theory,Vol. 13, No. 3, pp. 341-360

ROSS, S.A.; 1977; *The Determination of Financial Structure: The Incentive-Signaling Approach;* in: The Bell Journal of Economics, Vol. 8, No. 1, pp. 23-40

ROY, L.; MANLEY, J.; 1997; *The Effect of Firm Specialization on Shareholder Wealth;* in: The Mid-Atlantic Journal of Business, Vol. 33, No. 3, pp. 219-236

SALONER, G.; 1987; *Predation, Mergers, and Incomplete Information;* in: The RAND Journal of Economics, Vol. 18, No. 2, pp. 165-186

SAMUELSON, P.; NORDHAUS, W.; 1987; *Volkwirtschaftslehre: Grundlagen der Makro- und Mikroökonomie;* Band 2, 8. Auflage, Bund-Verlag, Köln, 1987

SAUER, E.; 1995; *Aktienindexprognosen mit Fehlerkorrekturmodellen und dem ökonomisch relevanten Zins;* Europäischer Verlag der Wissenschaften, Peter Lang GmbH, Frankfurt am Main u.a., 1995

SCHALLENBERG, D.; 1995; *Akquisitionen und Kooperationen: Eine entscheidungsorientierte Analyse von Unternehmenszusammenschlüssen in der Textilwirtschaft;* Bergisch Gladbach, Josef Eul Verlag, 1995

SCHARLEMANN, U.; 1996; *Finanzwirtschaftliche Synergiepotentiale von Mergers und Acquisitions;* in: Bank- und finanzwirtschafliche Forschungen, Bd. 225, Bern et al.

SCHERER, F.; 1970; *Industrial Market Structure and Economic Performance;* Rand, Chicago, 1970

SCHMALENBACH-GESELLSCHAFT; 1989; *Unternehmensakquisitionen. Bericht des Arbeitskreises "Unternehmensakquisition".;* in: Sieben, G.; Sielaff, M. (Hrsg.): Berichte aus der Arbeit der Schmalenbach-Gesellschaft - Deutsche Gesellschaft für Betriebswirtschaft e.V., Köln und Berlin, C.E. Poeschel, Stuttgart

SCHNÖRING, T.; 1992; *Entwicklungstrends auf den europäischen Telekommunikationsmärkten;* Diskussionsbeitrag Nr. 102, Bad Honnef: Wissenschafltiches Institut fuer Kommunikationsdienste, 1992

SCHOLES, M.; WILLIAMS, J.; 1977; *Estimating Betas From Nonsynchronous Data;* in: Journal of Financial Economics, Vol. 5, pp. 309-327

SEIDEL, G.; 1995; *Kritische Erfolgsfaktoren bei Unternehmensübernahmen: Eine Analyse der US-Bankenbranche;* Wiesbaden, Gabler, 1995

SERVAES, H.; 1991; *Tobin's q and Gains from Takeovers;* in: Journal of Finance, Vol. 46, No. 1, pp. 409-419

SERVAES, H.; 1996; *The Value of Diversification During the Conglomerate Merger Wave;* in: The Journal of Finance, Vol. 51, No. 4, pp. 1201-1225

SETH, A.; 1996; *Value Creation in Acquisitions: A Reexamination of Performance Issues;* in: Strategic Management Journal, Vol. 11, pp. 99-115

SHAFFER, S.; 1992; *Can mergers reduce bank costs?;* Federal Reserve Bank of Philadelphia, Working Paper, No. 91-17/R, Philadelphia, USA

SHARPE, W.; 1964; *Capital Asset Prices: A Theory of market equilibrium under the conditions of risk;* in: Journal of Finance, Vol. 19, No. 3, pp.425-442

SHELTEN, L.; 1988; *Strategic Business Fits and Corporate Acquisition: Empirical Evidence;* in: Strategic Management Journal, Vol. 9, pp. 278-288

SHLEIFER, A.; SUMMERS, L.; 1987; *Breach of Trust in Hostile Takeovers;* NBER Working paper Series, Working Paper Np 2342, National Bureau of Economic Research, Cambridge, M.A.

SHLEIFER, A.; VISHNY, R.; 1988; *Value Maximization and the Acquisition Process;* in: Journal of Economic Perspectives, Vol. 2, No. 1, pp. 7-20

SHLEIFER, R.E.; VISHNY, R.W.; 1991; *Takeovers in the '60s and the '80s: Evidence and Implications;* in: Strategic Management Journal, Vol. 12, Winter Special Issue, pp. 51-59

SHRIVASTAVA, P.; 1986; *Postmerger Integration;* in: Journal of Business, Vol. 59, No. 1, pp. 65-76

SHUSTERMAN, T.; NORSWORTHY, J.; BESSLER, W.; 2000a; *Valuation Effect of Telecommunications Mergers;* Working Paper, Center for Finance and Banking, Justus-Liebig-University, Giessen, Germany

SHUSTERMAN, T.; NORSWORTHY, J.; BESSLER, W.; 2000b; *Stock Market Reaction to the Announcement of Mergers and Acquisitions in the U.S. Telecommunications Industry;* Working Paper, Center for Finance and Banking, Justus-Liebig-University, Giessen, Germany

SIEMS, T.; 1996; *Bank Mergers and Shareholder Wealth: Evidence from 1995's Megamerger Deals;* in: Financial Industry Studies, pp. 1-12

SINGH, H., MONTGOMERY, C.A.; 1987; *Corporate Acquisition Strategies qnd Ecnonmic Performance;* in: Strategic Managment Journal, Vol. 8, pp. 377-386

SINGH, H., ZOLLO, M.; 1998a; *The impact of knowledge codification, experience trajectories and integration strategies on the performance of corporate acquisitions;* Working Paper, Financial Institutions Center, The Wharton School, Philadelphia, USA

SINGH, H., ZOLLO, M.; 1998b; *Creating value in post-acquisition integration processes;* Working Paper, Financial Institutions Center, The Wharton School, Philadelphia, USA

SIRROWER, M.; 1997; *The Synergy Trap: How Companies Lose the Acquisition Game;* The Free Press, New York, 1997

SONG, M.; WALKLING, R.; 1993; *The impact of managerial ownership on acquisition attempts and target shareholder wealth;* in: Journal of Financial and Quantitative Analysis, Vol. 28, pp. 439-457

SPENCE, M.; 1973; *Job Market Signaling;* in: The Quarterly Journal of Economics, Vol. 87, No. 3, pp.355-374

SPENCER, C.; AKHIGBE, A.; MADURA, J.; 1998; *Impact on Partial Control on Policies enacted by Partial Targets;* in:Journal of Banking and Finance, Vol. 22, pp. 425-445

STEIN, J.C.; 1997; *Internal Capital Markets and the Competition for Corporate Resources;* in: Journal of Finance, Vol. 52, pp.111-133

STEINER, M.; BRUNS, C.; 1998; *Wertpapiermanagement;* 6. überarbeitete und erweiterte Auflage, Schäffer Poeschl, Stuttgart, 1998

STIGLER, G.J.; 1971; *The Theory of Economic Regulation;* in: The Bell Journal of Economics and Management Science, Vol. 2, No. 1, pp. 3-21

STOSIEK, D.; NEUS, H.; 1993; *Positionspapier der DEUTSCHEN TELECOM e.V. zum "EG-Review 1992 im Telekommunikations-Dienstleistungssektor";* Overath: Deutsche Telecom e.V.

STRATMANN, J.; 2005; *Kerngeschäftsstrategien im internationalen Vergleich;* Institut für Unternehmensplanung (IUP), Zugl.: Erlangen-Nürnberg, Univ. Diss., 2004

STRONG, N.; 1992; *Modelling Abnormal Returns: A Review Article;* in: Journal of Business Finance and Accounting, Vol. 19, No. 4, pp. 533-553

STULZ, R.; 1990; *Managerial Descretion and Optimal Financing Policies;* in: Journal of Financial Economics, Vol. 26, pp. 3-27

SUBRAHMANYAM, V.; RANGAN, N.; ROSENSTEIN, S.; 1997; *The Role of Outside Directors in Bank Acquisitions;* in: Financial Management, Vol. 26, No.3, pp. 23-26

Sudarsanam, S.; 1996; *Large Shareholders, Takeovers and Target Valuation;* in: Journal of Business Finance & Accounting, Vol. 23, No. 2, pp. 275-314

Tallmann, E.; 1989; *Financial Asset Pricing Theory: A Review of Recent Developments;* in: Economic Review, Nov. 1989, pp.26-41

Teece, D.; 1982; *Towards and Economic Theorie of the Multiproduct Firm;* in: Journal of Economic Behavior and Organization, Vol. 3, No. 1, pp. 39-63

Tirole, J.; 1994; *The Theory of Industrial Organization;* The MIT Press, Cambridge, Massachusetts, 1994

Trautwein, F.; 1990; *Merger Motives and Merger Prescriptions;* in: Strategic Management Journal, Vol. 11, pp. 283-295

Travlos, N.G.; 1987; *Corporate Takeover Bids, Methods of Payment, and Bidding Firms' Stock Returns;* in: The Journal of Finance, Vol. 42, No. 4, pp. 943-963

Trillas, F.; 2002; *Mergers, Acquisitions and Control of Telecommunication Firms in Europe;* Telecommunications Policy, Vol. 26, pp. 269-286

Ulrich, H.; 1990; *Unternehmenspolitik;* 3. Auflage, Bern, Stuttgart, 1990

Ungerer, H.; 1994; *Maßnahmen der EG zur Öffnung der Telekommunikations-Dienstleistungsmärkte für neue Wettbewerber;* Euroforum Konferenz, Bad Homburg, 18. Januar 1994

Ungerer, H.; Costello, N.; 1989; *Telekommunikation in Europa;* Luxemburg: Amt für amtliche Veröffentlichungen der Europäischen Gemeinschaft

Vander Vennet, R.; 1997; *Causes and consequences of EU bank takeovers;* in: The changing European Landscape, Eijffinger, S., Koedijk, K., Pagano, M., Portes, R. (Hrsg.), London CEPR, pp. 45-61

Walker, M.; 2000; *Corporate Takeovers, Strategic Objectives and Aquiring-Firm Shareholder Wealth;* in: Financial Management, Vol. 29, pp.53-66

WALL, L.; GUP, B.; 1989; *Market valuation effects of bank acquisitions;* in: Bank Mergers; Gup, B. (Hrsg.), Norwell, MA, Kluwer Academic Publishers, pp. 141-156

WANSLEY J.; LANE, W.; YANG, H.; 1983; *Abnormal Returns to Acquired Firms by Type of Acquisition and Method of Payment;* in: Financial Management, pp. 16-23

WATTER, R.; 1990; *Unternehmensübernahmen;* Zürich, 1990

WEINKOPF, M.; 1993; *Ökonomie des ONP-Konzepts;* Diskussionsbeitrag Nr. 118, Bad Honnef: Wissenschaftliches Institut für Kommunikationsdienste

WELFENS, P.; GRAACK, C.; 1996; *Telekommunikationswirtschaft. Deregulierung, Privatisierung und Internationalisierung;* Springer, Berlin, Heidelberg, u.a., 1996

WENGER, E.; 1989; *Hostile Takeovers: Wo steht der Feind?;* in: Wirtschaftswissenschaftliches Studium, Vol. 18, No. 6, S. 269

WESTON, J.; CHUNG, K.; HOAG, S.; 1990; *Mergers, Restructuring, and Corporate Control;* Prentice Hall, Englewood Cliffs, New Jersey, 1990

WILCOX, H.D.; CHANG, K.-C.; GROVER, V.; 2001; *Valuation of Mergers and Acquisitions in the Telecommunications Industry: A Study on Diversification and Firm Size;* in: Information Management, Vol. 38, pp. 459-471

WILLIAMSON, O.; 1990; *Die oekonomischen Institutionen des Kapitalsimus: Unternehmen, Maerkte, Kooperationen;* in: Die Einheit der Gesellschafts-wissenschaften, Band 64, J.C.B. Mohr, Tübingen

WILLIG, R.; 1979; *Multiproduct Technology and Market Structure;* in: New Directions in Industrial Organization, Vol. 69, No. 2, pp. 346-351

WINKELMANN, M.; 1984; *Aktienbewertung in Deutschland;* Verlag Anton Hain Meisen GmbH, Königstein/Ts., 1984

WINSTON, C.; 1998; *U.S. Industry Adjustment to Economic Deregulation;* in: The Journal of Economic Perspectives, Vol. 12, No. 3, pp. 89-110

ZAROWIN, P.; 1989; *Short-Run Market Overreaction: Size and Seasonality Effects;* in: Journal of Portfolio Management, Vol. 15, pp. 26-29

ZOLLO, M.; LESHCHINKSKII, D.; 2000; *Can Firms Learn How to Acquire? Do Markets Notice?;* Working Paper, Financial Institutions Center, The Wharton School, Philadelphia, P.A., 2000

Kolibri 360 GmbH
Ferdinand-Jühlke-Straße 7
99095 Erfurt, Deutschland
produktsicherheit@kolibri360.de